镇江名人

范 然 著

苏州大学出版社

《镇江文化丛书》序

张甫雄

镇江是座历史悠久的江南古城，有文字记载的历史达3 000多年，是吴文化的发祥地。镇江是座山清水秀的园林城市，南山北水，江河交汇，真山真水，山水形胜，自古有"天下第一江山"、"城市山林"的美誉。镇江是座人文荟萃的文化名城，刘裕、沈括、米芾等名人辈出、名闻遐迩，《文心雕龙》、《昭明文选》、《梦溪笔谈》等名作迭现、光耀千秋。镇江是座民间文化的艺术宝库，民间文艺资料库被国内专家称为"中华第一库"，正则绣、竹编、瓷刻等民间工艺品享有盛名，丹徒南乡民歌、丹阳丹剧等地方曲艺特色浓郁。优越的地理位置、独特的山水形胜、悠久的文化传承、深厚的文化积淀，铸就出镇江这座国家级历史文化名城闪亮的城市名片。

文化资源是城市竞争发展的重要资源和不竭动力。今天，我们细数灿烂辉煌的历史文化，品味城市文化的独特魅力，就是要进一步传承、保护和开拓历史文化，推动现代文化的繁荣和发展。为深入挖掘、研究和宣传镇江丰富的历史文化资源，中共镇江市委宣传部组织编写的《镇江文化丛书》正式出版了。"丛书"一套八册，包括史要、山水、诗文、名人、书画、文物、风俗和掌故八个专题，涵盖了镇江文化历史的主要方面，其中有反映镇江文化历史发展轨迹的详实记录，有刻画镇江人文风貌的诗文书画精品，有再现镇江风俗民情演变历程的生动描述，向世人集中展示了镇江的文化特色及深厚底蕴。《镇江文化丛书》的出版，为系统、全面地整理镇江的地域文化开了个好头，是对镇江文化发展的重要贡献。

"丛书"编撰历时三年，参与本套"丛书"编写的各位作者，都是镇江市研究地域文化方面的专家。在编写过程中，他们广泛吸收了近年来镇江市历史文化研究的新成果，增强了"丛书"的权威性和史料性。"丛书"编撰之初，时任中共镇江市委副书记吴树南和市委常委、宣传部长孙燕丽都非常重视，精心审定编撰方案，确定编撰人员，为"丛书"的顺利编撰出版奠定了良好的基础。在此，特向关心"丛书"编撰的各位领导、各位作者和为"丛书"编撰作出贡献的各位朋友表示衷心的感谢。

文化是城市的灵魂，是观照历史、洞见未来的一面镜子。传承、弘扬一个地方的历史文化，培植、宣传一个地方的人文精神，对提升人们的精神理念，提升社会的人文素养，提升经济社会发展的支撑力具有巨大的促进作用。希望通过这套丛书的出版，能进一步带动和推进镇江历史文化的传承和开发，增进广大群众对镇江历史文化的了解和热爱，激发广大群众热爱家乡、建设家乡的热情，积极支持和参与文化镇江的各项建设，为全面达小康、建设新镇江作出更大的贡献。

（作者为中共镇江市委常委、宣传部长）

镇江名人

目录

前 言

镇江自古以来,人杰地灵,名人辈出。元代学者俞希鲁在《至顺镇江志》中说:"京口江山,为天下冠。清淑之气,扶舆盘礴,以钟乎人者,代不乏材。……是以上下千数百年,名公巨卿,鸿儒硕彦,项背相望。或以节义励俗,或以政事裕民,或以武略定乱,或以文学垂范。至于高蹈物表,远引方外,亦皆清隽卓绝之士,是其遗风逸尘,沾被无极。"镇江自春秋战国以来,各个历史时期都曾涌现出许多优秀人物,堪称"皎皎河汉星"。他们在政治、军事、经济、科技、文化诸方面,为镇江的繁荣兴旺,为中华民族的发展壮大立功、立德、立言,为我们民族灿烂辉煌的思想文化宝库,作出了卓越贡献。

镇江是吴文化的发源地。吴君寿梦第四子季札贤明博学,多次推让王位,以美德著称于世。馀祭元年(前547)封于延陵(今丹阳市),称"延陵季子"。他出使鲁、齐、郑、卫、晋等国,高瞻远瞩,精辟地分析了周与诸侯列国的盛衰大势,颇中时要,表现了高度的政治、军事才能。相传孔子曾为其墓碑题字:"呜呼,有吴延陵君子之墓。"环渊、环济被称为古代"贤者"。环渊精研道家学术,为齐宣王所尊崇,赐列大夫,为其营建高门大屋,使其在都城稷下(今山东省淄博市)广招学徒,传授学术。著有阐发老子《道德经》旨意的论著《环子》上下篇。环济,晋太学博士,著《要略》,在当时有很高声誉。据说,今丹徒县东乡山北港一带的环姓就是其后人。

汉高祖刘邦的堂兄刘贾在定三秦战役中屡建战功,被封为荆王,管辖淮东52城。淮南王黥布起兵造反,刘贾在与黥布作战时被杀,葬于丹徒鼓楼岗,后建庙祀于丹徒。东汉著名道学家、医学家葛玄少时拜名师习医道、炼丹术,博览经史,酷爱老庄之学,名震江东。他为了寻找布道炼丹的宝地,云游名山大川23年。38岁时定居淦阳(今江西省樟树市）阁皂山修道，升炼九转金丹，采制草药丹丸，设摊施诊，医治疫病，广为布道，造福于民积42年。民间对他崇拜有加，建宫塑像供祀。他撰成《祭炼大法》、《灵符秘箓》，创作灵宝派音乐《步虚经》，宣扬道义，成为灵宝派创始人。他深得孙权宠幸，被世人尊为"葛仙翁"、"太极左仙翁"。包咸，东汉曲阿（今丹阳市）人，建武中，授太子论语，拜谏议大夫、侍中、右中郎将，迁大鸿胪，著有《〈论语〉包氏注》等。

六朝文化是镇江历史文化的特色。著名学者徐铉曾论及京口："三吴山川林泉肇发于此，六代风流人物综萃于斯。"三国时期，京口是孙权的发祥地，是其创业江东的军事要寨。孙权祖籍吴郡富春，其祖父孙钟迁居曲阿，隐居于县城西门外十五里钟离村的白鹤山，以种瓜读书自娱，死后也葬于白鹤山。孙钟之子孙坚跨江击刘表，威振江东。孙坚之子孙策"独战东南地，人称'小霸王'"。他率孙坚旧部攻秣陵，夺湖孰、江乘、丹阳等地，草创吴国。建安五年（200），他率军队行至丹徒宿营，外出狩猎时，单枪匹马冲至汝山，被许贡宾客刺伤身亡。太史慈是东莱黄县（今山东省东部）人，行侠尚义，英勇善战，曾与孙策大战于神亭岭，后被孙策设计收服。孙策死后，他辅佐孙权屡建战功，后在合肥被曹操部将张辽放箭射伤，回京口治疗无效身亡，其墓葬在北固山中峰东麓。鲁肃是东吴名将，"善谈论，能文属辞，思度弘远，有过人之明"，可谓是孙刘联盟战略方针的设计师。他于建安二十二年（217）病逝，孙权亲自为他治丧，并亲自送葬，其墓葬于京口。吴郡武进（今丹徒县）人华覈，以文学入为秘书郎，迁中书丞，后任东观令，领右国史。他荐贤举能，陈奏政事甚多，颇有贤名。曲阿是东吴的军事重镇，出过不少名臣。殷礼才识过人，19岁为吴县丞，被孙权召为郎中。他出使蜀国，诸葛亮见后大为赞叹："东吴菰蒲中乃有此人！"韦昭好学能文，博通经史，历任太史令、博士祭酒等职，后因对孙皓暴虐不满，被监禁瘐毙。

东晋时期，京口为首都建康（今南京市）的屏障，东南大都会。永嘉南渡后，范阳遒县（今河北省涞水县北）人祖逖，率亲党数百家投奔晋元帝司马睿，后又率众迁居京口。他在京口召集部曲百余家，经短期训练后，便开始渡江北伐。他率领的北伐勇士在数十艘战船上，排成一条生龙活虎的战阵，横渡到中流，巨浪腾空，滚滚东流，不禁激起他的燕赵健儿之气，随即在船上拿起一把楫来，敲击着船舷，慷慨激昂地说："祖逖不能清中原而复济者，有如大江！"祖逖挥师北上，经几年时间的艰苦斗争，基本收复了黄河以南的土地。葛洪，自号抱朴子，句容人，是中国古代著名的医学家、制药家、道教思想家、外丹学派和道教神学的奠基人。他少而好学，常"寻书问义，不远数千里崎岖冒涉"，在很短时间便看了近万卷书，因而"博闻深洽，江右绝伦"。晋成帝咸和八年(333)，他南下交趾，由于广州刺史邓岳的挽留，便留住广州，并再次入罗浮山炼丹、著述。他著有《抱朴子》、《金匮药方》、《肘后备急方》和《西京杂记》等。他在长期的炼丹实践中记录和总结了不少朴素的化学知识，为近代实验化学做了奠基工作。他在医学上的许多发现，要比西方医学家早1 500年以上。徐邈，祖籍东莞姑幕(今山东省诸城县西北)，晋永嘉中迁居京口，勤行励学，博涉多闻，被晋孝武帝延聘为儒学之士，又经谢安推荐应选，补为中书舍人，后升散骑常侍，又转祠部郎，前后十多年，在东宫与帝朝夕相见，参议朝政，修饰文诏，多有匡益。安帝即位，拜骁骑将军。著有《五经音训》、《谷梁传》等，见重当时，被学者推崇。其弟徐广为东晋史学家，东晋义熙年初，奉诏撰辑国史，东晋义熙十二年(416)，撰成《晋纪》46卷等。东晋名将谢玄、刘牢之统率的北府兵战无不胜，威震天下。北府兵名将刘裕，小名寄奴，其曾祖父于西晋末年从彭城迁居到江南晋陵郡丹徒县京口里，他幼年贫穷，无钱读书，以耕地为业，兼做樵夫、渔夫及卖履小贩。起先，他在刘牢之部下当小军官，勇悍善战，"披坚执锐，为士卒先"，屡立大功。东晋元兴三年(404)，江州刺史桓玄篡晋称帝，刘裕联络何无忌、刘毅、檀凭之以及孟昶、向弥、魏咏之、诸葛长民等在京口起兵，攻入建康，平定桓玄之乱，成为北府兵的统帅。义熙五年(409)和十二年(416)又两次挥师北伐，先后消灭南燕和后秦，收复洛阳和长安。元熙二年(420)，刘裕代晋称帝，革除东晋弊政，建立起比较有力的宋朝，为汉族历史作出了杰出贡献。刘裕第三子刘义隆，生于京口。他博涉经史，宋景平二年(424)六月，被朝臣们拥立为帝(宋文帝)。他在位30年，坚持刘裕的集权政策，躬勤政事，压抑豪强兼并，整顿吏治，清理户籍，减免赋税，劝课农桑，奖掖儒学，使江南经济文化有了较大发展，历史上称为"元嘉之治"。南朝时，京口是"皇基旧乡"、"桑梓帝宅"。齐高帝萧道成，祖籍东海兰陵(今山东省枣庄市东南)，其五世祖萧整渡江定居于南兰陵(今丹阳市东)，刘宋末，他任建业令、中领军将军。由于宋明帝大杀宗室和文武大臣，萧道成在内乱中形成势力。南朝宋昇明三年(479)，萧道成灭宋，自立为帝，建立齐朝。梁武帝萧衍，南兰陵(今丹阳市东)人。他自幼爱读书，曾招纳文士，辩论儒、佛义蕴，议定"五礼"，合著《通史》。他擅长文学，精音乐，善书法。南齐永泰元年(498)，他被任命为雍州刺史镇襄阳，乘齐内乱，起兵攻入建康，建立梁朝。梁武帝在位48年，死后葬于今丹阳荆林。南朝时，宋、齐、梁三朝，计19位皇帝，都是京口人。南朝时，京口也出现了许多著名的文学家、艺术家和科学家。刘义庆，祖籍彭城(今徐州市)，迁居京口，他"爱好文义"，与其门人编撰了我国文学史上第一部笔记小说《世说新语》。藏荣绪，祖籍东莞莒地(今山东省莒县)，隐居京口，以教授为乐，编撰了史学名著《晋书》。鲍照，在京口长大，20多岁时，献诗于临川王刘义庆，被提拔为侍郎，后来在刘宋王朝直属的官府里担任过太学博士等官职，最后任临海王刘子顼的参军，钟嵘在《诗品》中感叹他"才秀人微，故取湮当代"。他的诗、赋、骈文都有名作，其中数量最多的是诗歌。他与谢灵运和侨居句容的颜延之并列为"元嘉三大家"。鲍照的妹妹鲍令晖是一位杰出的女诗人，她擅长于写爱情诗。钟嵘《诗品》说："令晖歌诗往往崭绝清巧，拟古尤胜。"戴颙，字仲若。他原居桐庐，后迁居苏州，衡阳王刘义季出镇京口，迎他来京口黄鹤山居住，后其又移居招隐山。戴颙作有《游弦》、《广陵》、《止息》等名曲，并著《逍遥论》，注《礼记·中庸》。刘勰，字彦和，祖籍东莞莒(今山东省莒县)，出生于"世居京口"的文化世家。后来，他追随佛学大师、著名学者僧佑十多年，在南京定林寺协助僧佑整理藏经,阅读了儒家经典以及诸子百家、史传和各家文集。刘勰是一个很有抱负的人,他认为:“君子藏器,待时而动,发挥事业。”他的名著《文心雕龙》,评论了先秦以来绝大多数主要作家的作品,总结了35种文体的源流和基本特征,全面论述了文学理论上的重要问题,提出了许多精辟独到的论点,是我国文学史上第一部博大精深、体系严密的文学理论巨著,可谓我国古代“艺苑之秘宝”。梁武帝太子萧统,南兰陵(今丹阳市东)人。他博通众学,“引纳才学之士,赏爱无倦”。相传,他曾招聚文人学子在南徐州招隐寺增华阁“历观文囿,泛览辞林”,评诗论文,编著了我国文学史上现存的第一部诗文总集《昭明文选》,“名才并集,文学之盛,晋、宋以来未之有也”。徐陵,东海郯(东晋永和中侨置京口)人,同父亲及庾肩吾、庾信父子一起出入于梁太子萧纲门下,醉心于“宫体诗”的写作。徐陵把自汉至梁描写或涉及女性的诗篇搜集起来,编出诗集《玉台新咏》10卷。徐陵善于作骈体文,结构严密有致,辞藻华美,历来被视为骈文的典范之作。入陈之后,徐陵被称为“一代文宗”。萧子良,辅佐国政,礼贤爱士,一时文士名流多集门下。萧子显、王僧孺著有《南齐书》60卷。萧子云、萧恰、萧琛、萧乾、萧特等都是通文史、精书艺的俊彦。徐勉,东海郯人,居京口,历吏部尚书,官至尚书令。善属文,勤著述,虽当机务,笔耕不辍。他的《诫子崧书》为世传颂,今存《鹊赋》、《萱草花赋》、《采菱曲》、《迎客曲》等诗文。其子徐悱、媳刘令娴均为著名诗人。侨居京口的南朝梁“东海三何”何子朗、何逊、何思澄诗文俱称上品。江淹,祖籍济阳考城,后侨居京口,历仕宋、齐、梁三代,少孤贫好学,早年即以文章著名,晚年所作诗文不如前期,人称“江郎才尽”。南朝宋初,医学家刘涓子随刘裕北征,有受伤者以其药涂之即愈,著有《刘涓子鬼遗方》10卷,是我国古代一部重要的军阵外科专著。何承天,南朝宋著名无神论思想家和天文学家,曾考定《元嘉历》。祖冲之,范阳遒(今河北省涞水县北)人,他于宋孝武帝大明五年(461)任南徐州从事、公府参军。他在南徐州完成了两项重要发明——“圆周率”和“大明历”,取得了当时世界科技史上最为辉煌的成就。祖冲之在机械制造方面也很有成就，重新制造了一辆铜铸的指南车，还制造过一种千里船。陶弘景，晚年在华阳隐居。他既是政治家、道教思想家，又是医学家、化学家。他辞官隐居茅山，弘扬上清，开创茅山宗，并对《神农本草经》中原有药物做了整理、校订、鉴别和补充，写成《本草经集注》。同时，他又汇集汉、魏以来医家发现却没有载入《神农本草经》的365种药物，写成《名医别录》。他在多年丹鼎生活中发展了无机化学，是记述我国古代灌钢冶炼方法的第一人。南朝时佛教和道教俱兴，京口诞生了许多释门名僧和高道。宝志俗姓朱，句容人。他以佛教宗旨，诱导梁武帝净心修习，向善归仁，被尊为“帝师”，后人为纪念他，将华山改名为宝华山。

唐代国家盛平、文化发达，润州不仅是一州首府，而且一度成为浙江西道节度使和镇海军所在地，贤臣名宦迭出。桓彦范、萧颖士高才博学，清正廉明，执政敢言，成为一代贤臣。唐朝开国之初，用声律取士，聚天下才智英杰之彦，从事于六义之学，以为进身之阶。这时，润州名诗人辈出，写出了许多千古绝唱。张众甫，润州人，曾任监察御史，淮宁军从事。其诗婉媚绮错，巧用文字，工于兴喻，作品多佚，今尚存诗3首。殷遥，句容人，工诗，与王维交好，词采不群而多警句，杜甫曾称赞其诗。储光羲，润州人，曾官至监察御史。其诗多五言古体，描写田园生活的安静淳朴，借以抒写爱好闲适、向往隐逸的情怀。后人常把他和王维、孟浩然、柳宗元等并称。丁仙芝，曲阿（今丹阳市）人，与储光羲同为太学诸生，唐玄宗时进士及第。储光羲有诗叹其仕途不济，诗云：“高名处下位，逸翮栖卑枝。”今存《渡扬子江》、《江南曲》等诗14首。皇甫冉、皇甫曾兄弟，唐丹阳人。冉，天宝十五年（756）登进士，对策第一。曾，天宝十二年（753）进士。两人俱以能诗名，时称“二皇甫”。包融，延陵（今丹阳南）人。神龙年间，与贺知章、张旭、刘慎虚扬名京都，号称“吴中四杰”。开元年间，得张九龄知遇，官至集贤院学士，今存诗8首，其子包何、包佶，亦负诗名，时称“三包”。刘慎虚，京口人，开元二十一年（733）进士，又登宏词科。他不慕荣华，交游多山僧道侣，与孟浩然、王昌龄、高适友善。其诗多写山水隐居，空灵秀逸，饶有理趣。宋人严羽把他与"初唐四杰"并举，称之为大名家。其诗作多佚，今仅存15首。刘三复，句容人。长庆中，李德裕为浙西观察使，奇其文，辟为从事，掌书记，先后三入李幕十余年。李德裕入相，擢刑部侍郎，弘文馆学士。刘禹锡深重其才，曾写诗赠之。权德舆，出生于丹徒，后迁居丹阳练湖边。4岁能诗，15岁时作文数百篇，编为《童蒙集》10卷。唐德宗时，召为太常博士。贞元十八年(802)，任礼部侍郎。唐宪宗元和五年(810)升任宰相。他精通经史，工诗善文，为中唐台阁体重要作家，一生仕途显达，文章儒雅恢弘，被时人尊为宗匠，王侯将相及当时名流的碑铭墓志，多出其手。许浑，润州丹阳人，唐文宗大和六年(832)进士，因病辞官，东归京口，居丁卯桥村舍，后起任润州司马。唐宣宗大中三年(849)升任监察御史，历任虞部员外郎与睦、郢两州刺史。晚年退居京口丁卯桥别墅，编订诗作。其诗以登临怀古见长，情景交融，格调豪丽，时有苍凉悲慨。律诗居多，对仗工稳。唐人韦庄《题许浑诗卷》云："江南才子许浑诗，字字清新句句奇。十斗明珠量不尽，惠休虚作碧云词。"他"才思翩翩"，诗中多有佳句、警句，《咸阳城东楼晚眺》一诗中的"山雨欲来风满楼"之句，脍炙人口，广为流传。张祜，晚年落籍丹阳。他与杜牧友善，杜牧任池州刺史时，寄其诗云："谁人得似张公子，千首诗轻万户侯。"他性爱山水，多游名寺，故多山寺题咏之作。其所咏镇江金山"树色中流见，钟声两岸闻"，被誉为咏金山诗之冠。另有七绝《题金陵渡》："金陵津渡小山楼，一宿行人自可愁。潮落夜江斜月里，两三星火是瓜洲。"此也久唱不衰。他的宫词创作，更富声名。《宫词》其一云："故国三千里，深宫二十年。一声《河满子》，双泪落君前。"此词曾广为传诵。其诗今存350首。中唐之际，润州丹阳还诞生了诗论家殷璠。他于天宝十一年(752)编成《河岳英灵集》。此书选录唐代常建、王维、李白等24人的诗，计234首。编者认为所选诗人都是"河岳之英灵"。其论诗反对轻艳矫饰，提倡风骨与声律相统一，尤重风骨。其体例仿钟嵘《诗品》，每一诗人之下均有品评，多有精到见解，开诗文总集有评语的先例。

五代南唐画家周文矩，句容人，后主李煜时任翰林待诏，升元年间曾奉命画《南庄图》。他善画冕服及车器，工人物，尤擅仕女，风格纤丽，行笔硬瘦，多用颤笔表现衣纹。他兼画楼观、山林、泉石和佛道宗教画。米芾称其画"一如周昉"。张玉峰称其"山水、人物入妙"。唐代宗教文化兴盛。高僧道宣，俗姓钱，润州人，潜心律学理论，经过30年钻研，完成五部论著，成为律宗的开山始祖。道宣著作共35部188卷，除律宗五大论著外，最著名的还有《广弘明集》、《续高僧传》、《释迦方志》等，都是佛教史、中外交通史上的重要文献资料。道宣的弟子达千余人，一系由文纲、道岸到鉴真，传至日本；一系由周秀继承，历宋、元、明、清，都有弟子传承。武则天族孙灵坦博通三教诸书，先在洛阳荷泽寺出家，后到金山寺。他驱走金山白龙洞的巨蟒，兴建金山寺宇。高僧裴头陀断指一节，"开山得金"，修复寺宇，使金山大放光彩。马素法师学问博洽，他在鹤林寺讲经，听者千余，后世有其说法时天降宝华的传说。

宋代初年，时赋升平，科技发达，科学巨子纷纷落籍镇江著书。在中国历史博物馆中国通史陈列展览厅中，陈列着两台巨型天文仪器的复制模型：浑仪和浑象。它们是根据800多年前北宋一部书籍中的附图和说明文字复制而成的。这部书籍就是闻名于世的《新仪象法要》，是北宋著名科学家苏颂定居镇江之后所著。苏颂"器局闳远"，富有政治才干，从政50年，官至宰相，封魏国公，虽位极人臣，但是"奉养如寒士"，博闻强识，白首好学，经史、九流、百家之说，以至图纬、律呈、星官、算法、《山经》、《本草》无所不通，又编著了我国古代有名的《本草图经》。元祐八年(1093)，他住在京口化隆坊，专门从事《新仪象法要》一书的撰写工作。在他的倡议和领导下，元祐三年(1088)创制了一座杰出的天文计时仪器——水运仪象台，设在当时的京城开封。这是11世纪我国杰出的天文仪器，也是世界上最古老的天文钟，国际上对它评价很高。与苏颂同时期，镇江出现了另一位伟大的科学家沈括。他积极参加王安石变法，曾担任过管理全国财政的最高长官三司使等许多重要官职，于元祐三年(1088)，定居润州，住了整整8年。他在梦溪园中专心著述，除写有大量的诗文外，还写成了《梦溪笔谈》、《梦溪忘怀录》、《良方》、《茶论》等著作。其中学术价值最高的是《梦溪笔谈》，他将其一生的所见所闻、所研究、所发现、所实验、所制作的许多属于自然科学和人文科学的知识，分门别类，一条条记载下来，编成30卷（现传本26卷）。后来，继续有所增补，定名《补笔谈》、《续笔谈》。《梦溪笔谈》共计609条，其中自然科学部分要占到半数左右，涉及各个领域，有不少已达到或超过了当时世界上最先进的科学水平。蜚声词坛的北宋词人柳永葬在北固山下。他精通音律，善于吸取民间词精华，创作多长调，为宋词婉约派的代表人物。刁约，字景纯，祖籍上蔡（今河南省上蔡县西南），定居京口。庆历初，与欧阳修同知太常礼院，又并为集贤校理。致仕后，在镇江筑“藏春坞”，临流建逸志堂，在宅西植松林，名“万松冈”。吴淑，少承家学，以“属文敏速”闻名江左。历太府寺丞、著作佐郎，充秘阁校理，迁起居舍人。他词学典雅，曾撰修《太平御览》、《太宗实录》、《太平广记》、《文苑英华》等书，又作《事类赋》、《说文五义》、《江淮异人录》等。王存，润州丹阳人，官至枢密直学士、户部尚书、兵部尚书，拜中大夫尚书右丞、迁左丞。他坚持操守，劝皇帝从因论事而获罪的诸臣中选拔人才，对朋党之议加以明察。司马光赞扬他“并驰万马中能驻足者，其王存乎！”翟汝文，丹阳人，历官翰林学士兼侍讲，除参知政事，同提举修政局。因与秦桧对案相诟被罢官。张纲，句容人。政和二年（1112），纲试内舍第一，明年上舍第一，殿试复赐第一。秦桧用事，他隐居茅山华阳洞20年，不与通问。桧死，累官吏部尚书、参知政事，奏利民80事。曾自书座右铭：“以直行己，以正立朝，以静退高天下。”其一生著述甚丰。陈东，丹阳珥陵越塘人。靖康元年（1126）二月，金兵围攻京都，宋钦宗免去主战国相李纲的官职，任用主和派李邦彦，准备割地求和，陈东率领诸太学生，伏宣德门上书，请求复用李纲抗金到底，从者数万。宋钦宗迫于压力，只得复用李纲为右丞，主持军务。金兵攻破汴京后，掳走徽、钦二帝。康王赵构下诏陈东赴南京（今河南省商丘市）言事，陈东起程时，以棺材相随，表示义不惜命。他八天中连续三次上书，力言主和派宰相黄潜善、汪伯彦不可用，李纲不可罢，并要求赵构御驾亲征。赵构因怕陈东再引出事端，便将这位爱国志士杀害。贡祖文，原籍河南长垣。在金人侵犯中原时，他与岳飞等仗剑从军。绍兴十二年（1142），岳飞及其长子岳云被秦桧等以“莫须有”的罪名囚于临安狱中。贡祖文冒着生命危险，将岳飞三子岳霖藏匿于家，并辞官隐居丹阳。宗泽，原籍浙江义乌，曾任河北义兵都总管，镇守磁州，屡败金兵。康王赵构即位，他任东京（汴京）留守，用岳飞为将，屡获战功，被金兵呼为“宗爷爷”。他连上24道表章，请求赵构还都，得不到同意，忧愤成疾，发背疽而死，濒危还连呼“渡河”。宗泽去世后，其子宗颖和岳飞遵照遗愿，将其灵柩归葬于京砚山。北宋中后期，中国画坛上出现“士人画”，其中一部分基本上就是后世所称的“文人画”。米芾是文人画派的杰出代表。米芾原籍太原，寄居襄阳，后迁居镇江，并终老于此。他“多游江湖间，居每择山明水秀处……后以日所见日渐模仿之，遂得天趣。”米友仁，米芾长子。他继承了乃父的风格，“极江南烟云变灭之趣”。父子两人心眼高妙，独辟蹊径，开创了“米氏云山”。江参，南徐人，以布衣终身，但其画作却朝野尽知。他留传下来的《千里江山图》，平远构图，墨笔画林峦、溪壑、重山复岭，气象万千。吴则礼曾写诗赞道：“即今海内丹青妙，只有南徐江贯道。”赵黼，居镇江北固山。其画风宗李唐一派，寓工于逸，生动洒脱，自出机杼。人物、山水、窠石、江势波浪俱有气韵，其代表作有《江山万里图卷》、《金山图》、《焦山图》、《烟江晚钓图》、《乘风破浪图》和《扬子江风帆图》等。吴文贵，延陵（今丹阳市）人。于绍兴年间，搜集上至晋代，下至北宋宣和间的书法文字，编撰成书法，总集即著名的《宣和书谱》20卷，卷首作评语，为中国书法史上重要的专著之一。

元代，后贤踵继。俞希鲁，镇江人。他“学业浩博，淹贯群集”，境内碑籍多所撰述。他编纂的《至顺镇江志》为元代名志。靖康之变后，其祖避居京口，四世相传遂为京口人。他曾代赵孟頫写《松雪斋集》，赵孟頫作序，大为称许。他的画仿米芾，有米氏风格。存世之作有《溪山烟雨图》轴，在董、巨、两米之间变化，全类高克恭，然空灵清润过之。另有《幽篁枯木图》、《青山白云图》、《客杭日记》、《四禽言诗卷》等书画作品为海内外博物馆、图书馆收藏。

迨至明清，镇江的文化名人赓续不衰。杜堇，镇江人。他与沈周为诗画友，诗文书画名重一时，当时被推为白描圣手。其界画楼台，格局严整，山水、花卉亦妙。曾为李东阳、王鏊等画像，又画过《水浒人物像》和《绝代名姝册》，还有《散牧图》、《七峰图》等传世。杨一清，祖籍云南安宁县，迁居丹徒。成化进士，授中书舍人，曾总制延绥、宁夏、甘肃军务，平定安化王朱寘鐇之乱。他利用太监张永与刘瑾之间的矛盾，劝张永揭发刘瑾罪恶，一举铲除刘瑾。他官居吏部尚书，兼武英殿大学士，后受攻讦辞官，世宗即位后，再度为相。靳贵，丹徒人，弘治年间，举乡试第一，会试第二，廷试第三，授翰林院编修，为皇帝侍读，后进文渊阁大学士，参与国政，又进太子太保、户部尚书、武英殿大学士。他对明武宗嬉游无度，曾屡次力谏，后乞休回镇江，居南门靳家巷。计成，吴江人，他中年迁居镇江，以为豪门巨族建园林为生，著《园冶》，总结中国造园艺术成熟时期的理论和实践，备受海内外学者推崇。徐九思，江西贵溪县人，任句容知县期间，在县衙前建立一堵石屏，屏面画一丛白菜，菜的上方两旁题词为："为民父母，不可不知其味；为吾赤子，不可令有此色。"他为官清廉，一日三餐，茄菇菁服，过着穷书生生活。句容人对这位知县感恩戴德，在茅山建"遗爱祠"，将其当神来供奉。句容人笪继良在江西铅山县任知县时也在县衙立有"白菜碑"，官绛州、顺天、汀州，多所建树。李春芳，句容人，自幼聪明好学，才学兼优，嘉靖二十六年(1547)殿试获一甲进士第一名，官至礼部尚书兼武英殿大学士参机务(一品宰相)。他从政廉洁，恭慎持平，不以势凌人，关心句容地方建设。句容城东街轿巷口旧有"状元坊"，城西的三台阁、兆文山，均为纪念他而定名。笪重光，句容白兔茅庄人。顺治十二年(1655)奉派到江西巡按，因得罪权贵被革职，弃官归隐镇江第一楼街，卖书画为生，晚年隐居五州山、茅山。笪重光善书画，著有《书筏》、《画筌》。冷士嵋，绝意仕进，尝建江泠阁于江干，著书其中，其诗高怀脱俗，多感慨寄托。为文博辩条达，自成一家。著有《江泠阁文集》、《江泠阁诗集》等。张九徵，丹徒人。顺治四年(1647)进士。博学砺行，精春秋三传，尤邃于史，赠光禄大夫、文华殿大学士兼户部尚书。张玉书，顺治十八年(1661)进士，后升授侍讲学士、内阁学士、文华殿大学士兼吏部尚书，赠太子太保。他熟谙水利，康熙二十七年(1688)奉命勘察高邮州海口等地河道，提出增减各处水坝的建议。康熙三十五年(1696)，随康熙帝亲征噶尔丹，是从征的唯一汉臣。康熙四十六年(1707)，随康熙往清河口视察河工，又一次提出引汶水入运河、"淮水敌黄，黄水趋海"的建议，对治理黄河、运河起了重要作用。他与陈廷敬等奉敕编《康熙字典》。康熙年间，余京响应沈德潜的主张，首倡唐音。鲍皋与张曾继起，镇江宗唐的诗风大盛。沈德潜称他们为"京江三逸"。王文治，镇江人。清乾隆二十五年(1760)中一甲三名进士，授编修，擢侍读，后任云南临安知府。他的诗工整精练、雄杰宏亮；书风神俊逸，有"浓墨宰相，淡墨探花"，"天下三梁(梁国治、梁同书、梁巘)，不及江南一王"等评论。此外，还有唐侃、陈观阳、骆绮兰、钱邦芑、冷士嵋、杨铸、法芝瑞、沙书玉、王之政、林佩琴、周伯义等，或以历尽艰辛所创造的辉煌业绩，或以呕心沥血所撰写的千古诗文，或以刻苦磨炼所掌握的精湛技艺，大大丰富了桑梓的文物宝藏，被载入名城镇江的史册。清代康乾之世，镇江涌现了蔡嘉、蒋璋、张琪、鲍皋、黄鹤、蒋宗海、潘恭寿、潘思牧、张崟、顾鹤庆、几谷、周镐等一批卓有成就的画家，潘恭寿、张崟、顾鹤庆是其中的杰出代表。潘恭寿初工山水，继花卉，皈佛后好作佛像。他的画作多有王文治题跋，被称为"潘画王题"。张崟"内师古人，外师造化"，"独辟畦径，力追古法"，花卉、竹石、佛像皆超绝，而尤擅山水，是京江画派的开派人物。他的山水画中最突出的景物是松，故有"张松"之称。顾鹤庆与鲍文廷、王豫、钱之鼎、张学仁、吴朴、应让结成"七子诗社"，"结课赋诗"，有合刻的《京江七子诗抄》。顾鹤庆后赴京，馆裕亲王、庄亲王府，与皇亲国戚和京都名流结交，晚年又以山川助其气，形成了简洁、醇厚、蕴藉而抒情的画风。他好画柳,被称为"顾柳"。周镐,是嘉道年间活跃于京江画坛的名家。他工山水,笔势雄浑苍劲,皴法异常,精于用墨,设色精湛,色调明快。其所作《京江十二景册》、《京江二十四景册》等,构图新颖,吸收西洋画法,别具一格。道咸间,邑中习周镐画者甚众。杨铸、张学仲、张崇兰、朱士龙、施毅、赵元益、张世清等7人也结成诗坛酒社恣意清游,后人称之为"中七子"。周伯义、杨履泰、刘炳奎、张正廉、解为干、夏铭、严允升等人编辑印制了《京江后七子诗钞》。庄棫,工诗,与谭献齐名,著有《蒿庵词》、《中白词》等,与学生陈廷焯蜚声词坛。到了清末,由于政治腐败,外患交迫,知识分子中的先进人物以刘鹗、马相伯、马建忠、陈庆年等为代表,大兴洋务运动,倡导实业、教育救国,以他们的光辉业绩,彪炳于乡土史册。刘鹗,字铁云,丹徒人。他具有强烈的求知欲,涉猎广泛,是深通治河和天算、乐律、词章、医药等多门学问的饱学之士。他24岁师从太谷学派的李含光,确立了"以天下为己任"的思想。他具有远见卓识,主张在保存国家主权的前提下,借外资筑路开矿,振兴中国经济。他曾筹议开采煤矿、金矿,筹营海船、盐厂、北京自来水公司、北京电车公司、钢厂、肥料厂、香烟厂、报馆、书庄、教育杂志社等。刘鹗在龟甲文的研究方面造诣很深。他是第一个大批搜集龟甲文者,著有《铁云藏龟》,这是我国第一部龟甲文著录。刘鹗经济改革的主张失败后,他痛心、愤懑,他要呐喊,剖白心迹昭于世人,宣泄久蓄于胸的郁闷。他呕心沥血,于光绪三十二年(1906)写成《老残游记》。马相伯,祖籍丹阳,生于镇江。他在兴办洋务碰壁后,决心以教育救国,毅然毁家兴学,表现出罕见的奉献精神。他先后捐出祖产良田3 000亩、现金40 000元和上海租界内8处价值10余万元的地产,于光绪二十九年(1903),创建震旦学院,这是中国人兴办的第一所私立大学。当时各地有志之士趋之若鹜。后来,他又办了复旦学院,这就是后来的复旦大学。1913年,他应教育总长蔡元培之邀,担任北京大学校长。"九一八事变"后,他九上电台,呼吁国人"立息内争,共御外侮"。1939年4月6日,爱国老人马相伯百龄大庆时,中共中央致电祝贺,称他为"国家之光,人类之瑞"。这一崇高的荣誉,肯定了老人对祖国和人民作出的杰出贡献。马建忠,字眉叔,马相伯之弟。他目睹清廷的腐败,决心探求富国强民之道,攻读西学,获得了洋务派领袖李鸿章的赏识。1876 年,经李鸿章保举,赴法国学习交涉、例律等学,在政治学院的考试中,俱得优奖。1880 年,他参加法国理科学位考试,获博士学位。他回国后,被李鸿章委任协助办理新政。他曾赴印度协商增加鸦片入口税等,又被派往平息朝鲜内乱,显露了出色的外交才能。后来,他受李鸿章委托,一度任招商局会办,总办上海机器织布局,成为洋务派中的主要人物。他写成了我国第一部语法著作《马氏文通》。陈庆年,镇江人,先后在江苏、湖南、湖北讲学近 40 年之久。光绪二十五年(1899),两湖书院增设《兵法史略》一课,他任讲授,写有讲义 2 卷,世人评论为多年来唯一的救世之书。后来,他又续成《春秋兵史》、《柏举战史》、《吴越战史》、《吴越战史前后序》、《兵法史略》计 9 卷,合《讲义补遗答问》12 卷,流传全国。光绪三十年(1904),陈庆年编纂《洋务辑要》、《五代史略》、《通鉴纪事本末要略》,癸卯年又写有《明史详节》。光绪三十二年(1906),他以归养父母返里,后编《列国政要》于焦山松寥阁。光绪三十三年(1907),他欣然承担了主持江楚编译局与江南图书馆之任,著有《辽史讲义》、《万历蜀徼征播史》、《陶隐居年谱》、《西石城乡土志》。他将风俗志和乡土志所记限于一村,为地方志撰述别树一帜。宣统庚戌年(1910),刻《嘉定镇江志》。1911 年,又以《芸窗词》、《雪山日记》、《京口三山志》陆续交付刊刻,遂有《横山草堂丛刻》。端方任两江总督期间,日商西泽占据我国东沙岛。陈庆年遍索海道各书,终于援引雍正年间陈伦炯《海国闻见录沿海形势图》为据,详证东沙岛于雍正年间已见于中国书籍。端方以此为据,与日人力争,日人才服气。一时举国上下,都钦佩他有真才实学,而尤其敬佩他的爱国热忱。

为了推翻满清统治,实现民族解放,赵伯先、赵念伯、赵光、赵芬、李竞成、林述庆、陶骏保、杨邦彦、陈凯、冷御秋等赴汤蹈火,不怕牺牲,为民族民主革命作出了巨大贡献。柳诒徵,镇江人。他立志教育救国。23岁时，经陈庆年介绍，到南京江楚编译局担任编辑教科书的工作。他编写的《历代史略》，从唐代编至明末，共6卷，每卷各分篇章打破了纲鉴体的旧形式，成为中国第一部最新式的历史教科书。从1916年冬天起，柳诒徵在南京高师、东南大学先后任教10年，主讲国文、历史、地理等课程，并编撰《中国文化史》、《东南亚各国史》等讲义。柳诒徵著有论史专著《国史要义》，还著有《中国商业史》、《中国教育史》、《首都志》、《满清年表》等文献。吴庠与丁传靖、叶玉森好诗文，精学术，被时人称为"铁瓮三子"。茅谦、李恩绶、陈任、吕凤子、符恼武、冯煦、赵玉森、吕叔湘等都是出类拔萃的贤才，为镇江历史平添光彩。而著名的发明家、科学家巴玉藻、杨济川、茅以升等成就卓然，为镇江优秀的文化科技传统锦上添花。为了振兴中华，发展民族经济，实业救国，实业家唐棣、凌焕曾、徐国安、赵棣华、李皋宇、郭鸿诒、张怿伯、束云章、陆小波、陈光甫、许沅等作出了杰出贡献。艺术家戴涯与唐槐秋共同组织了我国第一个职业话剧团——中国旅行剧团。民国二十五年(1936)，在南京与曹禺等组织中国戏剧学会。束荑，女，丹阳人。民国二十六年(1937年)参加抗日流亡服务团，成功地主演了《雷雨》、《天国春秋》等9部话剧。此后，她又投身电影艺术活动，参加拍摄《宋景诗》、《七十二家房客》等多部电影。

在抗日战争和解放战争中，朱高氏、朱惺公、黄竟西、夏霖、陈怀民、郭纲琳、李培根、王龙等无数革命志士献出了宝贵的生命。他们的光辉业绩将永载史册，彪炳千秋！学习先贤，继往开来，是中华炎黄后裔义不容辞的历史使命。本书广泛搜集名人资料，以短小精悍的篇幅，介绍了历代祖居、官居、客居于镇江的120多位名人的生平业绩，集中反映了桑梓名人的群体形象。显然，镇江名贤远不止此，书中所写的人物只是其中的代表。

先贤典范，为万世楷模，光照后人。可以肯定，此书对教育、鼓舞和激励乡土后人，特别是青年一代发扬先贤热爱祖国、热爱家乡、刻苦学习、艰苦创业的优秀传统，对于建设镇江，振兴中华，具有深远的历史意义。

三朝帝王

三朝帝王

刘桢《京口记》说:“秦王东游观地势,云此有天子气,使赭衣徒凿(龙目)湖中长岗使断,因改为丹徒。”晋人《太康地记》也有“秦凿曲阿(今丹阳市)”的记载。然而,就是在这秦凿的丹徒和曲阿之地,六朝时却相继出了宋、齐、梁三朝计 19 位皇帝,成为“桑梓帝宅”、“皇基旧乡”。作为封建社会最高统治者的帝王,深居禁宫,大多过着锦衣玉食、荒淫无耻的生活。但是,开国帝王却处于风云变幻的动乱时代,他们经过艰苦卓绝的斗争,逐渐登上政治舞台,演出了一幕幕雄伟悲壮的历史剧;还有那些缔造了中国古代太平盛世的帝王,无疑也对中华民族的发展作出了重要贡献。

刘裕代晋称宋帝

“斜阳草树,寻常巷陌,人道寄奴曾住。想当年,金戈铁马,气吞万里如虎。”这是辛弃疾在《永遇乐·京口北固亭怀古》中颂扬宋武帝刘裕在京口起兵讨伐桓玄、平定叛乱、挥师北伐、驰骋中原的英雄业绩的词句。

刘裕,字德舆,小名寄奴,生于东晋哀帝兴宁元年(363)三月十七日,卒于宋永初三年(422)五月二十一日,祖籍彭城(今徐州市),为汉高祖刘邦之弟楚元王刘交的后裔。西晋末年北方大乱,他的曾祖父刘混渡江侨居于晋陵郡丹徒县京口里(今镇江市),官至武原令。刘裕出生于京口,故居在丹徒县京口里寿丘山下(今镇江市梦溪园巷江苏大学分校校区内)。母亲生他当日就因产疾去世,年纪才21岁。他的父亲刘翘有一个同宗兄弟就和妻子商量，断了自己孩子的奶，代养刘裕。刘翘非常感激，就给儿子取了个小名叫寄奴。刘裕以耕田为生，常到江洲和南山砍柴，下水捕鱼，编织草鞋到市场去卖。刘裕酷爱赌博，曾因赌输，被本地士族大地主刁逵缚在马桩上索赌债，亏得好友王谧代他还清债务，才被释放。生活的经历使得年轻的刘裕深知劳动大众的疾苦，并且养成了冒险求利的性格。

京口是东晋劲旅"北府兵"的发源地。刘裕起初任"北府兵"将领孙无终的司马。隆安三年（399）十月，五斗米道首领孙恩在会稽发动农民起义，占领了东南八郡。晋廷派北府名将卫将军谢琰、前将军刘牢之前往镇压。刘牢之任命刘裕为参军。刘裕受刘牢之重用后，"每战则摧锋陷阵"，"手奋长刃，杀伤甚众"，显示了非凡的军事才能。当时，镇压农民起义军的部队，所到之处都残暴地大肆虏掠，老百姓苦不堪言。只有刘裕的部队，"法令严整"，不侵犯百姓的财产，"所至莫不亲赖焉"。隆安五年（401）六月，孙恩率领战士十余万，楼船千余艘，夜间突袭丹徒，"鼓噪登蒜山"。刘裕日夜兼程从海盐赶往丹徒，以不足一旅之兵奔袭蒜山，大破孙恩军。在孙恩起义军受到严重挫折之际，晋廷最高统治集团内部的权力之争趋向白热化，爆发了冲突。江州刺史桓玄举兵东下，攻进建康（今南京市），先后诛杀了晋宗室司马元显父子。此后，桓玄将"北府兵"视为眼中钉，任命刘牢之为会稽内史，夺其兵权，逼迫刘牢之自杀，然后篡位自立，改国号为楚。桓玄企图直接控制"北府兵"大权，派从兄桓脩为抚军将军坐镇京口。元兴三年（404）

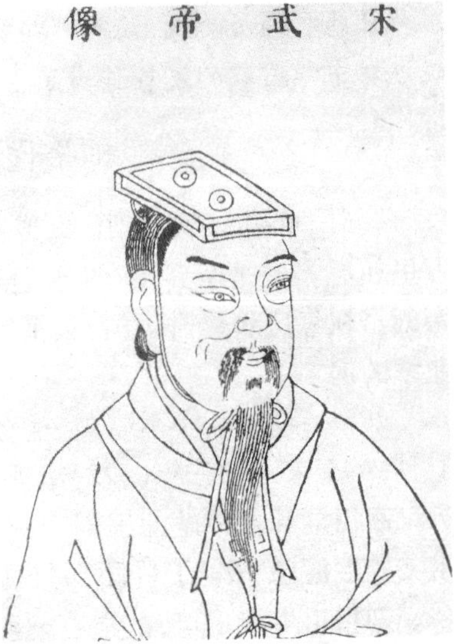

刘裕像

二月上旬，刘裕托言游猎，与何无忌等在城外召集同党百余人，向京口进发。何无忌穿着朝廷传旨官的服装，捧着假造的诏书前导，一百多人马紧跟在后，驰入城内，齐声高呼："奉诏捉拿桓脩。"京口城中吏士惊散，他们直入军府，立即斩了桓脩，控制了京口。与此同时，刘裕的好友孟昶、刘毅等也在广陵（今扬州市）起事，杀了桓玄任命的青州刺史桓弘，然后渡江到京口与刘裕会师。

起义军公推刘裕为盟主，发布檄文，声讨桓玄，以恢复晋室为号召，要求"上凭祖宗之灵，下罄义夫之力，翦首或逋逆，荡清京辇"。一时间，京口人士纷纷响应，如刘简之及其弟刘虔之，宰杀耕牛，聚众参加，踊跃追从者达1000多人，勇猛地向建康进发。在江乘（今句容市高资一带），起义军与桓玄骁将吴甫之的军队大战。刘裕"躬执长刀，大呼以冲之，众皆披靡，即斩甫之"。

桓玄挟持晋安帝司马德宗逃回江陵（今湖北省江陵县），又浮江东下，与刘裕大战于峥嵘州，结果桓玄大败，后被杀死。义熙元年（405），晋安帝司马德宗回建康复位。义熙四年（408）初，晋廷征刘裕入辅，掌握东晋朝政。元熙二年（420）六月，晋恭帝司马德文禅位于刘裕，并对左右说："桓玄之时，天命已改，重为刘公所延，将二十载。今日之事，本所甘心。"于是，刘裕代晋称帝，成立了新兴的刘宋王朝，改元永初。刘裕执政前后20年，称帝3年，抵御外患，励精图治，为后来的"元嘉盛世"奠定了基础。范文澜在《中国通史》中说："刘裕消灭纪纲不立、豪强横行的东晋朝，建立起比较有力的宋朝，对汉族历史是一个大的贡献。"

刘裕执政后，不忘记本色，将贫穷时所穿衣袄和耕田农具"皆命藏之，以留于后"。史称刘裕清心寡欲，节俭过人，"未尝视珠玉舆马之饰，后庭无纨绮丝竹之音"。

刘裕也没有忘记桑梓故乡。他认为"古之建国，教学为先"，在称帝前镇守丹徒时，曾致书其妻兄臧焘，要他主持复兴本地的教育事业。刘裕临终时遗诏："京口要地，去都邑密迩，自非宗室亲戚不能居之。"他的儿子宋文帝刘义隆在位时，仍一再返回京口，下诏减免老百姓的负担，优恤当年随刘裕举兵，参加过战争的阵亡将士的家属，又下令从别处迁移户口数千到京口，发展了京口的生产和经济。

刘义隆“元嘉之治”

宋文帝刘义隆，小字车儿，宋武帝刘裕第三子。晋安帝义熙三年(407)生于京口，元嘉三十年(453)去世。他即帝位后，继承父业，官爵不滥，集权中央，保障安定，任用人才，发展生产，重视文教，改善风化。在位的30年间(424—453)，百姓粮食遍野，家给人足，出现了一个“小康”局面，因其年号为元嘉，所以史称“元嘉之治”。

国家的发展，需要一个安定的局面。刘义隆执政后的第三年，便逐步清除了废弑少帝刘义符的徐羡之、傅亮等人。元嘉二十二年(445)，太子詹事范晔等阴谋拥立大将军、彭城王刘义康造反，刘义隆进行了大清洗。他坚持“守法而不禁，能包容而不放纵”，徐湛之本已险遭诛杀，这次又参与范晔拥立刘义康的阴谋，但他能检举别人，认罪态度较好，刘义隆便赦其罪不问。后来，范晔还成了刘义隆的亲近大臣。谋反主犯孔熙先在被捕时毫不畏惧，谈吐自若，刘义隆暗暗称奇说：“以卿的才华，而滞留于集书省不得升迁，理应有异志，这都是我的不对啊！”他又责备前吏部尚书何尚之说：“孔熙先年将三十了，还只作散骑郎，哪能不作贼？”虽然因为孔熙先是主谋，刘义隆不得不杀之，这番话却也表明了他的仁爱之心。

刘义隆像

刘义隆对于贪赃枉法和玩忽职守者，坚持绳之以法，以正纲纪。南蛮校尉、抚军长史张邵被检举在任雍州刺史时营私舞弊，被逮捕入狱，因其为元老旧臣，免于一死，但也受到了应有的惩处。雍州刺史刘真道，梁、南秦二州刺史裴方明，被指控在战争中吞没金银财宝及名马，下狱处死。因失职造成北伐失败的兖州刺史竺灵秀被斩首，左将军刘彦之、安北将军王仲德被撤职，逮捕入狱。惩处他们，虽然其他官吏未必就能因此向善称职，但是朝廷指明的吏治方向，大大有助于社会的安定，对国家和民众无疑是有益的。

刘义隆懂得“防民之口甚于防川”，“下情不能上达则怨积乱生”的道理，因而十分注意了解民情，广开言路。他先后于元嘉三年(426)和元嘉五年(428)，两次下诏要求文武官员“各献谠言，指陈得失，勿有所讳”。正是有了大批尽职的官员，才进一步使他“广达四聪，情伪必审”，始终保持了清醒的头脑。

刘义隆对宗室的任用也颇为得当。他敢于破除旧规，选用贤能官员担任重要职位。宋武帝刘裕曾遗诏规定，荆州刺史必须由皇子镇守。刘义隆认为，临川王刘义庆虽非皇子，但其在皇族中享有良好的声誉，而且刘义庆的老父亲刘道规对国家有很大功劳，便擢用刘义庆为荆州刺史。刘义庆之后，依顺序应该轮到南谯王刘义宣，但刘义隆发现刘义宣才能平庸，人格卑鄙，也就没有让其担任职位，而是任用了衡阳王刘义季。刘义季到任后，不敢辜负刘义隆的厚爱，尽心尽职，洁身自好，清廉节俭，待人诚恳，不欺压部下，荆州的士大夫和百姓都对他赞誉备至，从而保证了该地区社会的安定和经济的发展。

刘义隆在采取措施，保证国内安定的同时，在经济上也采取了一些富民政策，增强国力。他十分重视农业的发展。每年春耕前，亲自举行藉田仪式，作为天下耕田之始。他还在宫内养蚕，身体力行，欲以风行天下，引导民众务农桑。元嘉十七年(440)，扬州、南徐州等地农民缺乏田粮种子，他下令贷给。元嘉二十一年(444)，他发现劝农措施并未认真执行时，又下诏：“皆令尽勤地利，劝导播殖蚕桑麻纻，仓廪既实，礼节以兴，各尽其方，不得但奉行公文而已。”因此，废田得到了重新开垦，仅湖熟(今南京市东南湖熟镇)一带就达千顷。

当北伐失败后，大量土地荒芜，人民受苦挨饿，刘义隆深为自己的行为感到后悔，认识到："国以民为本，民以食为天，故一夫辍稼，饥者必及，仓廪既实，礼节以兴。"在他统治的最后一年，为了使耕作顺利进行，凡农民缺少五谷种子的，由各县借给，并让各地官吏下乡进行农贷。这些措施的实行，使元嘉时期粮食丰产，仓库盈满，其后期北伐再未向人民征收额外的粮食。

为了发展农业，刘义隆还注意减轻农民的各种负担，以激发其生产积极性。元嘉二十一年(444)，他下诏，把元嘉十九年(442)以前人民积欠政府的"诸逋租宿债"一概免除。元嘉二十四年(447)，又酌量减轻这些租税。这些规定，大大促进了生产和社会的发展。遇到自然灾害，他除了减轻租税负担外，还认真组织赈灾工作。元嘉十二年(435)六月，丹阳、淮南、吴兴、义兴大水，他诏令调徐、豫、南兖三州和会稽、宣城二郡米数百万赐五郡遭受水灾的难民。元嘉二十年(443)，他还进行了许多赈济工作，救死扶伤，安定人心，帮助恢复生产。这年，全国各地水旱灾害严重，庄稼或减产或无收，人民挣扎在饥饿线上，他便派人"开仓赈卹，给赐粮种"，并且多次下诏强调：救灾工作，要切实抓好，钱粮的发散，要人人到位。如有流行病发生，他还常常派人慰问，送医送药，对无家属的死者，赐以棺材埋葬。后期，对于战争造成的创伤，刘义隆也十分重视赈济恢复，把阵亡将士的家属，作为优抚对象。元嘉二十六年(449)，他巡视丹徒后下诏说："京口形胜，实为名都。……皇基旧乡，地兼蕃重，宜令殷阜，式崇形望。可募诸州乐移者数千家，给以田宅，并蠲复。"元嘉二十八年(451)，对受到北魏军队残害的各郡县人民，广为抚恤，并免除了他们的田赋和捐税。

刘义隆还大力提倡节俭，反对奢侈之风。元嘉六年(429)，他在给刘义恭的信中要求说：声色犬马，嬉戏游荡都不要过分。饮酒赌博，捕鱼打猎，这一切都不应去做。生活上必需的开支，都应有节制限度。奇装异服、古玩珍宝，都不可喜爱。元嘉二十二年(445)，他又用饿皇子们肚皮的办法来教育他们，一再告诫说："你们从小生长在富足的家庭中,看不见人民的贫困。现在让你们体验饥饿的痛苦,以便知道节约俭朴,爱惜民力。"

刘义隆还充分发挥封建政权的行政职能作用,不囿于"祖宗成法",实行"开山泽之禁"。他让列入政府簿籍的编户民得山泽之利,承赋税之责,施惠于贫民,而对豪强则加以限制。这些措施都有效地缓和了当时由土地兼并引起的大土地所有者与小土地所有者之间的尖锐矛盾,缓和了由此引起的社会危机,维护了封建统治的稳定。

刘义隆十分重视文化教育的发展,要求各地广开学校。元嘉十五年(438),他在都城建康以北的鸡笼山修建了一所学校,并且征召豫章(今江西省南昌市)人雷次宗讲授儒学,丹阳尹何尚之讲授玄学,太子率更令何承天讲授史学,司徒参军谢元讲授文学,合称为"四学",培养了一大批学者。在他的倡导下,临川王刘义庆招聚门客编撰了《世说新语》。范晔广集学徒,博览旧籍,以《东观汉记》等书为参考,删繁补略而成《后汉书》。东晋、南北朝儒、佛、道教相互斗争甚烈,他深知儒学的作用,极力倡导儒家风雅。元嘉十九年(442)十二月,他下诏令鲁郡(今山东省曲阜市)整修孔子庙以及学校,并免除孔子坟墓附近五户人家的赋税差役,让他们负责孔子庙和学校的维护与管理。他还亲临国子学,考察学生学习经义成绩的好坏。仅元嘉二十三年(446)九月的一天,他就"试诸生答问策"达59人之多。考察之后,他说:学校兴办了这么多年,各位学子总算学有所成。近日视察,我非常满意。在他们的回答中,有许多宝贵意见,我们应该多加采纳。讲授的老师,功劳不可磨灭,很值得称道。于是,他分不同的等次,大加赏赐。司马光在《资治通鉴》中说:乡里街巷之间,读书的声音,到处都可听到。士人重视操守,讲名节,连乡下人都以轻薄为耻。江左的风俗,以元嘉时期最美好。这正是刘义隆重视文化教育的结果。

刘义隆在政治、经济、文化上的整治,使国内安定,社会经济有了较大发展,物质财富大量积余,耕地面积扩大,人口增长,社会出现了一派繁荣景象,国家也变得富强起来。沈约曾赞扬说:"昔汉氏东京常称建武、永平故事,自兹厥后,亦每以元嘉为言,斯固胜矣。”

萧道成开创南齐

公元前210年,秦始皇因镇江一带有王气,命赭衣囚徒凿断京岘山。京岘山虽被凿断,但据传王气仍存,600多年后,也就是距今1500多年前,开创南齐的萧道成就出生在离此不远的丹阳萧梁河畔的三城巷附近,那时叫南兰陵郡东城里。

萧道成像

萧道成,字绍伯,小名斗将,生于南朝宋元嘉四年(427)。他的父亲萧承之,少有大志,英武过人,是刘宋王朝的将军。小小年纪的萧道成在他和小伙伴外出游玩时,路见多处枯骨,忍不住说:“周文王以来几千年,谁能掩埋山野尸骨呢?”流露出忧国忧民的志向。13岁时,他赴建康鸡笼山学馆就读,学习《礼》、《左氏春秋》等儒家经典。元嘉十七年(440),他弃学随父出兵,二十三年(446)随同雍州刺史萧思话镇守襄阳,任左军中兵参军。在与北方部族的征战中,屡屡显示军事才能,袭晋兴县五等男爵,后调任建康令。少府萧惠开赞扬说:“昔魏武(曹操)为洛阳北部时,人服其英,今看萧建康,但当过之耳。”

宋明帝刘彧即位,萧道成升为右军将军。当时四方反叛,在274郡中拥护朝廷的只有丹阳一郡。在危机面前,萧道成被任命为辅国将军,奉命东讨,至晋陵,一日破敌十二垒,平定了叛乱。徐州刺史薛安都叛国投降北朝,派其儿子索儿攻击淮阴,进逼青、冀二州。宋明帝又派萧道成北上。萧道成在淮阴打败薛索儿,追敌至徐州附近的钟离,得胜回朝,晋爵为西阳县侯。这时,江州刺史、晋安王刘子勋又反,从鄱阳山道直入三吴,情势十分紧张。萧道成带3000人堵截敌军。当时,军械短缺,萧道成军就用棕皮编成马具,砍竹子充箭,夜晚举着火把进军。敌军见火炬连绵不断,吓得不战而逃。萧道成被升任为桂阳王征北司马、南东海太守,行南徐州事。泰始三年(467)八月,宋明帝派沈攸之北伐,萧道成又率千人镇守淮阴,为沈攸之镇后。次年七月,萧道成代沈攸之为南兖州刺史,镇广陵。

萧道成身高七尺五,英俊潇洒,又宽以待人,民间盛传有异相,当为天子。他虽屡立战功,仍受宋明帝猜疑。泰始六年(470)宋明帝征召他为黄门侍郎、越骑校尉,调其入京师,以便控制。他不想就这样被钳制,遂听取参军荀伯玉的建议,暗中遣数百骑入北魏境,制造边境紧张局势,北魏果然派骑兵巡游边境之上。他据此上奏,终得外任,九月镇守淮阴。这时,萧道成得到了来自淮北与淮西的一大批新人,如桓崇祖、苏侃、薛渊等。他都以诚相待,委以重任。桓崇祖曾对皇甫肃说:“此真吾君也,吾今逢主矣,所谓千载一时。”这时,萧道成还得到了一批“三齐射手”,他们自北魏占领青州、徐州时从齐地流亡过来,后来成了萧道成所依恃的精兵。当时有人谮言萧道成在淮阴有异心,宋明帝为试探他,特赐银壶酒,令淮阴太守吴喜送给他饮,他害怕是毒酒,不敢喝,想逃走。吴喜告之真情,萧道成便将酒一饮而尽。吴喜回到建康,奏报宋明帝:“萧道成没有二心。”

泰始七年(471)七月,宋明帝又一次调萧道成回京。部下以朝廷刚刚诛杀大臣,劝他不要应命。他当机立断,慷慨地说:“诸卿不明事理,明帝诛诸弟,只为太子稚弱,作百岁后计,何关他族?唯应速去,事缓必见疑。”果然,他到建康后,不但没有被害,还被拜为散骑常侍,太子左卫将军。

俗话说:“伴君如伴虎。”萧道成在京城处处谨慎,以防不测。有一天,他闲游华林苑,见群鹤,触景生情,作《群鹤诗》一首,将自己比作关在笼中的“白鹤”。谁知不久,宋明帝一病不起,急召他进宫,以

10岁太子刘昱相托，要他辅政，并升他为右卫将军，总领京城禁卫军。宋明帝死后，太子刘昱即帝位，史称“后废帝”，改元“元徽”。

元徽二年(474)五月，桂阳王刘休范反叛朝廷，从寻阳发步兵2万，骑兵500，直捣建康，朝廷惊恐。十余位文武大臣共集中书省商量对策，会上无一人发言。萧道成说：“休范轻兵急下，欲乘我无备，我军不宜远出，只需近狙。千里孤军，后无粮备，时日一久，必自瓦解。”他自请屯兵新亭，挡敌锋芒。诸大臣一致同意。萧道成领兵至新亭，战垒尚未筑好，叛军已至。他解衣高卧，以安众心，派宁朔将军高道庆、御林监陈显达、员外郎王敬则领水军狙击敌军于江中。刘休范亲自带兵攻东垒，短兵相接，战斗十分激烈。萧道成见将士们有畏惧情绪，便鼓励说：“叛军虽多，阵容混乱，不久必溃。”他派杨运长领“三齐射手”一齐放箭，使敌军不能逼城。他又令黄回与张敬儿诈降，刘休范没有怀疑，把他们安置在自己的身边。张敬儿在刘休范饮酒无备时，夺其防身刀将他杀死。刘休范的部将丁文豪进袭皇宫台城，连连获胜，军至秦淮河朱雀门前的渡桥，领军刘勔慌忙应战，被斩于马下，台城守军十分惊恐。这时建康谣言频传：“台城已陷”、“萧道成阵亡”。叛军与内奸里应外合，攻至城下，形势十分危急。太后、太妃收集宫中金银器物赏赐守军，也没有能阻止城上守门军队的撤退。太后拉着小皇帝的手，哭着说：“天下败矣！”正在这时，萧道成骑马带数百人赶到，与叛军激战通宵，并派陈显达、任农夫、张敬儿等从承明门入城保卫宫阙。他带领将士连日苦战，终于以少胜多，取得胜利。叛军除刘休范父子及几个头目被杀外，其余全部投降。萧道成凯旋回朝，建康百姓拥到街上观看，纷纷称颂：“保全国家的是萧将军。”六月，萧道成被任命为中领军、南兖州刺史，留卫建康，与袁粲、褚渊、刘秉共理朝政，号称“四贵”。

小皇帝刘昱不理政事，而且凶暴成性。前将军韩道清、长水校尉郭兰之都劝萧道成乘其外出时将其废掉，另立建平王刘景泰为帝，但他不听。元徽四年(476)七月一日，刘景泰召集数千将士在京口起兵。京城得到建平王造反的消息，萧道成立即部署，派其子萧颐为冠军，镇守东府；派右军将军张保领水军袭击京口；派黄回、任农夫、李安民三将，率步骑从陆路进军京口，并亲自领兵出玄武湖，以迎击京口来敌。领军将军黄回早就与刘景泰勾结，行军途中，对部下将士说："逢京口兵，勿得战。"骁骑将军任农夫自领一军先到京口。刘景泰见朝廷军到，吓得不知如何是好，部下有数十勇士，自告奋勇，迎战官军。官军水陆汇集，力战于京口万岁楼下，叛军全线崩溃，刘景泰及其 3 个儿子与反叛头目 10 余人，一一伏诛。

两次叛变被平息，小皇帝刘昱因此更加骄纵，竟随意杀人，有时一日杀数十人。只要看到有人被杀死，血流遍地就高兴，一天不杀人，就闷闷不乐。刘昱忌妒萧道成的威名，一心想杀掉他，竟用木头刻成萧道成的模样，自己用箭射，又命手下人射之，射中的有赏。元徽五年(477)六月的一天天气炎热，萧道成在家赤膊午睡，刘昱闯了进来，画萧道成肚脐为矢的，以骨箭射中其肚脐。萧道成经此一吓，知道再也不能辅佐这样的昏君，便命令越骑校尉王敬则收买皇帝侍从杨玉夫、杨万年等 15 人，伺机灭掉刘昱。

七月七日，刘昱微服外出，晚上到新安道院命道人煮食偷来的狗肉。刘昱饮酒吃肉，喝得大醉才回仁寿宫就寝。睡前命令侍从杨玉夫说："今天是七月七，你看到织女渡河会牛郎时就来报我，看不见把你杀掉。"杨玉夫知道大祸将临，决定先下手将其杀死。待小皇帝睡熟后，杨玉夫取其防身刀，一刀将头砍下。众人们听说刘昱被杀死，都高呼万岁。这时，萧道成速骑赤龙马入宫，拥立安成王刘准为帝，史称顺帝，改元"升明"。他自任为司空，录尚书事；任骠骑大将军，总掌军国大权。

袁粲、刘秉不满萧道成专权，合谋灭掉他，准备于十二月二十三日举事。事泄，萧道成抢先下手，杀死袁粲、刘秉，清除了夺取皇位道路上的两个政敌。

荆州刺史沈攸之自以为才力过人，早有异心，招募兵力，装备战舰，积聚财富，连朝廷都畏惧他的势力。萧道成虽与其为儿女亲家，但对其野心也早有防备。元徽三年(475)三月，他任命张敬儿为雍州刺史，钳制沈攸之。元徽五年(477)，沈攸之嫉妒萧道成专擅朝政，在荆州反叛，张敬儿立即密报建康。闰十二月，沈攸之攻郢城(今湖北武昌)，历时三十余日不下。萧道成援兵又将至，沈攸之军士纷纷逃亡，将帅不能控制。沈攸之想撤回江陵，但江陵早已被张敬儿攻占，而相随二万士卒又全部逃散。沈攸之与其子文和走投无路，于升明二年(478)正月，逃至华容界，双双自缢于栎林。

沈攸之叛乱被平定后，萧道成又杀了数次企图反叛的郢州刺史黄回，先后将阮佃夫、杨远长调迁外地，将军国大权独揽于手中。升明三年(479)三月，刘准任命他为相国，封十郡，为齐公。四月进位齐王，增封十郡。同月，宋顺帝刘准禅位，萧道成即皇帝位，国号齐，史称南齐，都建康，改元"建元"。

萧道成气量大，深沉静默，喜怒不形于色，博学，有文才，擅长草书和隶书，是我国历史上著名的书法家。他好下围棋，做皇帝后"常与直阁将军周覆等共棋，累局不倦"。他还善于纳谏。即帝位后，儒者刘桓建议："戒前车之失，加之以宽厚，虽危可安；若循其覆辙，虽安必危矣。"据此，他革除宋孝武帝以后的暴政，朝政较严明，官民始得安业。他还提倡节俭，身上不戴精细器物，后宫栏杆，原以铜为装饰，全改用铁。他常说："使我临天下十年，当使黄金与土同价。"他为巩固政权，削除部曲私兵，限制将吏随身护卫人数，下令整顿户籍，是一位有作为的皇帝。

建元四年(482)三月，萧道成病死于建康临光殿，在位4年，死时56岁，谥号"高皇帝"，庙号"太祖"。葬于泰安陵(陵址在今丹阳市胡桥赵家湾)。

萧衍改朝建南梁

南朝梁的开国皇帝萧衍，字叔达，小字练儿，籍贯南兰陵中都里(今丹阳市荆林胡桥一带)，是汉朝相国萧何的后代，宋孝武帝大明八年(464)出生在秣陵县(今南京市秣陵关一带)。萧衍是南齐武帝萧赜的族弟，齐的宗室。父亲萧顺之、长兄萧懿曾先后在齐武帝萧赜父子相残和齐明帝萧鸾杀萧道成、萧赜子孙的夺权斗争中出过力。萧懿在东昏侯萧宝卷时官至尚书令，后来因图谋废杀萧宝卷，事败被杀。当时，镇守襄阳(今湖北省襄樊市)、任雍州刺史的萧衍知道自己罪不可免，就先下手为强，策动荆州刺史萧宝融(萧鸾第八子，尚未成年)的长史萧颖胄，杀了领兵前来捉拿他的刘山阳，共同举兵讨伐东昏侯萧宝卷。永元三年(501)三月，在江陵(今湖北省江陵县)立萧宝融为傀儡皇帝，即齐和帝。萧衍利用东昏侯的荒淫腐朽和南齐的政治动乱，带兵沿长江东下，进围台城(宫城)。城内禁卫军叛变，杀东昏侯萧宝卷，迎萧衍入台城。中兴二年(502)，萧衍导演了一场迎帝(齐和帝萧宝融)、杀帝(东昏侯萧宝卷)的闹剧后，自己便于四月在建康(今南京市)代齐称帝，改国号梁，称梁武帝。

萧衍像

南北朝时期，社会动乱，朝代更迭迅速，一般皇帝都当不长。刘宋立国60年，共换了8个皇帝；南齐24年，先后有7个皇帝登基。梁朝立国虽然也只有55年，但梁武帝萧衍却独自在位47年。在南北朝的动乱时期，他为什么能做近半个世纪的皇帝呢?

萧衍的个人学识和生活作风，很有过人之处。唐代姚思廉对他推崇备至，认为通观古往今来的帝王人君，很少有像他那样“恭俭庄敬，艺能博学”的。萧衍的博学，早年就得到社会的公认。他擅长文学，与沈约等人并称为“八友”。据说他下笔成章，千赋百诗随手就能写成。他精通儒家经学，著有《周易讲疏》、《尚书大义》、《孔子正言》等200余卷；又深谙佛学，著述有数百卷；还撰写了《通史》600卷；对于阴阳纬候、卜筮占决、草隶尺牍、骑马射箭，他也无不精通。

他生活节俭，据史籍记载，吃的是豆羹粗食，没有山珍海味，穿的是布衣，用的是粗制黑帐，帽子三年一换，被子两年一易，不喝酒，除非遇到重大盛典不作乐。无论盛夏酷暑，还是寒冬腊月，他五更时分就起来秉烛批阅公文。一个皇帝要几十年一贯地舍弃所能享受的荣华富贵，过比较简朴的生活，这是难能可贵的。

萧衍认为，东晋、宋、齐的灭亡，或由于政权过分依赖士族豪门，皇帝被大族所制；或由于皇帝一人专权，引起王室相残而大权旁落。他从中吸取教训，即位之初，便着手在统治阶级内部全面实行优待笼络政策，希望通过这样的办法来缓和统治阶级内部的矛盾，协调好皇帝、宗室诸王、士族门阀、寒门庶族之间错综复杂的关系，从而取得各方面的支持。

对宗室诸王，萧衍废除了宋、齐以来的“典签”制度。“典签”制度是宋、齐两朝为加强中央对地方的控制而设立的。“典签”的职责是监视诸王和诸州刺史，随时把他们的情况秘密汇报给皇帝。“典签”一般都由皇帝的亲信担任，其官职虽然低微，但却“威行州郡，权重蕃君”，刺史和诸王对他们都十分畏惧。据《南史·巴陵王子伦传》说：诸王的一言一行、一举一动都不能随己意，穿衣饮食，甚至一支藕、一杯浆都必须先得到“典签”的同意。如果遇到“典签”不在，便只好忍受饥渴终日。“典签”监督下的诸王，犹如被软禁的囚犯。萧衍废除“典签”制，为宗室诸王松了绑，赋予他们以实权。

萧衍对士族门阀，恢复和维护他们的特权地位。为保证他们世代可以靠祖宗门第升官发财，专门设立了谱局，修谱立案。天监五年(506)，萧衍下诏，要求诸郡国调查有哪些旧族已经无人在朝做官，并从每族中选拔一人到郡为官，使他们有从政的机会。天监七年(508)，又下诏在州、郡、县三级地方官府中，各设置一名专门发现和推荐人才的官员，州叫“州望”，郡叫“郡宗”，县叫“乡豪”，这些“伯乐”多半出自士族，他们选中的“千里马”自然也以士族出身的为多。

萧衍大肆增设了许多官职。早在即位之初，他就定百官为九品。天监七年(508)，又命吏部尚书徐勉定九品为十八班。“班”愈多愈尊贵，属于同一班的以排名先后为尊卑，列入第十八班的有丞相、太宰、太傅、太保、大司马等。十八班之外，还分七班。地方上的“郡守及丞，各为十班，县制七班”。此外，又设置了125个将军名号和109个用于外国的将军名号，各分为十品二十四班。另有不入十品的十四号将军，又分八班。到大通三年(529)，又改定将军名号为二百四十号，分四十四班；施用于外国的将军名号也增加到一百二十五号，分为二十八班。文武百官的名号多得令人眼花缭乱。他在位期间还添设了许多州、郡，增设了众多的官职，其中位重的虽主要由士族充任，但是官职既多，非士族的人士也就能从中获得一官半职。

萧衍精通儒学，深知儒家经学对封建国家的重要意义。天监四年(505)，他下诏在建康设立五经馆，置五经博士。每馆由五经博士一人主持，招收数百名学生，生活费用由国家供给，成绩优秀的授予官职。这条做官的捷径吸引了很多寒门子弟，一时求学者云集京师。京师以外，也派遣博士、祭酒到州、郡去办学。梁初制定了吉、凶、宾、军、嘉五礼，共有1000多卷，撰制过程中遇到的疑难问题都由他亲自裁决。这些讲究“衣冠礼乐”的措施，使萧衍在士大夫心目中的地位大大提高，被认为是“正朔所在”，连一些身在北方的士大夫，也钦羡南方，想投奔萧梁王朝。

萧衍大力提倡佛教，使梁朝成为南朝佛教的全盛时期。他以佛为主，儒、道为辅。据记载，梁的佛寺有2 846所，僧尼有82 700人，实际上还不止这个数字。梁臣郭祖深曾说：建康有佛寺五百多所，极为富丽堂皇，有僧尼十多万，拥有大量财产。全国各地的寺院、僧尼不可胜数。僧尼养女蓄婢都不登记入籍，由此天下的户口几乎减少了一半。如果再不禁止，恐怕不久将处处是庙宇，家家是僧尼，再没有一尺土、一个人是属于国家所有的了。由此可见寺庙、僧尼之多，也可见寺院势力之强大。萧衍曾几次到同泰寺去舍身，经群臣出钱才赎回来，几次赎身就有4亿钱流进了寺院。

萧衍不仅提高了诸王士族的地位，也使寒门庶族有较多的进身之阶。无论是士族门阀，还是寒门庶族，都从他广开官路中得到好处，因此都比较满意。他崇儒又吸引了一批所谓清高的文人学士，赢得了他们的好感；兴佛则得到了寺院地主阶层的支持。他在调和统治阶级内部矛盾，减少内部摩擦上，基本上达到了预期的目的。

萧衍在位时间虽长，但他并不是一个明君英主。在南北相对平静的几十年里，他没有任贤用能，整肃吏治，提高生产，富国强民，而是提拔了一大批怯懦无能的人，造就了无数的贪官污吏，使国家日益衰弱，百姓难以自存。萧衍对诸王士族、贪官污吏宽大为怀，但对平民百姓却十分严酷。萧衍接纳侯景，引狼入室，以致自食其果。侯景是北魏怀朔镇的羯族人，为人狡诈多变，反复无常，曾先后投降过北魏的尔朱荣、东魏的高欢和西魏的宇文泰。梁中大同二年(547)，侯景又提出愿以所据的河南之地降梁。萧衍不听大臣的劝阻，昏庸地以为统一中原的时机到了，接受了侯景的投降。侯景被东魏战败南逃时，以八百残部乘机占领了梁的寿阳。侯景认为，取河北不成，却有把握夺取江南。于是，他利用萧正德与萧衍的矛盾，收买萧正德作内应，长驱进入建康。在侯景围攻台城(宫城)的100多天中，城内的10多万男女、2万多甲士，几乎死光，仅存百分之一二，城外的百姓也死亡大半。围城时，城外援军虽然有二三十万之多，但将帅大都不援不战，竞相抢掠去了。梁太清三年(549)，侯景攻入台城，萧衍活活被饿死，最终被迫吞下了自己播种的苦果，结束了86岁的生命。

贤臣名宦

贤臣名宦

俞希鲁《至顺镇江志》说:“京口江山,为天下冠。清淑之气,扶舆盘礴,以钟乎人者,代不乏材。……是以上下千数百年,名公巨卿,鸿儒硕彦,项背相望。”京口“风俗泰伯余,衣冠永嘉后”。在这块风水宝地上,历代都孕育了一批贤臣名宦。他们或以节义励俗,或以政事裕民,或以谋略定乱,或以高风垂范,治绩茂著,名德重望,真可谓“历官籍籍著贤声”。

季札美德传千秋

丹阳市西南的古镇延陵,据传春秋时期是吴国延陵季子的封邑,古镇的名字也由此而来。西晋太康二年(281)至北宋熙宁五年(1072),其间除隋朝将延陵移治丹徒县外,700余年间丹阳都是延陵县治所在。在其西郊,因距延陵县治九里之遥而得名的九里镇,至今还有一座古朴典雅的季子庙,千百年来,香火兴盛,顶礼膜拜者纷至沓来。庙中,唐大历十四年(779)重刻、相传为孔子所书的“呜呼有延陵君子之墓”的古碑巍然耸立,凭吊者到此,无不油然而生对季子的崇敬之情。宋代诗人杨杰曾写过一首《题季子庙》的诗:

战国并吞礼义微,延陵高节救周衰。
当时若嗣诸侯位,后世谁传十字碑?
生死不欺留剑约,兴亡都有审言知。
名儒重欲修前史,列传应须次伯夷。

这首诗歌颂延陵季子的高尚品德，寄托了作者的敬仰之情。延陵季子是吴王寿梦的第四子，名季札，“最小而贤”。他的祖先泰伯、仲雍都是周太王的儿子，季历的哥哥。季历十分贤能，又有一个具有圣德的儿子昌(即周文王)。周太王想立季历以便传位给昌，因此，泰伯、仲雍逃离周原，来到荆蛮之地，“断发文身”，以示不再继位。荆蛮人见泰伯宜王而不王，礼让天下，认为他十分有节义，便尊称他为吴泰伯，并推举他为蛮人君长，自号“句(勾)吴”。泰伯死后，其弟仲雍继位，以后传至第五代周章。当时，正值武王战胜殷纣，周章便被封于吴。泰伯第十九代孙寿梦，因为国力强大，自称为王。季札贤能，寿梦流露出让他当国君的意思，商定王位的继承采取“兄终弟及”的办法，继位自长子诸樊始，再次子余祭，再三子余昧，最终季札。但是，季札承泰伯之高踪，认为自己要像曹国子臧那样遵守节义。子臧是怎样遵守节义的呢？据史料记载，曹宣公阵亡后，公子负刍杀太子而自立。两年后，诸侯伐曹，俘虏曹成公负刍，欲立子臧(负刍的庶兄)，子臧说：“过去典册曾说，圣人通达于节义，其次能保守节义，最下者丧失节义，我做国君不合节义，我虽非圣人，岂敢不守节义！”于是离开曹国，逃到宋国。诸侯无法，只得放回曹成公负刍。季札认为，当国君不是自己应有的节义，我虽然没有才能，但愿意向子臧一样，不做失节之人！所以，他不顾父王的遗愿、兄弟的苦心和吴人的拥戴，“近取子臧节，远绍泰伯基”。他先后三让王位，抛弃了家室财产，躬耕于鲜为人知的边区僻地，来实现“以让全志”的意愿。以后的封邑证明，延陵应该是季札的躬耕地，所以有“延陵季子”之称。据地方志记载，延陵，春秋吴邑，“故城在今江苏省武进县西北七十里”，当在今丹阳东南边缘地区。其时，当地尚无建置，属吴地，是“厥田唯下下”的荒僻之地。《史记》也称延陵是“楚域之地，地广人稀”。季札是先逃耕，后封邑。其躬耕地也应在今丹阳延陵一带。当时，这里为吴楚边界地区，季札的到来，给延陵带来了先进的生产方式和先进的文化，促进了这个地区经济、文化的发展。

“观乐义已烛，挂剑心如饴。”季札曾以吴国使者的身份，出访中原诸国，对每一国的诗词乐舞，都提出了精当的评语。他观乐于鲁，“而知殷夏之风”，列国之兴亡。鲁国乐工演唱《周南》和《召南》，他说：美啊，从音乐中可以听出周朝王业基础已打好，但还没有获得最后成功，曲中洋溢着虽然辛苦却没有怨言的情绪。听了演唱《齐风》，他说：曲调弘大深远，真有大国之风，堪为东海一方表率，这是姜太公的遗风吧？国家前途真不可限量！听了演唱《秦风》，他说：秦风就叫做夏风，既然歌曲曲调能演进为夏声，国家也必然会日益强大，大到极点，能达到周王朝创业的程度了吧？而他听了演唱《郑风》和《陈风》却觉得歌声细琐，反映出其国没有良君，政令苛细，人民已经难以忍受，认为其国不能长久。他观看各种舞蹈也都作出了精辟的评论。季札佩带宝剑出使徐国，徐国国君喜爱他的佩剑又不好意思开口要。季札心里明白，默许出使归来后再以剑相赠。但当他返经徐国时，徐国的国君已经亡故，季札便将佩剑悬挂在徐国国君的墓前，以了夙愿。随从阻止他说：“这是吴国之宝，不能赠送给他人。”他说：“心里已经答应送给他了，怎能因他去世就欺心呢！”

“皎皎星日垂，万世怀道义。”季札这样一个历史人物，因为他为民造福，恪守信用，以至美誉传颂久远。为纪念季札，晋陵、武进、润州曲阿都立庙奉祀。九里镇的人民也建了季子庙，世代祭祀。来自各地的香客，前往茅山进香后，都必然到九里季子庙敬烧回头香。唐朝时，名相狄仁杰大毁淫祠，季子庙却得到了保护。宋朝时，季札被敕封为嘉贤大帝，成为当地地名叫“行宫”的原因。明朝景泰年间，延陵昌国寺为方便人民拜谒季子庙，募款建造了石质拱桥季河桥。季札恪守信用的品格、为民造福的功绩世代传颂，并随着时代的变迁而不断被赋予新的内容。苏轼曾在《延州来季子赞》中说：“泰伯之德，钟于先生。弃国如遗，委蜕而行。坐阅春秋，几五之二。古之真人，有化无死！”

韦昭修史抗暴君

在丹阳历史上最悠久的大刹延陵昌国寺附近，有一座古祠堂名闻遐迩，每天前往顶礼膜拜的香客络绎不绝。这座祠堂名叫韦昭祠，它是延陵人民为纪念三国东吴著名史学家韦昭而建造的。

韦昭，字宏嗣，云阳延陵（今丹阳市延陵镇）人，生于建安九年（204），卒于凤凰二年（273）。他自幼聪明好学，博览群书，精通史籍，写得一手好文章，是东吴一位才华横溢的儒林名士。

韦 昭 像

吴大帝孙权在位时，韦昭就担任尚书郎和太子中庶子的要职。孙亮即位，诸葛恪举荐韦昭为太史令，主持编撰《吴书》。孙休执政，又任命韦昭为中书郎博士祭酒，命他“校定众书”。末帝孙皓继位后，封韦昭为高陵亭侯，任中书仆射侍中，领国史。韦昭历经东吴四代帝王，是我国古代史上从事史书编纂时间最长的史学家。

韦昭撰写史书，坚持以司马迁为楷模，忠于史臣职守，决不肯趋炎附势。他不仅有史识，而且有高尚的史德，赢得了人们的尊敬。然而，他的史观又为当政的“小人”所不容，以致招来杀身之祸。

末帝孙皓是一位昏庸无知、刚愎自用、喜欢奉承的皇帝。朝臣中一些无耻小人看准了他的这个弱点，千方百计投其所好，纷纷向他报告“祥瑞”：某家长出一株芝草，他们便说是孙氏王朝大吉大利的象征；某家长出一株平虑草，他们又说是歌舞升平的盛世来到了。孙皓听到这些“祥瑞”的出现，便乐不可支，晕晕乎乎。他兴冲冲地去问韦昭，不料，韦昭却冷冷地说：“这些东西都是家人可以从箧子里面随便拿出来的，没什么稀罕啊！”孙皓听了，好像被当头泼了一盆冷水，觉得十分扫兴。

孙皓的父亲孙和原本是孙权立的太子,后来因为失宠而被废黜了。孙皓称帝后为了光宗耀祖,便叫韦昭为其父亲孙和作"纪"。可是韦昭偏偏不同意,对孙皓直言不讳地说:"你父亲并没有即位当过皇帝,不能作纪,只可立传。"孙皓大怒,对韦昭破口大骂。韦昭跪在地上连连叩头,请求皇上谅解,但就是不肯承诺给孙和作纪。

从此,孙皓对韦昭产生了"不悦",动辄借故训斥,决意抓住把柄,与他"算账"。韦昭当然知道得罪皇帝会招致什么后果,便请求辞去侍中和左国史两项官职,专心致志地著书立说,可是孙皓却坚决不答应。孙皓嗜酒成性,每逢举行宴会,时间往往都长达一整天。他还骄横地命令赴宴的人不论酒量大小,一律要喝完7升酒才算"达标",哪怕是平时滴酒不沾的人,也要强令喝完。韦昭的酒量不超过2升,因为是四朝老臣,学识渊博,孙皓对他网开一面,常常特许他少喝一点,或是让他以茶代酒。但自从韦昭得罪孙皓后,孙皓便对他特别"关照",次次强逼他喝得酩酊大醉,不喝便要治罪。

孙皓还有一个恶习,就是喜欢酒后让侍臣们出难题嘲笑戏弄公卿大臣,以揭露别人的隐私取乐。如果有谁稍有疏忽,犯了孙皓的忌讳,轻则投进牢狱,重则推出斩首。韦昭是个正派人,对此十分反感,但又不好公开反对。凡轮到他出难题时,便只是提些经典涵义方面的问题加以敷衍,谁知这也没有能逃脱厄运。有一次,孙皓勃然大怒,说韦昭抗旨,不行诏命,于是新账老账一起算,下令把他关进大牢。当时,韦昭正在编纂《吴书》,这是他晚年全身心投入的一部史书。他觉得杀头并不可怕,但因此而使《吴书》夭折,却是他无论如何也承受不了的。他痛定思痛,决定忍气吞声,委曲求全,于是上书孙皓,说他"昔见世间有古历法,其所记载既多虚无,在书籍者亦复错谬",他已经过"寻按传记,考合异同,采摭耳目所及",写成了《洞记》13卷。此外,他还写了《官职训》、《辩释名》各1卷,请求准许他将这些撰著上交朝廷,希望能借此获得赦免,以完成《吴书》。但是,韦昭的一番苦心也不能感动孙皓。撰著交上去后,孙皓仅翻了几页,便说他的书上有污垢,是故意用以羞辱自己的,便怒气冲冲地去责问韦昭。韦昭解释说:“因为这些书是给皇上看的,总担心有差错,所以反复校阅订正,不自觉地在上面形成了一些污点。”孙皓的一番指责对韦昭来说是多么侮辱人格,难以忍受啊!但是,为了能有机会完成《吴书》,他不得不忍辱负重。然而,孙皓只是冷笑几声,便扬长而去。

为了救韦昭的性命,一位协助编纂《吴书》的大臣华覈,冒着杀头的危险上书孙皓。他说:韦昭自少勤学,虽老不倦,探踪坟典,识古今行事,外史之中少有如韦昭者;吴国之有韦昭,就如同汉时有叔孙通、司马迁一样,是极难得的人才;他撰写的《吴书》尚未最后完成,恳求皇上能像汉武帝赦免司马迁那样赦免韦昭,让他得以把《吴书》写成,而使《吴书》垂之百世。当时,韦昭已是七旬老翁,本已余日不多,但是孙皓对华覈的劝谏充耳不闻。就在华覈上书不久,韦昭在狱中瘐毙。这位著有《国语法》、《孝经注》、《博弈论》,尚未完成《吴书》的史学家,抱憾地离开了人世。

马怀素守正不阿

武则天是中国历史上唯一的女皇帝,集智慧与权力于一身。她信奉豪奢强权专断的统治方式。在她的脚下垒满了亲人、朝臣冤屈的尸骨。她的左右既有名相贤臣,又有佞臣酷吏,更有无耻男宠。她虽有治国治民的韬略和睿智,但往往又宠信小人,贬斥甚至杀害忠臣良吏,制造了一起又一起冤狱。许多三公大臣为了自保,都采取沉默或附和的态度,不敢谏诤。正是在这种情况下,身为监察御史的马怀素却凭着凛然正气,纠正了一宗诬谄谋反的大案,使武则天不得不收回成命。

马怀素,字惟白,又字贞规,生于唐显庆四年(659),润州丹徒(今镇江市)人。自幼聪颖,6 岁能诵书,过目不忘,为人和善,气韵儒雅。早年拜著名大儒江都李善为师,15 岁时即博览经史,擅长作文,名重乡里。他家贫,无灯烛之资,白天打柴,晚上点燃照明读书。功夫不负苦心人,唐高宗调露元年(679),年仅 20 岁的马怀素一举考中进士，又在皇帝的应制作文中，被选入文学优赡科，做了鄠县尉，后又升迁至左台监察御史。

据《唐六典》记载，监察御史掌管百官的考核、郡县的巡查，纠正刑狱中出现的差错和肃整朝仪等，虽然只有正八品，但选用的多为忠鲠敢谏、弹纠不避的诤臣，颇有声誉，因此，在朝廷中受到重视。

武则天长安三年（703），魏元忠第四次被贬为端州高要尉。魏元忠是三朝重臣，素称忠正，且有平叛大功，只因酷吏周兴、来俊臣诬陷，三次下狱，有一次还被判斩刑。因有讨伐徐敬业，平定扬州、楚州的功劳，将行刑时，才被特赦免死，改为流配贵州。这次魏元忠又蒙受武则天宠男张昌宗、张易之罗织的“弃太后附太子”的罪名，再遭贬官。魏元忠与二张嫌隙已久，早在他为洛州长史时，即斥责恃诸兄之势而无视王法的张氏兄弟张昌仪；后张易之的家奴凌暴百姓，被魏元忠笞杀。魏元忠做了宰相后，又极力反对武则天将雍州长史的官职赐予张易之的弟弟张昌期，还当着二张的面上奏：“臣承先帝恩宠，受陛下厚恩，不徇死节，使小人得在君侧，臣之罪也。”武则天很不高兴，张易之、张昌宗更是怀恨在心，欲置魏元忠于死地，后因张说等冒死辩诬，二张还是不肯放过，于是武则天就将魏元忠贬官，世人莫不为之叫冤。魏元忠离开京城的时候，太子仆崔贞慎等八人在郊外为他饯行，张易之借此指使柴明诬谄他们与魏元忠一起谋反。武则天命令任监察御史的马怀素将崔贞慎等拿下，并说：“兹事皆实，略问，速以闻。”在极短的时间内，又四次派中使催促，还责备说：“反状昭然，还稽留如此？”为了慎重起见，马怀素要求与告密者对质，遭武则天拒绝。

马怀素坚持己见，武则天大怒，指责他：“你难道要纵容谋反者吗？”他从容答道：“我不敢纵容谋反者，但是魏元忠以宰相被贬官，崔贞慎等以亲朋故旧为他送行，这如果也要被说成是谋反，我实在不敢苟同。西汉时，栾布奏事彭越头下，汉高祖刘邦并未给他定罪，况且魏元忠所受惩罚还不像彭越那样重。陛下是想杀掉为他送行的人吗？生杀大权在您手里，想给他定什么罪，随您自便。如果您要命令我来拘拿他们,我不得不以实相奏。”栾布奏事彭越头下,典出汉高祖十一年(前196),梁王彭越被吕后以谋反罪灭杀三族,在洛阳悬头示众。当时有诏曰:“有收视者,辄捕之。”梁大夫栾布出使齐国回来,对彭越的遭遇十分痛心,便在悬示的彭越头下,一边诉说一边痛哭祭祀,被官吏捕获。刘邦召见栾布,栾布破口大骂,刘邦欲将他施以烹刑,在即将投入沸汤时,栾布说:我还有话要说,说完随你处治。栾布把彭越如何帮刘邦定天下,后因病未能应召,而被诬陷谋反,招致灭族之灾诉说一遍。最后说:恐怕今后功臣人人自危。现在彭王已死,我活着还不如死掉,你就来烹我吧。刘邦听后,终于释放了栾布,并封他为都尉。马怀素熟读经史,关键时刻拈来历史典故为自己申辩,使得武则天无法一意孤行。最后,武则天问马怀素:你认为他们有罪吗?马怀素非常直率地说:我实在看不出他们有什么罪。武则天只得收回成命,崔贞慎等八人得以幸免。一起由诬告构成的谋反大案就这样被刚正不阿的马怀素平息了。当时,连以忠直敢谏著称的名相宋璟都发出了“璟不能申魏公之枉,深负朝廷”的感叹。

对于倚仗张易之权势纳贿枉法的官员,马怀素毫不姑息,加以弹劾,使一批贪官污吏被罢免。他还和后来成为宰相的卢怀慎、源乾曜一起担当十道黜陟使,巡查全国各地,调查官吏的行为,并询访地方情况。由于马怀素办事公允,受到上下称道,差事结束后即迁升为考功员外郎。当时,有的皇亲贵戚托人向马怀素说情,希望得到迁升,但他不为所动,按能举荐,丝毫不受影响,被擢拜为中书舍人。

马怀素虽然身居吏职,仍酷爱读书,常常手不释卷,而且为人做事谦恭谨慎,在唐玄宗李隆基做皇帝时,更受到礼遇,擢为户部侍郎,加银青光禄大夫,被封为常山县公。他在秘书监任职时,兼昭文馆学士,并与褚无量同为侍读,轮流入宫给皇帝讲学,唐玄宗李隆基处处以师礼相待。在他的提议下,朝廷还组织大批学者对秘书阁散乱的文献典籍进行整理,续编《七志》、刊正经史等,但这件事未完成,他便于唐开元六年(718)积劳成疾去世了,时年60岁。李隆基特地为他到洛阳南城门举行哀悼,停止上朝一日,赠他为润州刺史,谥曰

“文”，并派车送归故里，丧事官办。

马怀素留下的文字不多，在《全唐文》中仅收入《请编录典籍疏》一篇，《全唐诗》收其诗 12 首。

桓彦范忠烈为政

1300 年前，中国历史上发生了为匡复李唐政权而出现的政治斗争，最后以中宗李显即位称帝，结束了武则天延续 21 年之久的统治。在这场激烈的斗争中，桓彦范忠烈为国，功勋卓著，最后却被谋害身亡。

桓彦范，字士则，生于永徽五年（654），被害于神龙二年（706），唐润州曲阿桓家村（今丹阳市）人。少年时代，因为门荫调补右翊卫。圣历初，累除司卫寺主簿。宰相狄仁杰“特相礼异”，曾对他说：“足下才识如是，必能自致远大。”不久，他被提升为监察御史、司刑少卿，职掌纠视刑狱，整肃朝仪等。

桓彦范像

长安四年（704）冬天，洛阳城内乌云笼罩，阴风怒号，万木凋零，一片萧瑟凄凉的景象。桓彦范不断接到从集仙殿中传来的女皇武则天病重的消息，深感不安。作为唐室近臣，他亲眼看到武则天篡夺皇位，改国号为“周”。武则天称帝之初，尚能广开言路，持正朝纲。可是，自从张易之、张昌宗兄弟二人进宫入侍以来，内行不正，“引妖人迎占，言计不轨”，宗室、朝臣怨声颇多。如今君侧佞臣二张乘武则天年高多病，企图恃宠柄权，结党营私，阴谋继位。朝野之间也担心武则天会颁诏让位于张昌宗。桓彦范以一个政治家的敏锐眼光，意识到这场帝位之争不可避免，并且已经迫在眉睫。他看到御史中丞宋璟奏张昌宗遣术士李弘泰占相，说其有天子气，要求“收付制狱”。于是，他也冒着生命危险，向武则天呈送了《请穷治张昌宗疏》：

> 昌宗无德无才，谬承恩宠，自宜粉骨碎肌，以答殊造，岂得包藏祸心，有此占相？陛下以簪履恩久，不忍加刑。昌宗以逆乱罪多，自招其咎。此是皇天降怒，非唯陛下故诛。违天不祥，乞陛下裁择。……
>
> 臣闻：父在子称尊者尚为逆子，君在臣图天分是为逆臣。臣逆不诛，社稷其亡矣！伏请付銮台凤阁三司考竟其罪！

内史李峤等也向朝廷奏称：凡为周兴、丘勣、来俊臣所弹劾，以致破家的人，“并请雪免”。

桓彦范又奏请自文明元年（684）武则天执政以后，所有获罪之人，除扬、豫、博三州及诸谋逆魁首，“一切赦之”。他上表疏前后十多次，言辞激切，每到这时，才见朝廷“允纳”。桓彦范凡所奏议，如果武则天诘责，“则辞色无惧，争之愈厉”。他曾对亲近的人说：“今既和躬为大理，人命所悬，必不能顺旨诡辞，以求苟免。”这一次，桓彦范大义凛然，慷慨陈辞，然而，其上疏却如同泥牛入海。这年冬天，武则天有病，张易之与张昌宗入宫侍疾，潜图逆乱。凤阁侍郎张柬之就与桓彦范、中台右丞敬晖等一起密谋诛杀“二张”。神龙元年（705）正月初，张柬之以“贤才”推荐桓彦范、敬晖为左右羽林将军，委以禁兵，共图其事。当时，皇太子李显常常在北门起居，桓彦范和敬晖因此能够谒见李显，密谋诛除“二张”之计，李显答应了他们的计谋。神龙元年（705）正月二十二日深夜，寒风凛冽，星疏月淡，掩映在古柏中的迎仙宫内突然火把眩目，喊声大作，桓彦范率领左右羽林禁兵及1500余人在集仙殿廊下杀戮了“二张”，并从东宫迎来太子李显。这时，充满着兰麝香味的集仙殿上，灯烛辉煌，黯然神伤的武则天走出寝殿，看着儿子李显说：“乃汝耶？竖子诛，可还宫。”四周顿时一片沉默。武则天刚说完，只见身披盔甲的桓彦范，器宇轩昂，大迈一步上前跪下，从容地说：“太子今不可以归！往天皇弃群臣，以爱子讬陛下。今久居东宫，群臣思天皇之德，不血刃，清内难，此天意人事归李氏。臣等谨奉天意，惟陛下传位，万世不绝，天下之幸。”他的话字字句句，犹如金石掷地，铿锵有声，震荡着整个集仙殿！武则天感到大势已去，不再说话，回殿颓然卧倒塌上。

第二天，中宗李显即位，桓彦范因功被改任为侍中宰相。不久，他发现李显是一个胸无大志、庸弱无能、整天只知优游享乐的皇帝。皇后韦氏垂帘听政，太子宾客武三思掌握朝廷重权，而李显完全成了一个傀儡。桓彦范深深地感到失望和愤怒。他写了《论时政表》，又一次上疏进谏，想制止韦氏再在殿上施以帷帐，垂帘听政：

昔孔子论诗，以关雎为始，言后妃者人伦之本，理乱之端也。故皇、英降而虞道兴，任、姒归而姬宗盛。桀奔南巢，祸阶妹喜，鲁桓灭国，惑以齐媛。伏见陛下每临朝听政，皇后必施帷幔坐于殿上，预闻政事。臣愚历选列辟，详求往代，帝王有与妇人谋及政者，莫不破国亡身，倾辀继路。且以阴乘阳，违天也；以妇凌夫，违人也。违天不详，违人不义。由是古人譬以“牝鸡司晨，惟家之索”。易曰：“无攸遂，在中馈。”言妇人不得预于国政也。伏愿陛下鉴古人之言，察古人之意，上以社稷为重，下以苍生在念。宜令皇后无往正殿，干预外朝，专在中宫，聿修阴教，则坤仪式固，鼎命惟永。又臣闻：京师喧喧，道路籍籍，皆云胡僧慧范，矫讬佛教，诡惑后妃，故得出入禁闱，挠乱时政。陛下又轻骑微行，数幸其室，上下媟黩，有亏尊严。臣抑尝闻：“兴化致理，必由进善；康国宁人，莫大弃恶。”故孔子曰：“执左道以乱政者杀，假鬼神以危人者杀。”今慧范之罪，不殊于此也；若不急诛，必生变乱。除恶务本，去邪勿疑，实愿天聪，早加裁贬。

他向中宗上奏了多次,却都没有被采纳,反倒引起了韦后对他的嫉恨。当时,李显任命术士郑普思为秘书监,叶净能为国子祭酒。桓彦范苦言这样做不可以,但中宗李显不听。桓彦范便对李显说:“陛下自龙飞宝位,遽下制云:‘军国政化,皆依贞观故事。’昔贞观中尝以魏徵、虞世南、颜师古为秘书监,孔颖达为国子祭酒。至如普思等是方伎庸流,岂足以比踪前烈?臣恐物议谓陛下官不择才,滥以天秩加于私爱。惟陛下少加慎择。”尽管桓彦范讲得十分在理,十分恳切,但是李显还是不予采纳。

这时,韦后为李显信宠,言无不从。武三思早已“私通于韦氏“,二人勾搭成奸,共同设计迫害桓彦范。他们不断以桓彦范“恃功专权,将不利于社稷”之词,向李显进言,致使李显逐渐对桓彦范等产生了怀疑。

神龙元年(705)五月,李显在韦氏和武三思的鼓动下,以尊重匡复唐室功臣的名义,“加特进,封扶阳郡王,赐姓韦”,还赐杂彩、锦绣、金银、鞍马等,却罢黜了他的知政事之职。“虽外示优崇,而实夺其权也”。李显即位后,仅4个月,唐室大权就旁落在韦氏和武三思手中。

神龙二年(706)正月,桓彦范被贬为洺州(今河北省永年县)刺史,接着又以“州政不佳”再贬为濠州(今安徽省亳州市)刺史。六月间,武三思恶毒地命心腹向李显上奏,剥夺了桓彦范的郡王爵位。

同年秋天,桓彦范被判终身流放,押送瀼州(今广西省境内)。不久,武三思又伪造圣旨,令手下的爪牙周利贞追杀桓彦范于贵州。桓彦范赴流放之地时,周利贞在途中遇到,“乃令左右执缚,曳于竹槎之上,肉尽至骨,然后杖杀”。桓彦范这位一身正气、威武不屈的盖世忠臣就这样带着满腹的冤屈告别了人世,时年54岁。不久,人们将桓彦范的灵柩运回曲阿,安葬在夏墅村酒流湾附近。时隔4年,睿宗李旦继位,桓彦范的冤案终于得到了昭雪,朝廷追复桓彦范官爵,谥“忠烈”。

权德舆"凤鸣高冈"

中唐时期,权德舆高居相位而又勤于读书和述作,后人称他"朝阳一凤鸣高冈","等身著述盈箱帙"。

权德舆,字载之,生于乾元二年(759),祖籍秦州略阳(今甘肃省秦安)。他的父亲权皋因避安禄山征召,携全家徙居于润州丹徒。浙西节度使颜真卿上表荐权皋为行军司马,朝廷诏征他为起居舍人,他都以病辞。后来,全家又从丹徒迁居丹阳练湖之滨。权德舆3岁知辨四声,4岁能赋诗,15岁时作文数百篇,编为《童蒙集》10卷,"名声称诸儒间"。朝廷重臣杜佑和裴胄都向唐德宗李适表荐他,恰巧两人的荐书同日到达京师。唐德宗李适"雅闻其名",便召为太常博士,转左补阙。贞元八年(792),关东、淮南、浙西发大水,冲坏民房,死伤无数。他上疏朝廷"降诏恤隐",并请选派"明识通方"的官吏到灾区了解民情疾苦,减免租粮,得到了李适的赞许。裴延龄以巧佞进任判度支,不称职的呼声充斥于朝市。他不畏权势,上疏揭露其奸。贞元十年(794),他被擢为起居舍人,兼知诰。唐德宗李适亲览庶政,他独值禁垣,侍奉左右,数旬才回家一次。他曾上疏请求朝廷补充内廷的给事和舍人,但是,李适都感到难得其人。权德舆居西掖八年,其间独掌知诰数岁。贞元十七年(801)冬,他以本官知礼部贡举,来年直拜侍郎,在朝中号为"得人"。唐宪宗元和五年(810),宰相裴垍生病,他拜礼部尚书、平章事,与李藩共同为宰相。他善于辨别论断,开陈古今,以启发皇帝;为辅相宽和仁厚,不图个人虚名。他精通经史,工诗善文,是中唐台阁体的重要作家之一。他一生仕途通达,"述作特盛",文章雅正弘博,时人尊为宗匠。凡是王侯将相逝世,以铭记为请者十有八九。曾作《两汉辨亡论》,史家认为"有补于世"。今传《权载之文集》50卷。诗作多为送别赠言、奉和应制、写景咏物之作,擅长五言古诗。南宋严羽《沧浪诗话》认为他的诗"绝似盛唐"。《全唐诗》存其诗10卷。

权德舆于元和十三年(818)八月患病,诏许归朝,死于道中,时年60岁。赠左仆射，谥“文德”。他去世以后，后人仰慕不已，常有人去寻访他的故里。贺沈采写有《权德舆故里》诗：

出郭寻芳躅，烟横路转遥。
荷花溪上棹，杨柳岸边桥。
大业何能继，斯人不可招。
夕阳衰草外，独立意萧萧。

这首诗生动地描绘了权德舆故里的景象，表达了对他功名事业、道德文章的赞许和仰慕。

李绅初宦“捋虎须”

“春种一粒粟，秋收万颗子。四海无闲田，农夫犹饿死。”“锄禾日当午，汗滴禾下土。谁知盘中餐，粒粒皆辛苦。”李绅这两首题为《古风》（一作《悯农》）的诗，深刻地反映了社会生活，具有高度的艺术概括力，为后人广为传颂。作者也因此名噪诗坛。

李绅，字公垂，祖籍亳州谯县（今安徽省亳县），“世宦南方，客润州”。他约生于唐代宗大历七年（772）。“六岁而孤”，母亲卢氏“躬授之学”。他身材短小精悍，“于诗最有名”，时号“短李”。建中元年（780），由于均田制的名存实亡，改行两税法。建中四年（783），又税间架（住房纳税），行除陌钱法（交易买卖，每成交一贯钱纳税五十文），人民受到深重的剥削。战乱后的江南人民，承担起唐朝财政收入的绝大部分。这些给李绅留下了深刻的印象，终于凝成《古风》二首的不朽诗篇。

元和元年（806）春，李绅进士及第，补国子助教，他不乐意到任，遂辞去。初夏东归，客居金陵（今南京市），镇海军节度使李锜与他宴游昼夜，爱其才，留为掌书记。李锜是唐王朝的宗室成员，是一个纨绔贵族，靠门荫作了凤翔府参军，德宗贞元初年升为宗正少卿，后出任杭、湖二州刺史。他用搜刮得来的钱财，重贿朝中权贵，三年就调升润州刺史、浙西观察、诸道转运使，集行政、监察、经济诸大权于一身。他早有割据野心,多有不法行为。但是,他的宾客谁也不敢多话。李绅曾多次委婉地规劝李锜,可是李锜根本不予理睬。李绅害怕祸灾临头,想辞官而去,但是李锜不允许。唐宪宗李纯即位后,对各地藩镇采取了一些强硬措施。李锜为了表示对新皇帝唐宪宗李纯的效忠,假惺惺地上疏自请还朝。不料宪宗竟允准了,诏李锜为尚书左补阙,并特派中使至润州宣慰劳军,催促李锜回朝。李锜自然不肯丢掉地方军政大权,到朝廷去挂一个虚衔,于是采取拖延之策,一面委派判官王澹为留后,做出要遵旨入朝的姿态;一面又上表奏称自患疾痛,难以成行,希冀朝廷收回成命。朝廷派来的特使见李锜迟迟不肯动身,便会同留后王澹来见李锜,委婉相催。李锜勃然大怒,密令牙兵寻衅将王澹杀死,并残忍地分食其肉。监军听到这个消息,急忙派牙将赵琦前来劝谕,众牙兵又不分青红皂白将赵琦杀死啖食。众牙兵还要杀害朝廷派来的中使,这时李锜才假作惊悸之状,命令放下中使,将他软禁。李锜强迫李绅草拟奏章,要挟朝廷恢复其原职。李绅假装恐怖,笔管颤抖,纸张摇动,在纸上写不成字,一次又一次地涂去,写了数十行也写不成,将纸都快写完了,还没有写成。李锜见状,暴跳如雷地骂道:“你竟敢不从命,你打算跟着你的祖先到地下去吗!”李绅毫不畏惧地答道:“生未尝见金革,今得死为幸。”李绅被“制以兵刃”,投入大牢。李锜兵乱被平后,润州新任节度使李元素“欲具奏此事”,李绅“以本乃誓节,非欲求荣,请罢所奏”。“昔年从宦干戈地”“玄发冲冠捋虎须”。大和六年(832)八月,李绅渡扬子江到润州故地,有感于此,写了《忆过润州》的诗。诗句铿锵,直斥叛臣,又自比鲁仲连的“谈笑谢金”,表现了他早年反对藩镇叛逆的鲜明立场和不顾生死、不慕荣利的非凡气度。李锜被诛后,朝廷嘉奖他,召为右拾遗。穆宗李恒即位后,召为翰林学士,负责尊拟诏命,与李德裕、元合称“三俊”,官至中书舍人。

元和初,李绅在尚书李元素府中,常在闲暇之际,游经润州南郊的鹤林寺。寺内有木兰、杜鹃繁茂,“人言至今犹未衰竭”。李绅回忆当时的情景,欣然命笔,写下《望鹤林寺》诗:

鹤栖峰下青莲宇，花发江城世界春。
红照日高殿夺火，紫凝霞曙莹销尘。
每思载酒悲前事，欲问题诗想旧身。
自叹秋风劳物役，白头拘束一闲人。

元和三年(808)，李绅罢浙西节度从事，被浙东观察使薛苹招游越中。他出任浙东观察使时，浙西歉收，遂运米五万斗调剂浙西民食。

当时在朝官吏，宰相裴度声望较高。李逢吉取得相位后，结合党羽，扩充势力，排斥裴度，独揽政权。穆宗宠信李绅，李逢吉嫉妒，又蓄意陷害李绅。新主敬宗即位后，李逢吉利用宦官王守澄奏言李绅在先帝议立太子时曾“劝立深王”，遂使李绅被贬为端州司马，在边远地区度过了近十年的流徙生活。

翟汝文嫉恶如仇

南宋绍兴年间，在临安(今杭州市)西子湖畔，一位年愈60的长者独自伫立，仰天长叹。他痛恨秦桧任人唯亲，培植党羽，觉得自己决不能与秦桧同流合污，因此下定决心辞官归隐。他就是南宋初期的爱国重臣翟汝文。

翟汝文，字公巽，宋润州丹阳人，熙宁九年(1075)出生在一个官宦之家。翟汝文的父亲翟思自开封徙居丹阳，累官御史起居郎，历知越州应天府。翟汝文自幼聪慧好学，随父习诵汉、宋儒学。少年时代，翟汝文就能挥翰写一手锦绣文章和龙凤好字，以“风度翘楚，好古博雅”而远近闻名。元符元年(1098)，他告别父母，离开故乡，千里迢迢赶赴京城应试，一举考中进士，那年才22岁。翟汝文性至孝，以“亲老”为由，在丹阳侍奉双亲整整十个春秋。

北宋末年，国家处于危难之际，朝廷急需济世之才。大观年间，朝臣举荐翟汝文入朝为官，擢议礼局编修官。宋徽宗赵佶久闻翟汝文才华卓荦，“召对”后，觉得果然才华超群，嘉勉一番后，便授予秘书郎之职。后监宿州税，召除著作郎，迁起居郎。他为皇太子讲学，除中书舍人。后来,因为有人说他“从苏轼、黄庭坚游,不可当赞书之任”,而被外放至襄州、济州、庙州、陈州等地。他在各地做官都视百姓为父母,为官清正,经常微服私访,体察民情。对受灾地区,则常常奏请朝廷减赋,因此,深受地方百姓的敬重和爱戴,召拜中书舍人。朝廷命同修《哲学国史》,迁给事中。

翟汝文嫉恶如仇。徽宗时,内侍梁师成阴贼险鸷,专横跋扈,强占百姓墓田增辟为自己的园圃,都城里的人都称其为“隐相”。翟汝文对其深恶痛绝,多次弹劾,但是梁师成唆使宰相,将翟汝文贬黜至宣州。然而,这件事并未改变翟汝文刚正不阿的性格,反而更加激发起他对专权误国者的极端蔑视和愤恨。密州负海产盐,他见蔡京“屡变盐法”,并要“岁贡牛黄”,觉得蔡京的变法不合“祖法”,“牛失黄辄死”,因此奏罢,被朝廷采纳。宋钦宗即位,召为翰林学士,改显谟阁学士,知越州兼浙东安抚使。

宋高宗建炎三年(1129)春天,金兵大举南下,直扑扬州。高宗赵构从扬州仓惶渡江,继续南逃,中原和江北地区完全失守。翟汝文与其同僚在南行的路上,他亲眼看见大批从北方逃亡而来的百姓流离失所,生活凄惨,无不痛心疾首。一年多来,朝廷被投降议和的乌云所笼罩,反对议和、上疏论政的宰相李纲被解职;力主北伐,请求还都汴京的好友、同乡太学生陈东惨遭杀害;提拔岳飞为将、屡败金兵的宗泽忧愤而逝……这一桩桩、一件件令人触目惊心的悲剧并没有使翟汝文的豪气丧尽,他把满腔的悲愤化为不灭的复兴之志,期待着能有一天,身着戎装,横戈跃马,挥师北上,“欲挽天河,一洗中原膏血”!

绍兴元年(1131)八月,翟汝文被召为翰林学士兼侍讲,除参知政事、同提举修政局。第二年四月的一天,从北方传来了伪齐刘豫迁都汴京的消息,朝野上下为之震惊,翟汝文对朝廷屈膝议和表示强烈不满。

翟汝文在密州时,秦桧为郡文学,翟汝文曾向朝廷荐举其才。但是秦桧到朝廷之后,培植党羽,结党营私,翟汝文很看不惯。绍兴二年(1132)六月,秦桧与翟汝文同堂议事,在谈到用人问题时,两人发生了争执,秦桧竟拍案怒斥翟汝文为“狂生”。翟汝文性情刚直,不为秦桧所屈,当即回应说:“浊气!”因此得罪秦桧。秦桧上奏高宗赵构进谗言,说翟汝文“擅以私意治吏事,伤国体,不可施行”。翟汝文毫不示弱,力陈其故,并直言秦桧“私植党羽,谗害善良”,“乞治堂吏受赂者”。秦桧为此大怒,弹劾翟汝文“专擅”。右司谏方孟卿奏翟汝文“与长官立异,岂能共济国事”?不久,翟汝文被迫去职。可见,翟汝文是一位嫉恶如仇、风骨凛然的良臣!

翟汝文“风度翘楚,好古博雅”,精于书画。因为他与苏轼、黄庭坚是好友,其书法在一定程度上受苏、黄的影响,形成了自己沉着、苍劲、豪放的艺术风格。

翟汝文存世书法作品有行楷《书札》、《宣抚帖》等,其中《宣抚帖》收录于乾隆十二年(1747)时摹勒刻石的《三希堂石渠宝笈法帖》中的第三十六册内,共计14行,106字。此帖中,翟汝文学苏轼笔意,酷似苏字,通篇“妩媚中藏刚劲,古拙里显灵秀”,充分表现出苏字“绵里裹铁,藏巧于拙”的艺术特色。

翟汝文一生著作颇丰,后人称他的文章“有熙宁、元祐遗风”。他还谙熟先秦史、汉史,以及夏、商、周三代礼器、礼仪。政和三年(1113),他曾“奏乞编集新体,改正《三礼图》以示后世”,但却没有实现。他刊行于世的著作除《东汉通史》50卷外,还有《圃学》5卷、《广闻》3卷、《人物志》5卷、《忠惠集》30卷。

绍兴十一年(1141),翟汝文带着满腔的幽愤和壮志未酬的心愿,悄然离开了人间,门人私谥为“忠惠”,将其遗体葬于丹阳九灵山。

贡祖文义保忠良

丹阳市南门外30里,有一个村庄叫柳茹村。村内原有一座贡氏宗祠,辉煌的正堂大厅上悬挂着“旌表忠义”的匾。这块匾是宋孝宗赵昚亲笔书写的,用以表彰贡氏家族保护岳飞之后的义举。

贡氏家族为什么能够得到如此的恩宠和荣耀呢？这要追溯到贡氏家族第一代落户丹阳柳茹村的贡祖文。

贡祖文，字仁德，生于宋崇宁二年（1103），原籍河南长垣。靖康时，金人侵犯中原，他与挚友岳飞等仗剑从军。靖康中，授武德大夫都总将军。他与岳飞同为河南籍人，又是同时投军抗金的一对生死莫逆之友。两人不论是在摸爬滚打的练兵场上，还是在刀光剑影的血雨腥风中，每当谈及国家的安危、百姓的苦难时，都一致表示要精忠报国，即使赴汤蹈火，粉身碎骨，也在所不辞。秦桧等奸臣坚持投降，结纳私党，斥逐异己，屡兴大狱。誓死抗击金兵的名将岳飞，成了秦桧等人的眼中钉、肉中刺。秦桧以“莫须有”的罪名，于绍兴十二年（1142），将岳飞、岳云父子囚于临安（今浙江省杭州市）狱中。当时，任秣陵关（今南京市江宁区秣陵镇）总镇的贡祖文得知情况，长途跋涉至临安，愿以全家四口担保。但岳飞父子已被杀害，岳夫人与次子岳雷被发配到南国边疆。当时，岳飞第三子岳霖年仅 12 岁，在其母亲岳夫人帮助下潜逃出来，隐姓埋名，寻访其父亲的故友贡祖文。

贡祖文回到秣陵关后，偷偷地在府衙后堂内供祀岳飞的灵牌，早晚焚香祭拜。几天后，贡祖文接到朝廷密旨，要求缉拿流徙岭南已经潜逃的岳飞第三子岳霖归案。密旨还威胁说，凡隐藏者或知情不报者均杀无赦。贡祖文看到密旨后心想：“苍天有眼，幸好还给岳家留下这根苗。如果自己寻到岳霖，一定要保护好这个忠良之后！”于是，贡祖文偷偷地率领亲信四处寻找岳霖的下落。

贡祖文经过多天搜寻，总算在石臼湖边的芦苇丛中找到了正在发高烧的岳霖，并在他的怀内发现了一封他母亲所写、已被汗水浸渍发黄的信函。信函大意是：祖文兄如面，今将霖儿相托，万望抚养成人，来世当报……贡祖文看着不禁热泪盈眶。他立即将岳霖抱上马背，连夜赶回秣陵关，藏匿于关署之中。

这时，秦桧特派亲信万俟卨四处追查与岳飞沾亲带故的人，贡祖文所在的秣陵关当然也在所难免。贡祖文想，如果将岳霖藏在关署内，只怕躲得过初一，却躲不过十五。关署内人多口杂，难免会有闪失之处，一旦暴露，岂不前功尽弃？殃及自己事小，重要的是怎么对得住岳家的重托呢？最后，贡祖文毅然决定，以体弱多病为借口，辞官隐退，携带岳霖离开秣陵关，隐居他乡。

贡祖文第二天便向上司递了辞呈，交了绶印，将岳霖藏在驴车里，趁着夜色，全家离开了秣陵关，顺着蜿蜒崎岖的小路，向东直奔而去。云阳（今丹阳市）城南香草河畔是一个长满绿柳、青芦，方圆十里不见人烟的荒僻之地，贡祖文带领全家来到这里，见此地与外界隔绝，恍如世外桃源，完全可以躲过秦桧的追捕，就和夫人黄氏、长子贡铁恩、次子贡贤及岳霖在此建造茅舍，垦荒造田，安居兴业。

物换星移，转瞬22年过去。岳霖在贡祖文的关怀教育下，学文习武，成长为一个博学多才的有为青年，并与当地女子钮氏成婚，生有四子：岳琛、岳璞、岳珂、岳珪。

隆兴元年（1163），宋孝宗赵昚即位，岳飞的冤案终于得以昭雪。贡祖文在花甲之年才公开了岳霖的身世，受到朝廷的嘉奖。岳霖官至朝散大夫、敷文阁待制。贡祖文享年80岁，去世后被追谥为武德大夫，次子贡贤官至大理寺评事。

岳霖第三子岳珂在宝庆二年（1226）任云阳县令。他为纪念贡祖文的抚孤之恩，特在柳茹村西香草河对岸的紫阳渡（今丹阳市全州培棠村）建筑“报本祠”，但还未竣工，便调任为常州知府。他将“报本祠”交给哥哥岳琛继续建造。岳珂官至户部侍郎、淮东总领制置使。“报本祠”内除供奉岳飞的灵位外，还供奉着贡祖文的灵位，让两位前辈，共享祭祀盛典。数百年来，居住在培棠村的岳姓后代，和住在柳茹村的贡姓后代虽为两姓，但亲如一家。两姓之间生产、生活和祭祀相互往来，但唯独不允许通婚。这个习俗一直延续至今。

徐笪二贤立菜碑

我国古代，凡是清明守正的官吏都能崇俭养廉，以“布衣暖，菜根香”、“先天下之忧而忧，后天下之乐而乐”为座右铭，廉政爱民，也深受黎民百姓的拥护和爱戴。

明代嘉靖年间，江苏句容知县徐九思清正廉明，被百姓誉为“清官大老爷”。万历年间，江西铅山知县笪继良亲民务实，被百姓称为“笪清天”。颇为有趣的是，这两位清官都是“白菜县官”，都曾在官衙前树立过“白菜碑”。

据《句容县志》记载，徐九思，一名徐九经，字子慎，江西贵溪人。明嘉靖四年（1525），他在江西参加乡试考中举人，嘉靖十五年（1536）出任句容知县。他到句容县后，在县衙前立了一堵石屏（碑），在上面画了一丛大白菜，在菜的两旁和上方写了两句联语：“为民父母，不可不知其味；为吾赤子，不可令有此色。”他以“一丛画菜辅官箴”，既告诫自己，也警示其他官吏：身为百姓的父母官，要布茅蔬淡，知道“菜味”，决不可鱼肉人民；对待自己的黎民百姓，决不可让他们饥肠辘辘，面有营养不良的“菜色”。他是这样说的，也是这样做的。他为官清廉，生活简朴，寒天不穿裘，夏天不着葛；每日三餐，多为素菜；在百姓面前，十分谦恭，遇见长者总是拱手以礼，不摆官架子；不好阿谀奉承，吹牛拍马；办事公道，不徇私情。在徐九思任上，句容即使有“凶旱水溢”，而“民无菜色”。他严格执法，赈灾扶困。一次，一个胥吏袖藏空白公牒，准备私盖公印，被当场抓获。群吏求情，遭到他的严辞拒绝。这个人终于被绳之以法。从此，各位胥吏都循规蹈矩，不敢再越轨行事。对从上面吹下来的歪风邪气，他也敢于抵制。当时，应天府一位官吏来句容县催粮，按照惯例索贿，因为没有达到目的，而破口大骂。执法如山的徐九思决定给这个人一点教训。他命人将这个官吏绑来，打了50大板。这个官吏自知理亏，只好哑巴吃黄连，不敢声张，老百姓知道后都拍手称快。他曾于县城西门外廓西塘边开荒种菜，挖池养鱼，将收获作为招待来宾以及县衙的开支，不让招待费用摊派在百姓头上。嘉靖二十三年（1544）至二十五年（1546），句容连续大旱，粮价猛涨至斗米2000钱，平民百姓购买不起。他开官仓放赈粮数百石，一半以平价出售，一半用以救济饥黎灾民；又在各地寺庙设立赈点，用大锅煮粥，广为施舍；对饥寒交迫、行动不便的病人，设床具供住宿；对散居深山的饥民，要求当地富户先垫付，后由县衙补偿，使受灾百姓能饥餐渴饮。他在句容任职9年，多所兴革，以清正、贤能、廉明而著称。后来，他到京城任工部主事，句容的父老乡亲遮道挽留。他对句容也怀有深厚情感，85岁临终前还呼唤："茅山迎我！"他去世后，句容百姓深切怀念这位好官，经常来到"白菜碑"前，一边抚摸石碑，一边怀念地说："徐知县呀，你应该常来句容看看我们老百姓啊！"后来，句容百姓捐资在茅山建造了一座"遗爱祠"，将徐九思当作"神"来供奉。

遗憾的是，徐九思当年立的"白菜碑"在句容已经不见了。但是在江西的铅山县，今天仍然保存着一块相同内容的"白菜碑"。这是句容人笪继良在铅山县任知县时所立。据志书记载：笪继良，字我箴，句容籍。后来，他的父亲笪得鸠卜居镇江，他也成了镇江人。因为他出生之日，父亲梦到了杨继盛，因名其为笪继盛。万历十九年(1591)举乡试，父亲说："吾愿汝为良臣也！"因此为他更名笪继良。他初官宁国教谕，明万历四十四年(1616)迁任铅山县令，守绛州。当时，铅山不少人生病就找巫婆，虽深受其害仍笃信不疑。笪继良看到这种情景，深为百姓的愚昧而伤感。他设法从外地请来名医为病患者诊治，并反复劝说百姓弃巫信药；又广设药铺，方便民众购药治病。笪继良为政清廉，生活简朴。万历四十七年(1619)年，他取来一方长四尺余、宽约二尺的青石板，在石板上绘了一株叶肥根深的大白菜，在上端题词："为民父母，不可不知其味；为吾赤子，不可令有此色。"请石匠精心镌刻，立于县衙中醒目处，告诫自己和僚属。后来，他左迁上林良牧署，又转顺天府判，摄京兆尹，多所建树。再迁工部侍郎，总河都御史。魏忠贤矫命，以"东林邪党"将其削职。崇祯初，起户部侍郎，出守汀州，晋副使分守河东，卒年81岁，著有《万历铅书》、《汀州府志》、《鹅湖读易》、《经畲堂诗集》等。他被调离铅山后，民众深怀其德，集资在永平镇北面的彭溪桥建造了"笪公祠"，将"白菜碑"移立于祠内。"笪公祠"塌圮后，百姓又将"白菜碑"移到了晏公庙；庙毁之后，又移"白菜碑"于报本坊。这块"白菜碑"现在已被铅山县人民政府列为铅山县重点文物保护单位。

笪继良任铅山县令迟于徐九思任句容知县80余年，笪继良在铅山县衙中立“白菜碑”，显然是仿效徐九思的做法。笪继良从小便看到过句容县衙前的“白菜屏”，十分清楚徐九思在句容民众心目中的地位。当他踏上仕途后，便以徐九思为榜样，做了一辈子的清官。数百年来，徐九思和笪继良的“白菜碑”一直矗立在广大百姓的心中。

杨一清三起三落

明代宰相杨一清一生南去北来，三起三落，三次总制边关，两次入阁，大半岁月消磨在宦海风波、鞍马风尘之中。到了晚年，他致仕还乡，才得以陶情于镇江的锦绣山河。

杨一清，字应宁，号邃庵，又号石淙，出生于明景泰五年（1454），原籍云南安宁（今云南省安宁县）。他幼年随父居岳阳，因其父亲死后葬于丹徒，就落籍定居于丹徒县（今镇江市）。他少年聪慧，勤奋好学，文章写得很出色。8岁时，“以奇童荐翰林秀才，宪宗命内阁择师教之”。他性警敏，好谈经济大略，14岁中北闱乡试，成化八年（1472）19岁，中进士，以副使督学陕西。他创办正学书院，亲自教书督学，著名文学家李梦阳、状元康海都曾就读于此，得到过他的识拔。弘治十五年（1502），他升都察左副都御史，后任陕西巡抚，选将练兵，沿黄河河岸修筑墙垣，保卫西北。因为不愿攀附宦官刘瑾，刘瑾诬陷他侵吞军饷，把他逮捕入狱。李东阳、王鏊极力营救，才得致仕归京口闲住。起复后，他总制延绥、宁夏、甘肃三镇军务。

正德五年（1510），宁夏镇总兵首领何锦拥立安化王寘璠发动兵变，占据城镇，杀死抚臣，铸造信印关防，置设官职。朝廷命杨一清总制军务，前往镇压，但事件很快被当地将领平息。他到任后，奏请朝廷停发京兵，处理善后。当时，宦官张永与刘瑾争宠，矛盾很深。他建议监军的张永急速回京，揭露刘瑾罪状。张永回朝，如法而行，刘瑾伏诛。同年，杨一清得张永引荐，拜户部尚书。论平叛功，他晋升太子少保，旋改任吏部。他到任后，受刘瑾排挤的官员都得到甄别平反，登荐录用，因此，他深得士大夫的拥戴。大学士杨廷和奔父丧去职，他以原职兼武英殿大学士入阁参机务。当时，朝中江彬、钱宁用事，唆使人诬告杨一清，他愤而辞职，回归京口。

明世宗朱厚熜即位，杨一清以少傅、太子太傅、兵部尚书兼左御史衔总制陕西三边军务。这是他第三次出任三边总制，年已70高龄，但是他老骥伏枥，志不稍衰，悉心筹划边务，充实边储，扩充军伍，多所建树。嘉靖五年(1526)，杨一清奉召还京，以吏部尚书兼武英殿大学士入阁。当时，由"大礼议"引起朝廷内部矛盾重重，内阁倾轧不已，首辅费宏被张熜等排挤出朝，杨一清出任首辅，位极群臣。他入阁之初，明世宗朱厚熜很信赖他。为统驭臣下，加强专制皇权，朱厚熜赐给他两枚银章，文曰："耆德忠正"，"绳衍纠违"，并要求杨一清上书给自己，"凡有讲学政问于卿者，以耆德忠正印封；若或朝政有差，忠言未纳，用舍倒置，诸凡利于小民，关于朕德及政事之缺者，以绳愆纠违印封"。为报答朱厚熜的知遇之恩，他竭心尽力，忠于职守，勤奋工作。他规劝朱厚熜励精图治，开放言路，省刑薄赋，让百姓休生养息。他建议朱厚熜爱惜人才，对诸臣宽宥以礼，以使百官和衷共济，缓和各种矛盾，使王朝统治有新的气象。他关心国家安危，提醒朱厚熜加强边防建设，妥善处理吐鲁番及云南少数民族问题，等等。嘉靖初年，社会比较安定，吏治相对清明，杨一清是有很大功劳的。杨一清历官50余年，三次总制陕西三边，两次入阁，担任过户部尚书、吏部尚书的重要职务，是著名的政治家。他生活在政治日趋腐败的明朝中叶，三起三落。但是，凭借他广博的学识才干，丰富的政治阅历和经验，在加强西北边防建设，正确处理民族矛盾，保障西北地区安全方面作出了重大贡献。他才兼文武，重人才，能容人，识拔了一批文臣武将，保护了一批受排挤的官员。正德年间，他以张永为内援，计诛刘瑾，扶明王朝大厦于将倾。嘉靖初，他顶风逐浪，不顾个人安危，为"大议礼"获罪的同僚极力辩护，以至祸及自己，他的这种品德深得士大夫的赞许。《明史》本传称："其于一时无两"，可"比之姚崇"。明世宗朱厚熜为世子时，曾称扬一清为"楚之三杰"之一。后来，杨一清被张熜构陷，落职闲居京口家中。明嘉靖九年(1530)病故，年77岁。去世后，被追复官，赠太保，谥“文襄”。

杨一清故宅在今镇江市区钱家山，他致仕还乡后，在镇江丁卯桥择地修建宅园，名曰“石淙精舍”。原来杨一清在云南安宁的居地石淙渡气势不凡：“有虎之邱，曹溪之溪，螳螂之川，自昆明池来者奔流数千里，其地崩湍激石，两崖菰苇交合，水汩汩循其间，泠然金石之音，故曰石淙。”杨一清觉得丁卯桥“负山带江，据东南之会，上游之地，其泉石岩壑之佳要，不在庐山、阳羡下也”，尤其是仁和门内的南园，原来是宋朝都统的设酤之所，“名园水竹分，林寒翻易雨”，风景独秀，与石淙相仿。后来，杨一清还在镇江南郊黄鹤山下修筑了鸿鹤山庄。

正德十五年(1520)闰八月，武宗朱厚照南巡经过京口，特地临幸杨一清家。杨一清设御宴于茂祉堂，君臣欢饮两昼夜。他“拦门劝酒”，乞请留诗。武宗制《神童出生》、《总制三边》、《平定宁夏》、《内阁学士》、《致仕还乡》等诗共12首，称赞他的才气和忠诚。他也写了和诗，委婉劝武宗中止江浙之巡。他还趁机向武宗推荐了不少当地的贤达之士，如焦山僧人妙福、名士茅深等。武宗与妙福谈经论佛，非常投缘，便任命他为“三山都纲”。后来妙福在焦山建水晶庵，杨一清应请，效仿苏东坡留下玉带作镇山之宝。

杨一清对镇江的一草一木有着深厚感情。镇江南郊鹤林寺前原来长着13株古松，雄伟挺拔，为鹤林寺增色不少。可是，有位樵人贪图小利，想砍伐为柴出卖。杨一清听说后，便捐金赎之。正德五年(1510)，浦州史宗道出任镇江府推官，在任时纂修了《正德镇江志》的前半部分，并将写好的稿子请杨一清和靳贵校正。正德七年(1512)，史宗道擢给事中到南京任职，杨一清应史宗道之请为《正德镇江志》编撰了后半部分。成稿后，他又约请镇江知府林魁商议刻印，他还为《正德镇江志》写了序言。

姜贺邻里五进士

丹阳市美丽的鹤溪河，像一条绿带，将滕村和蒋墅紧紧连在一起。两村近在咫尺，人杰地灵，肥美的水土赋予了村民聪颖和智慧。

滕村村民多姜姓，蒋墅村民多贺姓。明代嘉靖、万历年间，滕村和蒋墅的姜、贺两姓共出了5位进士，其中4人官居尚书。五进士人人品行高洁，才华卓荦，被传为美谈佳话。

滕村三进士，即姜宝、姜士昌和姜志礼。

姜宝，字延善，号凤阿。自幼聪悟，从学于唐顺之，博极群书。嘉靖三十二年(1553)进士第三名，入选为庶吉士。不久，被授予翰林院编修。当时，严嵩父子把持朝政，国事决策多出于私门。但是，姜宝不肯依附严嵩父子，常常与吴时来等贤士讲学都门，抨击严氏丑行。严嵩恼羞成怒，利用职权贬姜宝为四川提学佥事。姜宝后又转任中州(今河南)参政，提督八闽学政。他在蜀、豫两地任职时，提倡教育士子要严于行、宽于文，严于程式、宽于义例，端正学风，摒弃浮华，使士子学风与文坛习俗为之一新。后来，姜宝又迁任南京国子监祭酒，按经文治世之道，分类设馆，造就人才。他还针对政纲时弊，上呈八条建议，以图强化公务监督，限制凭交情、拉关系、走捷径之风。朝臣徐阶、高拱两人互怀嫌隙，芥蒂颇深。姜宝原先为徐阶所提拔，终因高拱与徐阶之隙，被高拱诬陷，蒙屈罢官。从此，他远别公门，不问政事达15年之久。姜宝的冤案真相大白后，才出任刑部侍郎等职，后晋升为吏部尚书。致仕后，他热衷于著书立说，成就颇丰，著作有《周易补疑》13卷、《春秋事义全考》16卷、《资治上编大政记纲目》40卷、《资治下编大政记纲目》32卷、《凤阿文集》38卷、《诗集》10卷等。姜宝退职后，广置义田，多立义学，以祖宗法度统领族人，至80岁而终。

姜士昌，字仲文，姜宝之子。他5岁就读，10岁参加郡县考试，文章倾动一时。万历八年(1580)进士，授户部主事，掌管徐州仓，兼理关务。他继承父风，黜浮崇实，到任后革除关仓积弊，办事精明，深得朝廷的赞赏和百姓的称道。姜士昌在陕西提学副使任内,修复书院,创立经、史、理、古文、典故等五学会,为当地培养了大批人才。他调任江西参政后,督理驿传,大刀阔斧地进行改革,取消一切额外征收,抵制不适时的差役,打击矿监的横行索取,抑制宦官为非作歹,深受民众爱戴。奸臣李廷机、朱赓入阁后,他上疏朝廷,力陈其"天变人离,民穷财尽,仁贤遗弃"的误国罪行,不料却受到打击陷害,先被贬任广西佥事,后又谪为兴安典史。从此,他愤而辞官归隐家中,与高攀龙、顾宪成讲学于东林。他卒于天启初,被追赠为太常寺少卿。

姜志礼,字立之,万历十七年(1589)进士,授建昌推官,后升任衢州知府,入为大理院评事。当时,京师很多关押未结案的囚犯瘐死,他上疏朝廷,提出对囚犯不要长久关押不报,应予"矜恤",从宽处理。姜志礼后来任刑部员外郎,出任福建泉州知府。他为民造福,主持修复了绵亘数里为飓风所坏的万安桥,又为贫民夺回被豪强侵占的沙格澳渔利之地,泉州民众十分敬仰他,专门建造生祠以资纪念。他后来转任山东右参政,治理登州、莱州。当时,福王受封于河南,皇上赐田2万顷,但福王仍不满足,派遣太监以检阅民田为名,骚扰登、莱两地。姜志礼义愤填膺,上疏朝廷,为民请命,结果反被贬为广西佥事。离任前,山东发生饥荒,饥人相食。他仍然忠于职守,建议募粟赈济灾民。姜志礼后来调任浙江副使,正好发生叶郎生叛案,株连万余人。他接案后,只惩办了首犯,其余一律开释。他升任尚宝卿,赴山西主持考务,适逢中州进贡玉玺,宦官魏忠贤企图中饱私囊。他蔑视逆党淫威,拍案而起,上书朝廷予以揭露。魏忠贤对他怀恨在心,几度诬陷,幸未成功。姜志礼因为不愿与魏忠贤妥协而告老还乡。崇祯初年,朝廷诏复原官起用,但他以年老为由,执意不从,卒年90余岁。著有《姜同节集》8卷传于世。

蒋墅二进士,即贺邦泰和贺世寿。

贺邦泰,字道卿,嘉靖三十八年(1559)进士,历任福建莆田知事,南康、廉州、琼州太守,曾任户部尚书。他在莆田任内,正值倭寇侵犯。他遂指挥沿海军民痛击倭寇,得到抗倭将领戚继光的高度赞扬。有一次，海瑞去琼州拜访贺邦泰，见他吃的是麦粉粥，厨房里也没有多余的食物，十分佩服。琼州大帅李茂早年曾当过海盗，正是贺邦泰对其晓以大义，他才改邪归正，日后为国家立下大功。为了表达敬仰之情，李茂向他馈赠珍宝等物，但他断然拒绝。李茂见他不收，便叩头不起，他仅取沉香一片，以作供佛之用。

贺世寿，字函伯，万历三十八年(1610)进士，历任光禄寺少卿、太仆少卿、通政使、兵部侍郎兼佥都御史、天津巡抚、刑部尚书、户部尚书等职。贺世寿青年时代就做大官，政治上很有主见。万历后期，宦官魏忠贤专横跋扈，为所欲为，许多大臣趋炎附势，投靠魏门，但贺世寿从不涉足逆党之中。当时，顾宪成、高攀龙等在东林讲学，建立与魏忠贤势不两立的阵营，他支持东林学人。因为他语侵吏部尚书赵焕，京察而落职。明光宗朱常洛即位后，他起为户部主事。这时，逆党气焰更加嚣张，他辞官回归故里，直到魏忠贤势力被翦除，才起任兵部侍郎，巡抚天津。

姜、贺五进士虽然身居高位，都始终不忘家乡的养育之恩，晚年都落叶归根，并长眠于丹阳故土。姜宝择张堰湖上中背墩为墓地，姜士昌择罗家桥而安葬，姜志礼则择九里三圈桥为归宿，贺邦泰、贺世寿同葬于里安庄境内的迴龙桥畔。

张玉书首辅康熙

张玉书，字素存，号润浦，明崇祯十五年(1642)六月二十六日出生于镇江。他的父亲张九徵是江南解元，博学砺行，历官吏部文选郎中，出为河南提学佥事，因兴学育人有方，被誉为“天下第一抚臣”。张玉书是张九徵的第二子，从小受到良好的家庭教育。他性端重，寡言笑，读书过目成诵，11 岁入县庠第一，清顺治十八年(1661)进士，选庶吉士，授编修。累迁左庶子，充日讲起居注官。康熙十九年(1680)，以进讲称旨加詹事衔，六月升侍讲学士。康熙二十年(1681)，擢内阁大学士，充经筵讲官，不久迁任礼部侍郎，兼翰林院掌院学士。康熙二十九年(1690)，拜文华殿大学士兼户部尚书。大学士马奇因事被革,他进为首辅。

张玉书博学多才,熟谙水利。康熙二十七年(1688)五月,奉命勘察高邮州海口等地河道,提出增减各处水坝的建议;康熙三十一年(1692)十二月,他又奉命简阅河工,回朝后画图进献,提出与河道总督靳辅不同的意见。康熙四十年(1701),随康熙帝玄烨到清河口视察河工,提出引汶水入运河,使"淮水敌黄,黄水趋海"的建议。这些意见,都得到了康熙帝玄烨的重视和采纳,对治河起了重要作用。噶尔丹多次侵扰喀尔喀,康熙三十五年(1696)二月,玄烨亲征噶尔丹,张玉书扈从出塞,参预帷幄之议,是随征的唯一汉臣。

康熙三十八年(1699),玄烨南巡,张玉书迎谒,赐赉有加。康熙四十年(1701),扈驾南巡驻跸江宁,召试士子,命为阅卷官,御舟停泊在句容县高资港,张玉书奏道:"前去镇江不远,臣之敝庐在焉。若城中无驻翠华之地,舆情虽切,未敢恭迎御驾入城,恳请行幸江天寺,多留数日,与亲临铁瓮城无异也。"玄烨听了很高兴,当即下旨:"张玉书恳求谆切,姑再留一日,后日起行。"玄烨畅游了金山,留下了许多赞美金山的诗词。

张玉书因学识渊博,常被玄烨委派修纂各种书籍。由他担任总裁修成的书籍有《三朝国史》、《大清会典》、《大清一统志》、《平定三逆方略》、《平定朔漠方略》、《政治典训》、《治河方略》等。特别是《佩文韵府》,他亲自采辑经史,补原纂所未备,花的精力更多。《康熙字典》也由他担任总阅官。《明史》也曾一度由他任总裁。他的诗文从容优雅,大多有关国事民情。文集记载中有清初十余年的人口、钱米数据,成为后代学者研究清史的宝贵资料。

张玉书清廉俭朴,每餐只吃两样素菜。他 35 岁丧偶,遂独处一室终其生,不娶姬妾,不蓄家乐,在当时的高官显宦中是少见的。玄烨南巡时,看到他的住宅不够好,赏赐千金给他造房子,他却把这笔钱交给邢部,为各地监狱铺设地板,以免囚犯睡在泥地上得病。翰林曹禾疏请玄烨举行封禅活动,他知道后立即上书谏止。

康熙四十九年(1710),张玉书告病辞官,但是玄烨仍然慰留在朝。张玉书以70高龄随玄烨至热河，因操劳过度，得病死于塞外，康熙亲赐挽章碑文，加赠太子太保，谥“文贞”。

张玉书谨慎廉洁，官居要位20年，远避权势，门无杂宾，饮食服御，略如寒素，雍正朝，入祀贤良祠。

吉氏一门三太史

丹阳市城里的吉氏在宋室南渡之初就已定居于此，但是数百年来仅有小东门桥西一个宗祠。吉氏宗祠虽然很简陋，但大厅上却有一副颇为有名的抱柱楹联：

八代两乡贤，馨香俎豆；
一门三太史，黼黻文章。

这副楹联十分贴切地赞颂了丹阳吉氏在明清之际产生的杰出人物，以此来激励后世子孙刻苦读书，继往开来，为国为民建功立业。

这副楹联上联的“八代两乡贤”，是指在明正德年间，吉氏出了个吉棠；清乾隆时，又出了个吉梦熊。吉棠先任桐庐知县，调金华，擢监察御史，后出守南昌，无论到哪里，都十分爱护当地百姓。特别是调庆远，移守衡州，擢福建按察司副使时，因为爱护当地的少数民族百姓，去世后，被祀为“乡贤”。吉梦熊因为位高望重，情系桑梓，也被列为“乡贤”。自吉棠至吉梦熊其间计有八代。

下联“一门三太史”，是指在清乾隆、嘉庆两朝，吉氏中有一家竟出了三个翰林，即“兄弟翰林”吉梦熊和胞弟吉梦兰；“父子翰林”吉梦兰与其子吉士瑛。因为太史是翰林的别称，这里不直接用“翰林”而用“太史”，是为了对联声韵的和谐。明清两代都在每次新科进士中选拔文学、书法杰出者进入翰林院庶常馆，这就称为“点翰林”。能够考中进士的儒生，已算得上是饱学之士，如果再被选入翰林院，确实是一件不容易的事。在一个门庭中竟有三人连续被“点翰林”，这真是凤毛麟角，非常罕有的。

吉梦熊，字毅扬，号渭崖。乾隆十七年(1752)进士，被点翰林。

由编修累官至通政司通政使。他敢于直言，以弹劾直隶总督“匿水灾不报”而声震天下。他担任鸿胪光禄太仆寺卿擢顺天府尹，治绩卓著，“威惠并行，畿辅清肃”，后任主考官多年，所到之处，革除陋习，整顿考风。由于他为人正直，学识渊博，被调往宫中教授诸皇子、皇孙。乾隆三十七年(1772)，充《四库全书》总校阅，后任内阁侍读学士，仍直上书房，转太仆寺卿。乾隆四十九年(1784)，被邀参与朝廷举办的“千叟宴”。年迈后，以三品通政使退休归里。他的故居，原在丹阳城内东骆驼桥，屋内中庭上挂有“四世同堂”匾额，为乾隆四皇子所书。这一系的后裔，人称骆驼桥吉氏。

吉梦兰，字会亭，为吉梦熊胞弟。乾隆二十二年(1757)进士，被选入翰林院。他奉命学习满文，天资颖悟，未及三年“辄能剖析音训，洞晓文义”，但不幸早逝。

吉士瑛，字伯英，梦兰之子。嘉庆七年(1802)进士，旋即选入翰林院。他擅长诗书。据说一次清帝仁宗颙琰亲临翰林院，士瑛侍宴赋诗，受到丰厚的赏赐。后历任山东新城、冠县等县的知县。这一宗住在丹阳城内草堰南门宗巷东端，原中庭挂有“父子翰林”匾额。这一系的吉氏子孙，人称宗巷吉氏。

吉梦熊是清代的大儒，学识渊博，书法遒劲，当时为家乡人题写的楹联匾额颇多。几年前，在丹阳市建山乡嘉山脚下的萧家巷祠堂内发现了一副吉梦熊书写的楹联：

汉则相，唐则元，试问三代下孰出乎右
齐之高，梁之武，且看六朝中世济其昌

显然，吉梦熊这副楹联是在夸耀家乡丹阳在历史上所产生的杰出人物，以激励后人。

虎将英豪

虎将英豪

顾祖禹《读史方舆纪要》云:“京口南控江湖,北拒淮泗,山川形胜,自古用武处也。”数千年来,镇江出现过许多声名赫赫的虎将英豪。他们有的为推翻腐朽黑暗的统治,反对分裂割据,争取国家和民族统一,行侠尚义,身经百战,转战南北,表现了一代虎将的英雄气概;有的顺应民心揭竿而起,建立起强大的农民武装,具有高超的统军本领;有的受命于危难之际,殚精竭虑,运筹帷幄,提挈全军,决战千里,具有出奇制胜的指挥艺术。他们为民族、为社稷、为百姓,建立了不可磨灭的功绩。

太史慈行侠尚义

在镇江北固山中峰西南麓,有一座坟墓上写着七个大字:“东莱太史慈之墓”。这座坟墓,是镇江市文管会 1985 年修复的。

太史慈,字子义,东莱黄县(今属山东省)人。他少年时代,就是个行侠尚义的英雄,也因此有了仇家。他担心招致祸患,就亡命于辽东。北海相孔融知道太史慈是孝义英雄,屡次派人去照看他的母亲,并赠送衣食。太史慈的母亲就对太史慈说:“你与孔融虽然没有见过面,但你走后,孔融殷勤照顾我,胜过亲朋旧友,如今孔融被黄巾军围困,你要赶快去解围。”太史慈赶到都昌,夜间穿过重重包围,自“间隙得人”,与孔融相见,提出率兵突围。孔融却不听,一心想等待援兵,但是援兵迟迟未到。孔融想向刘备求援,但是城池已被围得水泄不通。太史慈就自告奋勇,要求“分灾共患”,出城请刘备来解围。

孔融见他态度十分坚决,就答应了。于是,太史慈设计“冒刃突重围,从万死之中”冲了出来。刘备又派遣三千精兵跟随他去救孔融。黄巾军听说刘备援兵已到,四散而逃。孔融觉得太史慈是个奇才,十分感激地说:“你真是我的年轻的好朋友啊!”

太史慈帮助孔融解围后,又渡江到曲阿(今丹阳市)见同乡——扬州刺史刘繇。有人劝刘繇任命太史慈为大将军,但刘繇却看不起这个年轻人,没有重用他。孙策崛起江东,首先要夺取刘繇的地盘,和刘繇打了几仗,刘军一败涂地。

有一次,太史慈仅带一从骑,外出巡视,正好与孙策在金坛神亭岭相遇。孙策带了韩当、宋谦、黄盖等十三骑,与之交战。孙策夺得太史慈背上的小戟,太史慈也获得孙策头上戴的兜鍪,最后两人徒手肉搏,还是不分胜负,正在难解难分之际,双方兵骑都赶来,分别把他们救了回去。由此,孙策对太史慈非常爱慕,有收为己用的决心。刘繇主力被孙策消灭后,就和太史慈逃奔于皖南山中。太史慈到泾县,招募了大批山民。孙策亲自攻讨,太史慈终于被孙策设计擒住。孙策一见面就亲解其缚,并且紧紧拉住他的手说:“宁识神亭时耶?若卿尔时得我云何?”太史慈说:“未可量也。”孙策大笑说:“今日之事,当与卿共之。”孙策立即封太史慈为折冲中郎将,让他继续带兵。就这样,太史慈归附了孙策。他向孙策表示要去招抚残余部下,并约定第二天日中时回来。当时,诸将都表示怀疑,只有孙策信任他,对诸将说:“太史子义,青州名士,以信义为先,终不欺策。”孙策于次日设酒食,立竿视影。果然,日中时太史慈回来了。刘繇死于豫章,孙策要太史慈去招抚刘繇余众。孙策的部将都说:“慈从此去不返。”孙策说:“子义舍我,当复与谁!”孙策亲自将他送至昌门,并拉住他的手腕说:“何时能还?”太史慈说:“不过六十日。”他果然如期而返。

孙策死后,太史慈辅佐孙权屡建战功。后来在合肥被曹操部将张辽设计战败,中箭受伤。他被救回京口(今镇江市),治伤无效,临终前还大呼:“丈夫生世,当带七尺之剑,以升天子之阶。今所志未从,奈何而死乎!”言毕而亡,时年41岁。

抗日战争前夕,北固山下太史慈的墓曾被修葺一新。建国初,因为北固山滑坡,墓被泥土埋没了。他的墓前原有一块石碑,标明是"吴孝子建昌都尉东莱太史慈子义之墓",并有他生平事迹的简要记述。这块碑虽然现在已经看不到了,但是,他生平重孝友、尚信义、勇迈超群的英武雄姿,至今还活在镇江人民的心中。

鲁肃墓葬在京口

破虏封何在? 巍然鲁大夫!
霸图更代有,长者至今无。
日暮烟平堑,江春酒满壶。
指囷犹可作,差免哭穷途。

清代镇江诗人鲍皋的这首五律,是他参拜当时在镇江大学山直指庵后的鲁肃墓时所作。诗以破虏将军孙坚和鲁肃墓封的存没作对比,说明图谋王霸事业的人物历代都有,而真正像鲁肃这样的忠厚长者,自古迄今实属罕见。

鲁肃,字子敬,生于汉建宁五年(172),三国吴临淮东城人。《三国志》称赞他:"建独断之明,出众人之表,实奇才也。"《吴书》说他:"善谈论,能文属辞,思度弘远,有过人之明。"

东汉建安三年(198),周瑜出任居巢(今安徽省桐城市)长,曾带领几百人专程拜访鲁肃,并请资助军粮。鲁肃家有两个大粮仓,每仓藏米3000斛,"肃乃指一囷与周瑜"。周瑜见鲁肃如此慷慨,十分感动,看出他为人非同寻常,于是与之结为知己。周瑜东渡还吴(今苏州市),前往曲阿(今丹阳市)依孙策,鲁肃就与周瑜同行,并将家属安置在曲阿。不料,鲁肃的祖母不幸去世,他只得到居巢去料理丧事。他办完祖母的丧事回到曲阿,就去找周瑜。这时,孙策被刺辞世,二弟孙权任事。周瑜劝鲁肃说:"孙权亲贤贵士,纳奇录异,是位人主。"他听从周瑜的意见,就投靠了孙权。

因有周瑜的推荐,孙权立即接见鲁肃,并合榻对饮密谈:"如今汉朝岌岌可危,四方豪杰并起,我继承父兄遗业,拟建齐桓、晋文之功,您既然相投,怎样辅佐我呢?”鲁肃当即指出:“汉朝已名存实亡,不可能再复兴。曹操如同项羽,牢牢控制着天子,又不能把他马上除掉,您怎么能做齐桓、晋文呢?为今之计,只有鼎足江东,静观整个形势发展,相机占领长江流域,然后建立帝业以图天下。”孙权闻之大喜,十分器重鲁肃。孙权尊贤纳士,悉心整顿内部,粉碎了庐陵太守孙辅、庐江太守李术、丹阳大都督妫览等的多次叛乱,平定江东各地方的豪强武装,攻杀黄祖,实现了鲁肃提出的“鼎足江东”的战略。

建安十三年(208),荆州刘表病逝,鲁肃立即向孙权进言说:“荆州外有长江、汉水环绕,内有山陵屏障,城池坚固,沃野万里,士民殷富,将它据而有之,是成就帝王大业的保证。”于是,他提出了联刘拒曹的战略方针,最终得到了孙权的采纳。他临危不惧,毅然亲赴前线,在当阳(今属湖北省)长坂坡遇见刘备,转达了孙权的意思,劝说刘备与孙权联合。刘备这时处在败军之际,正待有人支援,立即欣然同意。孙刘联盟于是告成,鲁肃功不可没。

鲁肃胜利完成出使荆州的使命,回到柴桑(今江西省九江市)。这时,孙权收到了曹操下来的战书,东吴群臣惊恐失色,都极力主张投降曹操,孙权六神无主。鲁肃临危不惧,力排众议,针对孙权的个人得失,晓以利害说:“如今我鲁肃可以投降曹操,就是主公您不行。为什么呢?若我投降,曹操把我送回家乡,根据我的名声地位,仍然有官可当,有车可坐,有随员士兵跟从,可以交朋结友,还能升官当太守。主公投降曹操,能有什么结果呢?”孙权听后,坚定了联刘拒曹的决心。于是派人到鄱阳(今属江西省),召回周瑜,命为都督,率军与刘备联合,迎战曹操。赤壁之战,就战略决策而言,首功当推鲁肃。赤壁大战结束,鲁肃先回柴桑,孙权“大请诸将迎肃”,并对鲁肃说:“子敬,我持鞍下马亲自欢迎你,你该感到光荣吧?”鲁肃回答说:“不!”众人听到这话无不吃惊,鲁肃接着说:“愿您威德遍及四海,统一天下,完成帝王大业,另用软轮小车召见我,那才感到光荣哩!”孙权抚掌大笑。

建安十五年(210),周瑜病逝,鲁肃被任命为校尉,代周瑜领兵,屯驻江陵。鲁肃劝孙权将荆州借给刘备,以共同对抗曹操。“借荆州”其实是把刘备推到前线,给自己当屏障,实属便宜之事。

建安二十年(215),刘备取得益州,孙权令中司马诸葛瑾去成都要求刘备归还荆州诸郡。刘备不答应,孙权大发脾气,派吕蒙带兵取长沙、零陵、桂阳三郡。刘备得知,亲自从成都赶到公安(今湖北省公安),派关羽带兵争夺三郡,一时剑拔弩张,大战迫在眉睫。为了不使孙刘联盟彻底破裂,鲁肃邀请关羽见面,各自把军队留在百步之外,只是将领们各自携带单刀相会。会谈时,鲁肃义正辞严,说得关羽“无以答”,使一触即发的紧张局势得以缓和,使孙刘联盟得以继续维持。

建安二十二年(217),鲁肃病逝,孙权为他治丧,并亲自送葬。诸葛亮也对他的去世表示哀悼。据嘉庆《丹徒县志》载:“横将军鲁肃墓在小渎山下苦竹里。”又云:京口“北门外直指庵后有鲁子敬墓一碑”。托名陶潜所著的《续搜神记》中也说:“王伯阳者家在京口,东有大冢,传是鲁肃墓。”虽然所说墓址不一,但是都说鲁肃墓葬在京口。

祖逖击楫誓中流

南宋爱国词人张孝祥在《水调歌头·闻采石战胜》中有两句充溢着爱国激情的词句:“我欲乘风去,击楫誓中流。”南宋末年,民族英雄文天祥在气壮山河的诗篇《正气歌》中也有两句慷慨激越的诗句:“或为渡江楫,慷慨吞胡羯。”他们在诗词中都讲到了中流击楫的故事,这个故事就发生在东晋时期的京口。中华民族的发祥地,原来在黄河流域;秦汉以后,逐渐发展到长江流域。而三国之后,北方异族崛起,不断南侵,因此,形成了历史上所谓的“外患”。东晋而后的五个朝代,都偏安于江南。长江天堑成了南朝统治者安身立命的防线。

京口“千山所环,中横巨浸,形胜之雄,控制南北”,“实天设之险”。晋元帝司马睿南渡长江,定都金陵,京口就成为外卫,其军事上的战略地位恰如杜佑《通典》所说:“京口因山为垒,缘江为境,建业之有京口，犹洛阳之有孟津。”祖逖是当时最识大体、最有才能的杰出人物。他以京口为根据地筹划北伐，在京江中流击楫的慷慨场面，历千秋万代，将永远为后人所称道。

祖逖，字士稚，生于晋武帝泰始二年(266)，范阳遒县(今河北省涞水县北)人。他早年丧父，自幼跟着哥哥生活。年十四五还不知书，哥哥为他操心，经常加以劝导。祖逖被哥哥的劝说感动了，立志上进，后来果然成了一个通才饱学之士。他轻财好侠，慷慨有节尚。常散粮食和衣服给贫困的百姓，乡党亲属都很敬重他。他与刘琨是至交好友。刘琨出身贵公子，早年生活豪奢，尚清谈。西晋末，国家破亡，刘琨幡然悔悟，奋起抗敌。当刘琨听说祖逖被起用后，写信给亲人说：“吾枕戈待旦，志枭逆虏，常恐祖生先吾着鞭。”刘琨后来成了东晋著名的爱国志士和诗人。祖逖与刘琨曾同为司州(今属河南省)主簿，二人都胸有宏图大志。他俩共被同寝，情同手足，每当半夜听到荒鸡鸣叫，祖逖就叫醒刘琨说：“此非恶声也。”于是二人闻鸡起舞，练习武艺，奋发图进，随时准备为国效力。

时值“八王之乱”，继以刘聪、刘曜入寇。祖逖半夜从床上坐起来对刘琨说：“若四海鼎沸，豪杰并起，吾与足下当相避于中原矣。”于是，祖逖率领亲党数百家，从司州南部一带迁到南方。一路之上，祖逖以所乘车马，载同行老疾，而自己则徒步行走，所有药物衣粮，都与大家共同享用。因此，男女老少都很乐意跟随他，并一致推举他为首领。他投奔晋元帝司马睿后，司马睿仅授给军谘祭酒的小官。后来，祖逖率众迁居京口。建兴元年(313)，他要求北伐。司马睿是一个偏安皇帝，素无北伐之志，目光专注在江东小朝廷内部的权利分配上，从来不作北伐的准备，而且还反对主张北伐的人。当时，谁主张北伐，谁就被排斥。可是，祖逖不顾个人升降荣辱，带领骁健之士对司马睿说：“晋室之乱，非上无道而下怨叛也。由宗室争权，自相鱼肉，遂使戎狄乘隙毒流中土，今遗民思奋，大王诚能命将出师，使如逖者统之，以复中原，郡国豪杰，必有望风响应者矣！”司马睿迫不得已，授予他奋威将军、豫州刺史的虚衔，给了1 000人的粮食和3 000

匹布，要他自行募卒，制造兵器。这样叫祖逖北伐，无异于让他去送死。但他毅然受命，满怀夺取胜利的信心。

祖逖在京口召集部众百余家，加以整编，并进行了短期训练，就开始渡江。万里长江，浩浩荡荡，千回百折，奔流入海，这是中华民族的生命源泉；绵远的洪流，象征着民族生命的长久；海潮巨浸，象征着民族的伟大；日夜不息地奔腾，象征着生命力的充沛；万折千回而必东，象征着民族胜利的必将获得！在波澜壮阔、汹涌澎湃的江面上，祖逖率领的北伐勇士排成了一条生龙活虎的战阵，行到中流，巨浪腾空，滚滚向东。他看到这伟大雄壮的场面，心潮起伏，不禁又激起燕赵健儿之气，随即在船上拿起一把楫来，敲击着船舷，慷慨激昂地说："祖逖不能清中原而复济者，有如大江！"各船上的健儿们群情激昂，大家奋力划桨、摇楫，战船很快乘风破浪到了对岸。祖逖终于带领乡亲们挥师北上，屯军淮阴，起冶铸兵，招募了2 000余人。祖逖治军严明，军队守纪律，训练有素，作战勇敢，屡次击败后赵石勒军，基本收复了黄河以南的全部土地。祖逖收复河南后，即积极作北渡黄河的准备，引起了石勒的不安。石勒不得不主动向祖逖求和，特地派人修整祖逖母亲的坟墓，又遣使送财物和书信给祖逖，希望互相通好和解、交换货物等等。但是，石勒的修好举动没有得逞，祖逖除了从经济角度考虑，任双方进行贸易外，仍一如既往，积极作北伐中原的准备。

东晋太兴四年(321)，祖逖加紧准备，即将过河北上。此时，晋元帝司马睿突然任命戴渊做征西将军，都督司、兖、豫、并、雍、冀六州诸军事，任司州刺史，坐镇合肥，管辖地区包括已收复的黄河南岸和未收复的河北，实际上是剥夺了祖逖指挥北伐的大权。祖逖对此毫无思想准备，受到沉重打击。为什么会发生这种变化呢？原来晋元帝司马睿之所以能在江南站稳脚根，建立政权，主要是依靠南下的北方士族的支持，其中北方望族王导、王敦兄弟又起着关键的作用。司马睿正式称帝后，政治上靠王导辅政，军事上靠王敦支持，史称"王与马(指司马氏)共天下"。王敦是一个有野心的人，坐镇武昌(今湖北省鄂城),拥重兵控制长江中游,擅自任命将官,培植亲信,与朝廷对抗。司马睿惧怕王氏图谋不轨,又看到祖逖在河南势力大振,很不放心。因此,他便命亲信戴渊坐镇合肥,又命刘隗镇守泗口,各拥兵驻守,表面上是为了加强北伐的军事部署,实际上是想以此防范王敦,其中对戴渊的任命又包含着牵制祖逖的意图。

戴渊虽然是一位颇有名气的人物,但他疏于谋略,没有远见,更无收复失地之志。用这样徒有虚名的庸人统管至关重要的北伐,祖逖当然忧虑重重。况且自己呕心沥血,多年苦苦经营,好不容易才打开局面,现在却无故被搁置一边,实与贬官削职无异。他想到这些,不免愤愤不平。加之,这时司马睿与王敦的对抗愈演愈烈,战云密布,内乱一触即发,更使他意识到功业不就,北伐难成,因而悲愤致病。但即使在这种情况下,祖逖仍然以大局为重,力图进取。他不顾重病之身,利用自己有限的权力,继续指挥将士营缮军事要塞武牢城,加强沿河营垒,调遣部队,作北进和防敌的准备。他终因劳累和忧愤过度,一病不起。东晋大兴四年(321),祖逖抱恨卒于雍丘,时年56岁。豫州百姓听到祖逖的死讯,痛哭流涕。祖逖死后不久,王敦举兵叛乱,东晋统治阶级忙于内战,更将北伐大事置之脑后,祖逖收复的河南大片土地又为石勒轻易占领,一番轰轰烈烈可望成功的事业,终于在东晋统治集团的内讧中被葬送了!但是,祖逖的功绩和爱国精神,却长留在人们心中。老百姓在他浴血奋战的谯梁地区立祠纪念这位有功于国家、有功于人民的一代名将。

孙恩反晋起义兵

东晋时期,东南沿海一带活跃着一支数十万众的农民起义军,屡屡袭击官府,使东晋朝廷大为震惊。这支起义军的首领名叫孙恩。

孙恩,字灵秀,祖籍山东琅邪(今山东省临沂北)。“晋乱,琅邪国人随帝过江千余户”,于江乘县(今句容市北)立南琅邪。孙氏原为琅邪世家大族,“永嘉南渡”后,孙恩是西晋侍中、中书监、骠骑将军孙秀的后裔。孙秀起自琅邪小吏,因为善于邀宠而受到赵王司马伦的信任。赵王司马伦勾结贾后，废杀愍怀太子，又以替太子报仇为名，杀贾后及其党羽，后自称皇帝。在西晋末年的“八王之乱”中，孙秀曾控制昏庸无能的赵王伦，翻手为云，覆手为雨，威权震于朝廷。东晋朝，孙恩的叔父孙泰，师事浙江钱塘（今浙江省杭州市）“五斗米道”（道教各派中创立最早的一派，即正一道，因入道者须出五斗米，故名）。“五斗米道”教主杜子恭死后，孙泰成为道首。孙泰因仕途沉浮不定，就凭借宗教的形式去组织和发动农民，百姓“敬之如神，皆竭财产、进子女以祈福庆”。晋孝武帝司马曜死后，其子司马德宗即位。司马道子以皇叔、太傅的身份摄政，以王国宝、王绪为心腹，对抗驻守京口、掌握东晋北府兵的王恭。隆安元年（397）和隆安二年（398），兖、青两州刺史、北府军统帅王恭以诛奸佞王国宝等为借口，先后两次在京口发动兵变，荆州（今湖北省江陵县）刺史殷仲堪、雍州（今湖北省襄樊市）刺史杨佺期、广州刺史桓玄等，也纷纷起兵响应。孙泰“见天下兵起，以为晋阼将终”，于是“扇动百姓，私集徒众”，密谋在会稽（今浙江省绍兴市）发动武装起义，“三吴士庶多从之”。会稽内史谢琰在司马道子面前将孙泰的阴谋告发，孙泰并其六子于隆安二年（398）十二月被诱杀。孙泰哥哥的儿子孙恩预先得到消息，驾舟只身逃亡海岛，“聚合亡命，得百余人，志欲复仇”。浙东诸郡的五斗米道道徒纷纷为他们送去粮食和钱财。

当时，三吴（吴郡、吴兴、会稽）地区的百姓，深受王、谢、孔等世家大族的残酷盘剥，大量土地、山泽被侵占后，多数农民沦为奴隶。而东晋政府又把赋税、徭役的绝大部分压在三吴人民的头上，“区区吴越，经纬天下十分之九”；军事上，也是“调兵不出三吴”。广大农民对这种现状深为痛恨。那时的晋安帝司马德宗是个“自少及长，口不能言，虽寒暑之变无以辨”的白痴，政权由太傅司马道子的儿子司马元显所掌握。自王恭之役后，司马元显深感荆州方镇势力的威胁和扬州北府兵的难以控制，打算建立一支由自己控制和指挥的新军，以巩固自己的权位。隆安三年（399），司马元显下令强征浙东诸郡“免奴为客者”，即把那些自身或父祖本来是奴隶而已获得赦免并已成为佃客的壮丁，集中到京师建康（今南京市）服兵役，称之为“乐属”。当时，士兵的身份如同奴婢，并且一旦从军，便要世代当兵。因此，这个命令一发布，便激起了广大佃客的强烈反对，终于成为孙恩领导的浙东农民起义的直接导火线。同年十月，孙恩利用“民心骚动”的有利时机，自海岛率其党百余人攻克浙江上虞，杀县令；十一月，陷会稽，起义队伍很快发展到数万人。这时，三吴八郡（会稽、吴、吴兴、义兴、临海、永嘉、东阳、新安）响应起义的群众纷纷杀死官吏，参加起义行列，“旬日之中，众数十万”。孙恩以会稽山阴县（今浙江省绍兴市）为农民军的活动中心，自号东征将军，称部属为“长生人”，设置官属，发布文告，揭露司马道子父子的罪行，并号令“诛杀异己”。南北世家大族大都被起义军杀死，有的“合门遇祸，资产无遗”。对与敌为伍的道徒，起义军也予问斩。会稽内史王凝之、中书郎孔道、太子洗马孔福等人，虽都是五斗米道道徒，但都被视为异己而予以镇压。许多道众烧仓廪，焚邑屋，砍木填井，虏掠财产，相率奔赴会稽。有的妇女道徒因婴儿拖累不能前去，就用竹筐盛婴儿投入水中，对婴儿说：“贺汝先登仙堂，我寻后就汝。”孙恩利用百姓对宗教的虔诚，就这样把广大的道众卷入了反抗东晋王朝的斗争。这些人中，有贫苦的农民，也有地主阶级中的著姓。江东八郡很快被起义军占领。东晋朝廷急忙调北府兵首领谢琰、将领刘牢之等率兵前来镇压。孙恩感到义军力量薄弱，便率领义军男女二十余万人暂时退回海岛。

隆安四年(400)五月，孙恩第二次从海上登陆，入余姚，破上虞。五月，山阴一战，起义军斩杀会稽内史谢琰及其二子。东晋朝廷大为震惊，赶忙增派北府兵将领高雅之等堵截起义军，并任命刘牢之都督会稽、临海、东阳、永嘉、新安五郡军事，继谢琰全权指挥镇压起义军。孙恩再次退还海岛。第二年，他率水军登陆，攻句章（今浙江省宁波市南），转而攻海盐（今属浙江省），都被刘牢之部将刘裕击破。于是，孙恩改变战略，率军北上，五月破沪渎（今上海市），六月乘胜浮海，进逼京口，“战士十余万，楼船千余艘”，鼓噪登“蒜山”，以图攻占京口，兵锋直指建康。孙恩起义军阵容极盛，而当时建康兵力空虚，东晋统治者十分惶恐，内外戒严，匆忙布防，赶忙调遣长江北岸驻军入卫京师。刘裕从海盐日夜兼程循陆路赶回京口拦截，奔袭孙恩起义军。起义军受到重创，便浮海北进郁洲（今连云港市东）。八月，刘裕率军追讨孙恩于郁州。起义军南下沪渎、海盐等地，被刘裕打败，孙恩再次撤回海岛。当孙恩起义军遭到挫折时，东晋统治阶级内部爆发了"桓玄之乱"，控制荆楚的桓玄率军攻入建康，杀司马道子、司马元显父子，总揽了朝廷军政大权。统治阶级内部的火并，给孙恩重新登陆创造了时机。元兴元年（402）三月，孙恩第四次登陆，进攻临海（今浙江省临海市）失败。由于起义军长期飘流海上，在前次军事行动中元气大伤，创痍未复，结果被临海太守辛景击溃。孙恩在晋军的追逼下投海自沉。徒众说他已成"水仙"，投水相殉者百数人。自此，孙恩领导的农民起义失败。

檀道济呼保"长城"

今天，人们常把军队比作"长城"。这种说法，实际上出自于南朝宋名将檀道济之口。

檀道济像

檀道济，南朝宋高平金乡人，"世居京口"。他年幼时，父母双亡。成年后，"奉姊事兄"，以和谨称于乡里。刘裕在京口举义，他与哥哥檀韶跟从刘裕平定京口，参与刘裕建武军事。后转征西，讨平鲁山，擒拿桓振，除辅国参军、南阳太守。因为他有"建义"的功劳，被封吴兴县五等侯。卢循等"作乱"，朝廷以檀道济为扬威将军、天门太守，讨平之。他跟从刘裕少弟刘道规讨伐桓谦、荀林等，"率厉文武，身先士卒，所向摧破”。始兴太守徐道复参与“作乱”，率军直逼建康，刘道规亲出拒战，檀道济战功居多，迁安远护军、武陵内史，复为太尉参军，拜中书侍郎转宁朔将军，参太尉军事。因为前后建有功勋，封作唐县男，食邑 400 户。豫章公世子为征虏将军镇京口，檀道济为司马、临淮太守等。景平元年(423)，敌虏包围青州刺史竺夔于东阳城，竺夔告急。朝廷加檀道济使持节、监征讨军事，与王仲德救东阳。檀道济还没有赶到东阳，敌军已火烧军营，焚毁攻具，慌忙逃走。檀道济胜利回师广陵。豫章公世子镇江陵，以檀道济为西中郎司马持节南蛮校尉，又加征虏将军、迁宋国侍中领世子中庶子、兖州大中正。义熙十二年(416)，刘裕北伐后秦，檀道济为前锋出淮、肥，所到诸城都“望风降服”，很快攻克许昌，径进洛阳。接着，他率军拔城破垒，俘敌4 000余人。许多谋士向他建议说：“所获俘囚，应悉戮以为京观。”檀道济表示不同意，回答说：“伐罪吊民，正在今日。”他将俘虏全部释放，并遣送还乡。于是“戎夷感悦，相率归之者甚众”。长安平定后，他晋升为征虏将军、琅邪内史。入宋，转护军将军，封永修县公，食邑 3 000 户，徙为丹阳尹，护军如故。宋武帝刘裕临终之时，檀道济与徐羡之等同受顾命，辅佐宋少帝刘义符。徐羡之谋划废除庐陵王刘义真，与檀道济商量，他表示不同意，并屡次陈述，但是徐羡之都不听。徐羡之等又谋划要废除宋少帝刘义符，用委婉的语言暗示檀道济入朝，并将废立之谋告诉他。将行废立的那天夜晚，檀道济进入领军府与谢晦同宿。这时，谢晦内心十分害怕，悚动不安，怎么也睡不着。而檀道济却临变不惧，上床便睡着了。从此，谢晦十分佩服檀道济。在刘义隆还未登基称帝时，檀道济始终守卫着朝堂。刘义隆即帝位后，任命他为征北将军，加散骑常侍，给鼓吹一部，进封为武陵郡公，食邑 4 000 户。他坚持不接受。宋文帝刘义隆又遣檀道济督青州、徐州之淮阳、下邳、琅邪、东莞等郡诸军事，并命讨伐谢晦。谢晦听说檀道济率军而来，不战而溃。事态平息后，檀道济迁征南大将军、开府仪同三司、江州刺史，持节、常侍如故，并受赠封千户。元嘉八年(431)，到彦之伐索虏，已经扫平河南之地，却得而复失，连金墉、虎牢二城也都失守了。索虏直逼滑台。朝廷加檀道济都督征讨诸军事,率军北伐。檀道济率宁朔将军王仲德、骁骑将军段宏奋击,大破敌军。转战至高梁亭,索虏宁南将军、济州刺史寿昌公和番频库结前后邀战,檀道济分遣段宏及沈虔之等以奇兵出击,当即斩杀番频库结。檀道济转战至济上,连战二十余日,全军而返,雄名大振。回朝后,他进位司空,镇守寻阳。他立功前朝,威名甚众,左右心腹将领都身经百战,几个儿子又有才气,朝廷开始对他怀有疑忌惧怕之心。宋文帝刘义隆因病卧床不上朝,其弟彭城王刘义康害怕一旦文帝驾崩,朝中无人能制服檀道济,特矫诏他入宫,以谋反罪将他及儿子并亲信杀死。当时,城中百姓唱歌谣说:“可怜白浮鸠,枉杀檀江州。”檀道济看到刘义康等逮捕他,愤怒气盛,目光如炬,将头冠脱下摔在地上大声喝道:“乃坏汝万里长城!”后来,魏人听说檀道济被杀,都欢欣鼓舞地说:“道济已死,吴子辈不足复惮!”从此,每年都兴兵南侵,有饮马长江、侵吞南朝之志。元嘉二十八年(451),魏军到了长江北岸的瓜步山,刘义隆登上石头城,“望色甚忧”,他十分后悔地叹息说:“若道济在,岂至此!”

李竟成志在共和

20世纪初,在古老的中国大地上,爆发了一场埋葬封建王朝的大革命,农村青年李竟成从一名热血青年成长为一名将军,为镇江的和平光复及江浙联军攻下南京作出了杰出的贡献,给历史留下了光辉的一笔。

李竟成,原名良波,生于1881年,丹徒县大路镇人。他少年时代曾与赵声同学,接触民主革命思想,1906年投笔从戎,参加南洋陆军第九军第十七协第三十三标,不久加入同盟会。1911年2月,他奉总指挥赵声之命到达香港,协助赵声策划广州起义。4月27日,起义爆发,由于敌我双方力量悬殊,不久失败,许多革命者倒在敌人的枪口下,有72人葬于黄花岗,这就是著名的“黄花岗七十二烈士”。起义失败后,赵声不幸逝世,李竟成强忍悲痛,为他料理后事,并发誓继承烈士遗志，一定要推翻满清政府，建立民主国家。他“纠集同志，重新组织”，准备再次发动武装起义。

1911年10月10日，武昌起义爆发。李竟成奉同盟会中部总会命令，回镇江策动革命。他率领十余名敢死队员住在镇江三益客栈内，并在此建立了秘密革命机关。

镇江历来是兵家必争之地，清政府在镇江的防守十分严密，仅驻军就有：新军、水师营、巡防营、陆军警察大队、绿营兵、四大要塞炮兵、京口驻防等。武昌起义爆发，副都统载穆加强戒备，派兵日夜巡逻，各炮台都十分警惕，旗兵甚至将过山炮架在南城门上，随时准备对付“变故”，形势非常严峻。李竟成把个人生死置之度外，利用自己是本乡人这一有利条件，用动员签名的方式把商、学、军、警等各方面倾向革命的人士团结起来，共同为光复镇江奋斗。

李竟成首先联系新军三十五标、三十六标管带林述庆、章祖衡，继而争取海军虎威、建威两军舰官兵，随后派员做陆军警察分队的工作，接着策动象山炮台、驻防京岘山的巡防第五营、驻瓜洲的水师和驻镇江的新水师参加起义。策反工作紧张进行时，清政府又将张勋部下的江防营从南京调来镇江，专门保护铁路。这支部队的到来，对起义造成极大的威胁。李竟成通过细致的调查，了解到该营管带刘德贵和哨官林泽英曾是袁义保标统的手下军官，而袁义保的两个弟弟袁耀楣、袁佐良正为光复镇江工作。李竟成即请袁氏兄弟二人前去做说服工作。刘德贵、林泽英看到清政府大势已去，人心倾向革命，表示愿意参加起义。至此，镇江驻军除旗兵外，基本上全部同意参加起义。

策反工作顺利进行，但起义经费却成了难题，李竟成十分着急，如果经费筹措不到，整个起义就将功败垂成。11月5日，他带着堂兄弟李良庚和一名姓杨的敢死队员，身藏手枪炸弹，乘轿先后闯进裕宁、裕苏两家银号，直接找到经理，要求他们资助起义。两位经理深明大义，同意各出5万元，并答应送到三益客栈。10万元按时送到，起义经费的难题迎刃而解。

革命力量占压倒优势,镇江光复指日可待。李竟成并不满足,他仍在加紧工作,希望从政治上彻底瓦解敌人,做到不费一枪一弹,不伤一兵一卒,和平光复镇江,使镇江这座古老而美丽的城市免遭战争劫难。这表现了一个革命者超人的胆略,更倾注了他对家乡父老的爱。他还亲自出面召集各界代表杨振声、吴泽民、于立三、魏小圃等进行商议,请他们做常镇道林景贤等官员和京口副都统载穆的劝降工作。在强大的压力面前,林景贤等同意交出权力,载穆本欲率旗兵顽抗,但当他调动巡防营和各炮台不灵时,自知大势已去,只好答应在保全旗人生命财产安全的前提下,缴械投降。

11 月 6 日晚,李竟成在三益客栈机关总部召开紧急会议,最后检查起义的准备工作。会议决定成立军政府,建立民军和起义军大本营,推举林述庆任镇江军政府都督兼总指挥。

11 月 7 日,革命机关从三益客栈移至京岘山,林述庆所属新军 5 个营亦先后集中到京岘山。李竟成向新军发表演讲,说明起义是为了推翻满清政府,“要由君主变为民主”。接着,林述庆宣布成立军政府,建立民军。全体将士剪掉辫子,左臂缠上白布条,作为起义的标志。同时,象山、焦山、都天庙、圌山等炮台都举起了义旗。随后,林述庆以军政府的名义向载穆发出照会,限旗兵即刻投降,缴出武器。

11 月 8 日中午,李竟成率领士兵进城受降。午后 1 时,林述庆都督率大队人马入城,全城百姓列队欢迎,高呼“光复万岁”。镇江宣告光复。10 日,镇江成立军务部,李竟成任军务部长,负责管理原镇江各处驻军和大江南北各地起义军的联络事宜。

镇江在走向共和的变革中,兵不血刃,不费一枪一弹,使千年古城逃过了战争劫难,人民也不再受战争之苦,这是李竟成艰苦细致的策动工作的结果,他为光复镇江所作的贡献将永载史册。

在光复南京的战斗中,李竟成请缨亲率江北支队(即镇扬联军)进攻浦口,任总司令。浦口系张勋军的弹药辎重基地,占领浦口就是断其军需,扰其军心,使南京一鼓而下。战斗于 11 月 30 日午后打响,一直激战了三天三夜,敌人的抵抗十分顽强,李竟成亲临前线指挥,连续三日未进饮食,后吐血昏倒,被抬下阵地抢救,刚苏醒过来即询问前方战况,并命令士兵将其抬至前线。将士们深受鼓舞,士气大振,人人奋勇争先,终于打败敌军,占领浦口。张勋部狼狈逃窜。李竟成为实现共和又立了一功。

1912年,孙中山任中华民国临时大总统,李竟成被授予陆军少将衔,任陆军第十六师参谋长兼镇江卫戍司令。他任职期间,积极整顿社会治安。当时,社会上流氓恶棍横行,敲诈勒索、强奸民女时有发生,尤其是江边大流氓朱小五子,设堂收徒,被呼为"朱五太爷",罪恶累累,民愤极大,前清政府不敢过问。镇江光复后,群众控告盈门,李竟成嫉恶如仇,将朱小五子等首恶7人绑押游街,在洋浮街斩首示众。尔后,又设计铲除了无恶不作的瓜洲驻军团长边振新,人民群众无不拍手称快。

1915年12月,袁世凯在北京称帝,李竟成非常愤慨,与马锦春、赵念伯、解朝东等7位陆军少将联名通电反袁,遭到袁世凯的明令通缉,只得避居法租界。袁世凯死后,始返镇江。这时,辛亥革命的果实被野心家窃取,许多忠诚革命的仁人志士遭到残杀,他无限伤感,加上他反对个人拥有军队,因此受到排挤,于是愤而辞职,于1916年解甲归田,回到老家丹徒大路镇许弄小桥头村。

李竟成在家乡靠开小窑坊和种芦滩田度日,生活很清苦,但他仍急公好义,敢于与坏人坏事作斗争。东乡群众给李竟成送了一块匾额,上书"乡望所归",落款为"十区十都十图仝敬赠",以示崇敬。李竟成回归故里后,就再也没有离开过,除了为生计劳碌外,日以书法自遣,他曾书写两副对联,一曰:"早岁从戎,誓复润州铁瓮;近年养晦,每思梓里山河。"另一副是:"一轮明月,两袖清风。"对联抒发了李竟成的人生历程和高尚情怀。

1935年,这位丹徒人民的儿子、民主革命的斗士病逝于故乡,终年55岁。现在,他的故居及墓均为县级文物保护单位,他的生平事迹已收入《丹徒县志》及《辛亥镇江将军录》等书中,永传后世。

科学巨子

科学巨子

揭开中国乃至世界科技史，镇江的先辈们有着灿烂辉煌的过去。杰出的科技先驱们，从大到对天体、星象的观察，小到对圆周率的精确计算，都比西方人要早很多年。正是这些孜孜不倦地探索于科学领域的精英，推进了天文、数学、医学、化学、机械制造等各个学科的发展，使中国古代科学技术的许多方面，在当时的世界首屈一指。他们的光辉业绩，将彪炳千秋。

葛洪撰写《抱朴子》

西晋时期杰出的思想家、道教理论家、医药学家葛洪，字稚川，自号抱朴子，世称“小仙翁”。西晋太康四年(283)，他出生于丹阳句容(今句容市)城北卓乡下荫村。他的家庭原系江南豪族，在他13岁的时候，父亲就去世了，又逢西晋“八王之乱”，家境每况愈下。但是，他贫而乐道，少而好学，白天上山砍柴，卖掉后买回纸笔，晚上读书学习，对经书、史书、百家之言，以及“短杂文章”，都广为涉猎。农闲时，他背着书箱，“寻书问义，不远数千里崎岖冒涉”，终于成为一个学识渊博的人。

为了丰富自己的知识，葛洪少年时期不但习文，而且学武，善于弯弓射箭和运用刀、盾、杖、戟等兵器。西晋太安二年(303)，张昌、石冰在扬州起义。年方二十的葛洪募集“义军”数百人，直接参与了平息石冰起义被的战事。因为破石冰有功，升任伏波将军。石冰起义被平息后，葛洪返回故里。葛洪在青年时代，曾周游于河南、湖北一带,“搜求异书,以广其学”。大概在广州期间,他认识了南海太守鲍玄,跟随他学习“神仙方术”,还和鲍玄的女儿结了婚。

不久,葛洪又回到故乡。东晋政权建立之后,他被封赐关内侯,担任过州主簿、司徒、谘议参军等不高的官职。后来,葛洪听说交趾(今越南)出产丹砂(炼丹的主要原料),就请求到勾漏县(今属广西)做县令。皇帝认为葛洪资望很高,而县令的职位太低,没有同意。葛洪再一次请求说,我不是以此为荣,而是因为那里有丹砂的缘故,终于得到了皇帝的同意。他第二次南行,经过广州,被刺史邓岳盛情挽留下来。但是,葛洪“望绝于荣华之途,而志安于穷圮之域”,无意于做官,便选择在广州东面的罗浮山修道炼丹。他“在山积年,优游闲养,著述不辍”,直到逝世,终年 81 岁。传说葛洪死的时候面色如生,身体柔软,举尸入棺,轻如空衣。于是,道徒们都称他是“尸解得仙”了。

葛洪“博闻深洽,江左绝伦”,一生著述很多,堪称“总百代之遗篇,究九丹之秘术”,其代表作品有《抱朴子》、《金匮药方》、《肘后备急方》和《西京杂记》、《碑颂诗词》等。《晋书》赞誉他“著述篇章,富于班马(班固和司马迁)”。葛洪是著名的道教理论家,也是道教改革家。他既具有愤世嫉俗的儒学“异端”思想,又有原始道教派生的神仙方术思想。他一方面把道教术语用到金丹、神仙的教理上去,一面又坚持儒家的名教纲常思想,强调道教要以忠孝、和顺、仁信为本,这就把神仙方术与儒家纲常名教结合起来,从而使道教教义更具有理论色彩。

葛洪也是一位著名的炼丹术家(化学家)。《抱朴子》共 70 卷,其中内篇 20 卷,论述了战国以来神仙家的理论,内篇“金丹”、“仙药”、“黄白”3 卷,记载了炼丹的方法,是我国现存年代比较早且又比较完整的一部炼丹术著作;外篇 50 卷,主要是政论性著作。

葛洪炼丹的目的是要得到长生不老之药,无疑这是极其荒谬可笑的,其目的当然难以达到。但是,长期的炼丹实践使他记录和总结了不少朴素的化学知识,为近代实验化学做了奠基工作。

葛洪在《抱朴子》中明确指出，煅烧红色的丹砂，可以游离分解出水银，使水银和硫磺化合，生成黑色的硫化汞。在密闭的状态下，加热黑色的硫化汞，可以升华成赤红色的晶体硫化汞（就是还丹）。他把这两个反应的关系总结概括起来说："丹砂烧之成水银，积变又还成丹砂。"这实际上已经把化学反应的可逆性问题提出来了。

葛洪在炼丹过程中所用的矿物也比前人增加了许多种类。早期炼丹家常用的药物有 8 种，《抱朴子》中谈及的药物已经增加到 20 种，说明当时人们研究的矿物范围有了扩大。

葛洪对医学也颇有研究，是一位著名的医药学家。《抱朴子》记载了不少植物药的性能和作用，比如用常山治疟疾、麻黄治咳喘、大黄泻下、密陀僧（氧化铅）防腐、赤石脂收敛、松节油治关节炎，以及用雄黄和艾草消毒等，都是有相当疗效的。

葛洪晚年在罗浮山曾著有《金匮药方》100 卷。后来，为了便于携带，就摘录书中主要实用部分，缩编为《肘后救猝方》3 卷，经后人增补，留传到现在，就是《肘后备急方》8 卷。《肘后救猝方》所收录的药方，大都选用易得、有效、价贱的药物，而且使用起来也颇为方便。书中还记载有热熨、蜡疗等简便易行的治疗方法，以及用大豆、牛乳、羊乳治疗脚气病的方法。他对许多传染性疾病比前人有了进一步的认识，是我国详细记述天花最早的人。葛洪对肺结核病的传染性也已经有比较深刻的认识，明确指出，患肺痨病的人"死后复传之旁人，乃至灭门。觉知此候者，便宜急治之"。他还谈到了马鼻疽和沙虱（恙病）等传染性疾病的产生和治疗，与现今的认识基本一致。特别值得一提的是，《肘后备急方》中讲到治疯狗咬伤的药方，已经初步体现了近代免疫学的思想。他对内丹术也有研究，是现代气功疗法的导源。他在医学上的许多发现，早于西方医学家 1 500 多年。

何承天造《元嘉历》

南朝宋元嘉二十二年（445）正月初一日，刘宋政权颁行了御史中丞何承天创制的《元嘉历》。这部新历作为我国古代的名历之一，自宋经齐至梁武帝天监八年(509)才被祖冲之的《大明历》代替，前后颁行使用65年。《元嘉历》后来传到日本，自日本推古十二年(604)起，在日本颁行了88年之久。

何承天，祖籍东海郯(今山东省郯城以北)，其先世在晋永嘉年间便随琅邪王司马睿南渡到江南。西晋亡后，司马睿被推戴为晋皇帝，都建业，乃于京口(今镇江市)侨置徐州、兖州，统辖侨郡南东海等。南东海统辖4县，郯为其中之一。何承天出身东晋官僚家庭，5岁丧父，由母亲徐氏教育成人。他的母亲是东晋秘书监、著名学者徐广的姐姐，聪明博学，因此何承天从小就受到了良好的家庭教育。他年轻时刻苦学习，儒史百家，无所不览。成年后，他随叔父宦游益阳(今属湖南省)，不久被荐为南蛮校尉参军。隆安四年(400)，他避祸返益阳，随舅父徐广研究天文学。义熙时，他又出仕，任征虏参军。东晋末，官至宛陵(今安徽省宣城市)令。

刘宋时期，何承天任衡阳(今属湖南省)内史，后任著作左郎撰国史，太子率更令著作如故，官至御史中丞。他"性刚愎不能屈意"，"与士人多不协"，晚年以事免官，卒于家，享年78岁。

何承天一生博学多才，在哲学、天文学、音韵学、史学上都有出色的造诣。宋书评之为"博而笃"。

何承天是坚持无神论思想的学者。他曾支持僧人慧琳贬抑佛教的《黑白论》，著《达性论》，抨击佛教的迷信因果报应之说，指出"生必有死，形毙神散，犹春荣秋落"。他的看法，对无神论思想家范缜有所启发，范缜在《神灭论》中阐述"形神一体"之说时，就汲取了何承天的部分思想。

何承天任太子率更令后声望日著，宋文帝刘义隆很看重他的才学。《何衡阳集》附录《本传》中说："承天博见古今，为一时所重"，"时(文)帝每有疑议，必先访之"。《本传》曾记载这样一件事：宋文帝刘义隆命张永开挖玄武湖，挖出一座古墓，在墓上发现一个有柄的斗。刘义隆想了解它的历史，遍问朝臣，只有何承天才能说出它的出处。原来王莽在三公死亡时,都曾赠以一对威斗,此即王莽之物。何承天又指出当时三公之中仅甄邯家在江南,因此进一步判断所挖即为甄邯之墓。随即又从墓中掘出铜斗一个,并有一块石碑,刻有"大司徒甄邯之墓"的铭文,从而证实了何承天的判断。从此,大家都很敬佩他的学识。

刘宋初年沿用曹魏时期杨伟造的《景初历》,自魏明帝景初元年(237)使用以来,已有近200年历史。由于使用年久,加之此历也存在缺点,误差越来越明显。何承天的舅舅徐广曾撰《七曜历》,并积累了40余年对日月五星观测研究的资料。何承天自幼即向舅舅徐广学习历数知识。徐广去世后,他结合自己对天体多年不断观测所获,参阅上古的天文记录,加以比较和分析,经过严密的计算,得出了岁差每100年差1度的结论,比东晋天文学家虞喜所得的岁差数值更为准确。在此基础上,何承天创"定朔法",于元嘉二十年(443)制成《元嘉历》,使日月食必在朔望出现。《元嘉历》有许多创造发明,是我国古代的名历之一,被郭守敬列为历代最有创造性的13家历法之一。阮元在《畴人传》中评论说:"承天术胜于前者三事:欲用定朔,一也;考正冬至日度,二也;春秋分晷影无长短之差,三也。至其创立强弱二率,以调日法,由唐讫宋,演撰家皆墨守其说而不敢变易,可谓卓然名家者。"

何承天在完成他的历法以后,便进呈给刘宋朝廷。宋文帝刘义隆颇为赞赏,认为"殊有理据",并交历官检验。当时的太史令钱乐之、兼丞严粲经过检验后复旨说:据元嘉十一年(434)、十三年(435)、十四年(436)、十五年(437)、十七年(438)的观测记录,"凡此五食,以月冲一百八十二度半考之,冬至之日,日并不在斗二十一度少,并在斗十七度半间,悉如承天所上"。又以元嘉十一年以来10年所测冬至影长,"寻校前后,以影极长为冬至,并差三日。以月食检日所在,已差四度。土圭测影,冬至又差三日。今之冬至,乃在斗十四间。又如承天所上"。对于冬至之点的位置和冬至日期所作检验的结果,都证实了何承天的推测是正确的。这就从实践上确立了

《元嘉历》的优势。元嘉二十二年(445)春正月辛卯朔改用何承天《元嘉历》。然而,《元嘉历》首先提出使用定朔来定大小月,这原本是进步的主张,但钱乐之和严粲的思想都较为守旧,主张仍用旧法。员外散骑郎皮延宗也反对这一改革。何承天革新思想得不到支持,只能妥协,仍用平朔。定朔算法虽然到唐代才真正实行,但何承天创始之功是不能埋没的。何承天还提出"今既改用《元嘉历》,漏刻与先不同,宜应改革"。刘宋朝廷接受了他的建议。

何承天精通音律,他把用"三分损益律"计算乐器各音后出现的差数,按长度平均为十二分,累加到十二律管上,为明代音乐家朱载堉发明"十二平均律"奠定了基础。

何承天在任著作郎时,参与编写《宋书》,撰成《武帝纪》、《天文志》、《律历志》等,以科学求实的态度,为后人留下了有关南朝宋的天文、律历等史料与文献。此外,他还著有《春秋前传》、《春秋前杂传》,表现了研究领域的广泛,以及为学务求博通的精神。在南朝学者中,他以多才多艺而著名,有"才子"之誉。明人将其著作辑为《何衡阳集》。

祖冲之更古创新

祖冲之是我国南北朝时期雄踞于世界之巅的科学巨星,在数学、天文、机械等方面,都作出了重大贡献。

祖冲之,字文远,祖籍范阳遒县(今河北省涞水县北),生于南朝宋元嘉六年(429),卒于南齐永元二年(500)。在西晋末年战乱中,其先辈已举家迁居丹徒县西乡京口里。他"省稽古,有机思",以惊人的毅力专攻数术(数学),搜练古今,博采众长,年纪不大,便博学而有名气了。

祖冲之于宋孝武帝大明五年(461),在宋朝皇族、南徐州刺史刘子鸾属下任南徐州(今镇江市)从事史、司徒府的公府参军。他的两项最重要的成就"圆周率"和《大明历》都是在南徐州担任幕职期间完成的。据《宋书·律历志》载:大明六年(462),南徐州从事史祖冲之上表要求颁行《大明历》。《隋书·律历志》中载："宋末，南徐州从事史祖冲之更开率法"，算出了当时世界上最精确的圆周率。

祖冲之像

祖冲之年轻的时候没有上过什么学校，也没有得到过名师的指点。但是，他学习非常刻苦勤奋，尤其对天文、数学怀有浓厚的兴趣。他广泛搜集，认真阅读了前人关于天文、数学等方面的浩繁著述，却从不盲目接受，而是经常"亲量圭尺，躬察仪漏，目尽毫厘，心穷筹策"，进行精确的测量和仔细的推算。这样，他就能常常发现和纠正前人的一些错误，取得了不少煌辉的成就。他对圆周率的研究，便是一个突出事例。

魏晋时期的数学家刘徽在《九章算术注》中创立"割圆术"，推算得到圆周率等于3.14的重要成果。在当时，这是一个相当精确的数据。但是，祖冲之不满足于前人的成就，决心攀登新的高峰。他通过长期刻苦钻研，反复测算，终于求得了精确度更高的圆周率近似值。一是计算出圆周率在3.141 592 6与3.141 592 7之间，从而在世界上第一次把圆周率的推算准确到小数点后7位。在国外，直到1 000年以后，15世纪的阿拉伯数学家阿尔·卡西才将圆周率计算到小数点后16位，打破了祖冲之的纪录。二是明确指出了圆周率的上限和下限，用两个高准确度的固定数作界限，精确地说明了圆周率的大小范围，这在当时是前所未有的。三是提出约率22/7和密率355/113。这一密率值是世界上第一次提出，所以有人主张叫它"祖率"。在欧州，德国人奥托和荷兰人安托尼兹得到这一结果，是在1 000年后的16世纪。

刘宋时期，使用的是何承天编制的《元嘉历》。祖冲之经过观察研究，认为它还不够精密，并有一些错误，就着手"更创新历"。他经过刻苦的计算和观察，于宋孝武帝大明六年(462)编成《大明历》，这时他才36岁。

《大明历》是当时比较先进的历法，其中有不少创造。首先，《大明历》最早把"岁差"引进历法。所谓"岁差"，是指春分点在黄道上的西移。由于日、月和行星的吸引，地球自转轴的方向发生缓慢而微小的变化，因此从这一年的春分到下一年的春分，从地球上看，太阳并没有回到原来的位置，而是岁岁后(向西)移。由于春分点移动，二十四节气的位置也在动。岁差现象最早是由东晋天文学家虞喜提出的。祖冲之通过长期亲身观测，证实了岁差的存在，并且首先把岁差纳入历法的计算中。

《大明历》的另一项重要改革是修改闰法。古人为解决阴历比阳历每月短少1天的问题，曾使用"闰月"法。古代历法家在阴历19个年头中插入了7个闰年。闰年比平年多一个月。这种闰法沿用了1 000多年。公元412年，北凉赵𢾺创作《元始历》，改为600年中插入221个闰年。祖冲之发现19年7闰的闰数过密，每200年就要差一天。而赵𢾺的闰法又太稀。于是，他提出391年内插入144个闰年的办法，疏密得宜，误差很小。

祖冲之不仅在历法上进行了上述两项重大改革，而且在其他方面也取得了出色的成就。比如，在历法计算中第一次引入了交点月。所谓交点月，是月亮沿白道(月亮在地球轨道上运行的路线)运行的时候，由一个黄白交点(黄道是太阳在天球轨道上运行的路线，黄白交点是黄道和白道的交点。他推算出一交点月点就是黄道和白道的交点)环行一周的时间。他推算出一交点月是27.212 23日，和现代数据27.212 22日相差不到一秒钟。由于日食和月食都发生在黄白交点附近，准确求得交点月，就可以准确预测日月食。此外，祖冲之测定木星的公转周期和现代测定值很接近。在《大明历》中，还给出了太阳系五大行星的会合周期，其中水星和木星的会合周期也接近现代的数值。

《大明历》编成之后，祖冲之上表给刘宋孝武帝，请求准予颁行，但遭到了以戴法兴为首的顽固派的竭力反对。对此，祖冲之以渊博的知识和丰富的实践经验对戴法兴的种种谬论逐一进行了驳斥，这充分表现了他追求真理的科学精神。由于戴法兴等人的顽固阻挠，在祖冲之生前，《大明历》始终没有能够施行。祖冲之死后，经过他的儿子祖暅的努力，《大明历》终于在梁武帝天监九年(510)正式颁行。这已经是《大明历》编成以后近50年的事了。

祖冲之的数学著作有《缀术》和《九章术义注》。他对球体积的计算、开差幂和开差立(即二次、三次代数方程求解正根)等亦有深入研究。《隋书》卷十六在讲了祖冲之对圆周率的贡献后说："又设开差幂、开差立，兼以正圆参之，指要精密，算氏之最者也。"

祖冲之的儿子祖暅在我国数学史上第一次导出了正确的球的体积公式。国外在1 000年后才由意大利数学家卡氏列利提出。

在机械制造方面，祖冲之于刘宋末年受命重造指南车，以铜制机件传动，车成后进行试验，"其制甚精，百屈千回，未尝移变"。齐武帝时，他设计制造了水碓磨(利用水力加工粮食的工具)。他又曾"以诸葛亮有木牛流马，乃造一器，不因风水，施机自运，不靠人力"，但以什么为动力，没有记载。祖冲之还制造过一天能行百里的千里船和计时器、欹器(古代的一种巧器，原为灌溉用的汲水陶罐)，都很精巧。

祖冲之长期做谒者仆射，掌管朝廷礼仪方面的事，后来还兼领长水校尉，掌管联系少数民族的工作。他"造《安边论》，欲开屯田，广农植"，当时的齐朝统治者也表示支持，打算让他"巡行四方"，兴办某些事业，由于连年战争，"事竟不行"。不久，他就抱憾而终。

陶弘景注"本草经"

山中何所有？岭上多白云。
只可自怡悦，不堪持与君。

这是陶弘景回答齐高帝萧道成诏书的诗作。作品通过回答天子的问题，表白了自己的清高。他博学多才，具有“一事不知，深以为耻”的钻研精神。梁武帝萧衍早年曾与他交游，即帝位后，屡次礼聘他出山，他都不肯，但国家每有大事，梁武帝总要临山咨询，当时朝野都尊奉陶弘景为“山中宰相”。所以，有联句称茅山是“秦汉神仙府，梁唐宰相家”。

陶弘景像

陶弘景，字通明，自号华阳隐居，生于宋孝武帝孝建三年（456），丹阳秣陵（今南京市）人。他自幼即有异操奇志，由于家境贫寒，买不起纸笔，年仅四五岁时便以荻为笔，画灰学书。10岁即借书阅读，能诵习前人经籍，吟咏诗赋，尤善棋琴，并通书画，年轻时即颇有盛名。他曾在齐高帝时为相，任诸王侍读、左卫殿中将军。齐永明十年（492），36岁时辞官，自称“丹阳布衣”，隐居句容茅山，搜集整理道经，创立茅山派，修道炼丹，寻访仙药。由于他出生在南朝宋，仕于齐，隐于先齐后梁，可谓三代元老，朝廷多次征召，名臣沈约累书相请，但他都坚决不肯应召。曾画两牛，一牛散放于水草之间，一牛戴金笼头，其后一人执鞭以杖驱之，以此赠于梁武帝萧衍，以明其志。但朝廷每有吉凶征讨大事，仍派人前往咨询，每月都有数信往来，时人就冠以“山中宰相”之名。他也确实为萧梁王朝谋划过重要决策。一是齐末，雍州刺史萧衍起兵攻入建康后，他以“水丑木”为“梁”之图谶，遣弟子戴猛之假道奉表，促进萧衍坚定废齐建梁的决心。二是在梁武帝中大通初年（529），特制两把宝刀献给朝廷，其一名善胜，其二名威胜，寓意朝廷治国平天下,一要施以善政,二要增强实力。他提出的这些良策,使梁武帝萧衍深受感动。梁武帝大同二年(536),他逝世于句容茅山,享年81岁。

陶弘景既是政治家、道教思想家,又是医药家。当时,我国医药知识已有很大发展,新的药物不断出现,人们对原有的药物也有了一些新认识。陶弘景发现《神农本草经》因为辗转传抄,药味时有增减,产生了不少错误。于是,他对《神农本草经》中原有的药物仔细地做了整理和校订,并且结合自己的临床经验,把新的用途以及不同的记载,进行了一一鉴别和补充。同时,他又汇集汉、魏以来医家发现而没有载入《神农本草经》的365种药物,写成《名医别录》一书,也作为《本草经集注》的一部分。

《本草经集注》共收药物730种,比《神农本草经》增加了一倍,这是我国药物学的又一次大整理、大提高。陶弘景在自序中说:"隐居先生在乎茅山之上,以吐纳余暇,游意方技,览本草药性,以为尽圣人之心,故撰而论之。……精粗皆取,无复遗落,分别科条,区畛物类,兼注明时用土地所出,及仙经道术所需,并此序合为七卷。"可见,他的整理工作细致周密,倾注了很多心血。他独创一种药物的分类方法,即按照药物的天然来源分成玉石、草木、虫鱼、禽兽、果菜、米食等六类。这种分类方法,具有一定的科学性,在我国药物学上具有较大影响。我国第一部药典《唐新修本草》基本上是按照这个方法来分类的。他还把一些当时未经实践验证的药物归入第七类,即"有名无用"类,以利于澄清人们在药性认识上的混乱。《本草经集注》在药物的性味、效用以及形态、采集、鉴别等方面也有了新的论述。书中还介绍了特效药物,如槟榔治疗"寸白"(绦虫)、菌陈治黄疸、栝楼治消渴(糖尿病)等。这些药今天仍然在中医临床上使用。《本草经集注》首创了根据疾病来对药物进行分类的方法,开列了各种病的通用药,为医家临床开方提供了便利。《本草经集注》规定了丸、散、膏、丹、汤、酒的制作规程,统一、细分了秤量药物的斤两标准,在我国本草发展史上做了许多影响深远的工作。

陶弘景在多年丹鼎生活中发展了无机化学知识。他明确说明胡粉是“化铅所作”，黄丹是“熬铅所作”，都是人工制造出来的。在谈及消石的时候，他指出：“以火烧之，紫青烟起，云是真消石也。”这里的真消石显然是硝酸钾。这个方法和近代化学用以鉴别钾盐和钠盐的火焰分析法是相同的。

陶弘景还是记述我国古代灌钢冶炼方法的第一人。他著有《古今刀剑录》一书，记录了自夏禹到梁武帝萧衍时期历代所铸著名刀剑的数目，并对每一把刀剑的名称、长短、铸造原料和过程以及铸刻在刀剑上的铭文，都作了详细的记叙。这对研究我国的冶炼史和刀剑史有很大参考价值。

苏颂创制新仪象

在中国历史博物馆“中国通史陈列”展览厅中，陈列着两台巨型天文仪器的复制模型：浑仪和浑象。它们是根据800年前，北宋一部书中的附图和说明文字复制而成的。这部书就是闻名于世的《新仪象法要》，是北宋五朝重臣、一代贤相，著名科学家、博物学家、药物学家苏颂定居镇江之后所著。

苏颂，字子容，宋真宗天禧四年（1020）十一月二十三日诞生于北宋泉州同安县（今福建省福州市同安镇）芦山堂。他的父亲苏绅是宋仁宗时有名的文学侍臣，历官史馆修撰，知制诰、翰林学士、龙图阁学士，去世后“葬润州丹阳”。苏颂10岁时便随父赴京，父亲去世后，迁居润州，故为润州丹徒人。他自幼聪颖好学，于庆历二年（1042）中进士，“天性仁厚”，“器局闳远”，富有政治才干，从政50年，曾历任各级地方官，又在朝廷任集贤阁校理、知制诰、太中大夫兼吏部尚书、刑部尚书，元祐七年（1092）入阁拜相，任左光禄大夫守尚书、左仆射中书侍郎（丞相）。苏颂虽然位极人臣，但是“虽贵，奉养如寒士”，博闻强识，皓首穷经。他在朝廷集贤阁任校勘、集贤校理9年间，有机会博览皇家藏书，潜心研究，以至于经史、九流、百家之说，至于图纬、律吕、星官、算法、《山经》、《本草》，无所不通，对历朝典故特别详练。后来，在谏官的攻击下，他“上章辞位，罢为观文殿大学士充集禧观使，出知扬州，徙河南，辞不行，告老，以中太一宫使居京口”。元祐八年(1093)，他住在京口化隆坊，专门从事《新仪象法要》一书的撰写工作，绍圣三年(1096)完成全书。这是一部代表11世纪中期我国天文学和机械制造业杰出成就的重要著作。绍圣四年(1097)，朝廷封他为太子少师，进太子太保。四年后，他就去世了，享年82岁，赠司空、魏国公，谥“正简”。他死后，葬丹徒县五洲山。

仁宗嘉祐年间，苏颂曾奉命整理校订以前的药书。于是，他组织一批医官和文臣于嘉祐二年(1057)首先完成了《开宝本草》的增补工作，称为《嘉祐补注神农本草》。稍后，苏颂又编著了我国古代有名的《本草图经》，共收药物1 082种、药图933幅，附有500验方。《本草图经》叙述了药性、产地、炮制、鉴别等内容，提出栽培方法不同、移植地方不同、炼制方法不同等对药用效果的差别，阐述了多种化学物质如海盐、池盐的生产操作方式及铅、汞、薰香、阿胶制备等内容，详细记载了铁、汞、铜、银、石棉的产地、形态、光泽、硬度、颜色、功用等。

苏颂的重要功绩是继承和发扬了汉唐以来天文学上的重要成果。元祐元年(1086)，他奉命检验太史局的浑仪时，想到应有演示天象的仪器和浑仪配合使用。在向宋哲宗赵煦报告检查情况时，提出建造水运仪象台的设想：把浑仪、仪象和报时装置结合在一台仪器上，利用水力作推动的动力，当即获得批准，并由他主持建造。他提出了制作原理和设计方案，韩公廉写出书面设计计划《九章勾股测绘浑天书》1卷，然后另作模型进呈赵煦，经批准，于元祐三年(1088)创制了一座杰出的天文计时仪器——水运仪象台，设在当时的京城开封。水运仪象台的制成，体现了我国古代机械工程技术的卓越成就。

苏颂主持创造的水运仪象台，是11世纪我国杰出的天文仪器，也是世界上最古老的天文钟，国际上对它评价很高。它的主要贡献是：(1) 为了观测方便，它的屋顶做成活动的，这是今天天文台圆顶的祖先;(2) 浑象一昼夜自转一圈,不仅形象地演示了天象的变化,也是现代天文台的跟踪机械——转仪钟的祖先;(3) 苏颂和韩公廉创造的擒纵器,是钟表的关键部件,因此,它又是钟表的祖先。这架仪器中有许多在当时处于世界领先地位,现仍为中外科技史专家所叹服。英国著名科技史专家李约瑟认为:"苏颂把时钟机械和观测用浑仪结合起来,在原理上完全成功,因此可以说,他比罗伯特、胡克先行6个世纪,比方和斐先行了7个半世纪","苏颂是中国古代和中世纪最伟大的博物学家和科学家之一。他是一位突出的重视科学规律的学者"。

苏颂和韩公廉在创制水运仪象台的同时,还编写了《新仪象法要》一书,全书分3卷,分别详细介绍了浑仪、浑象和水运仪象台的设计和制作情况,所绘的5幅星图是中国最早的全天星图,共绘星数1 464颗,而欧州至14世纪观察到的星数也仅1 022颗。这部书还附有这三种天文仪器的全图、分图、详图60多幅,图上有机械零件150多种。这是我国现存最早,也是最珍贵的一套机械设计图纸。

苏颂科技成就卓著,涉及天文、机械、医药等学科。他是中国古代唯一官拜丞相的科学家,也是世界上伟大的科学家。

沈括著述梦溪园

溪水潺潺入郑湖,花如覆锦满平芜。
梦中山水萦情处,沈括风流绝世无。

这是清代镇江诗人戴守梧《京口竹枝词》中写梦溪园的一首诗。镇江市梦溪园巷内,有一座古朴典雅的建筑,这就是我国北宋时代伟大科学家沈括晚年定居镇江时的故居——梦溪园。

沈括,字存中,生于北宋天圣九年(1031),杭州钱塘人。因父荫得任沭阳县主簿,仁宗嘉祐八年(1063)中进士,历任馆阁校勘,太子中允、检正中书刑房、提举司天监。他曾负责改制浑仪、景表、五壶浮漏等仪器,招卫朴造《奉元历》,擢知制诰,兼通进银台司。熙宁八年(1075),他出使辽国,力斥辽国统治者夺取土地的阴谋。他是王安石变法运动的中坚人物,受到王安石的信任和器重,担任过翰林学士、权三司使,负责管理全国财政。熙宁九年(1076),王安石变法失败,沈括被贬官,于元祐三年(1088)定居润州,住了整整8年。

据史志记载,沈括的住所坐落在"丹徒县朱方门外子城下",南接乌凤岭,故址就在镇江市正东路东门坡严氏宗祠附近。那里原来有一条小溪,沈括将这条小溪称为梦溪。他还建筑了一座美丽的花园,取名为梦溪园。

有关"梦溪",沈括曾在《自志》中讲述了它的由来。他"三十许时,尝梦至一处,登小山,花木如覆锦,山之下有水,澄澈极目,而乔木翳其上,梦中乐之,将谋居焉。自尔岁一再或三四梦至其处,习之如生平之游。"他第一次贬官到宣州时,听到有人说起润州有一处田园出售,便以三十万钱买了下来,可是因为冗务缠身,一直没有亲自看过。第二次贬官到随州,他经过庐山,还盖了一幢房子预备终其天年。可是,他在元祐元年(1086)经过润州去看9年前买的田园时,才"恍然乃梦中所游之地"。他感叹地说:"吾缘在是矣!"于是,弃庐山之居,"筑室於京口之陲。巨木蓊然,水出峡中,渟滢杳缭,环池之一偏者,目之'梦溪'"。

梦溪园的园地大约有10亩左右,环境僻静,景色宜人。沈括的居室,簇拥在花木丛中,室的西端花竹环绕着,是他日常休憩所在的壳轩。轩下有花堆阁,花堆尽处有茅舍,叫"岸志堂",堂后有苍峡亭。从阁中俯瞰,只见一派绿油油的田野,临亭下望,就是潺潺的梦溪。花堆的两头是丛丛簇簇的修竹,叫"竹坞"。有墙围绕住的尖端,叫"杏咀"。篁竹深处,有宴游所在的萧萧堂;竹丛南边的水滨,有轩名叫"深斋"。还有一座高耸的凉亭,叫"远亭"。园内的建筑都相当简陋,但是由于园主人的精心设计和布置,又显得十分幽雅。宋代诗僧仲殊,曾经来过此处,写有《南徐好·沈内翰宅百花堆》一词:

南徐好,溪上百花堆。宴罢歌声随水去,梦回春色入门来,芳草遍池。

沈括住在这里，过的完全是隐居生活。他把陶潜、白居易、李约称为“三悦”，除了读书写作，便在泉上垂钓，或在湖中划船。有时，又在竹林中静坐抚琴。他把琴、棋、弹、墨、丹、茶、吟、谈、酒称为“九客”，这些都成为他的好友了。起初，他的心情是十分抑郁的。一次，他到附近的花山闲逛，作有《花山》诗一首：“老态只应随目至，春心无意与花争”，“嗟我有身无处用，强携尊酒入峥嵘”，直抒心事，嗟叹自己被迫退休、日渐衰老的苦闷心境和不甘闲处的奋斗精神。

沈括不甘寂寞，在梦溪园中专心著述，除写有大量诗文之外，还写成了《梦溪笔谈》、《梦溪忘怀录》、《良方》、《茶论》等著作，学术价值最高的是《梦溪笔谈》。他在《自序》中曾介绍了《梦溪笔谈》的题名：“予退处林下，深居绝过从，思平日与客言者，时纪一事于笔，则若有所晤言，萧然移日。所与谈者，唯笔砚而已，谓之《笔谈》。”沈括将其一生的所见所闻、所研究、所发现、所实验、所制作的许多属于自然科学和人文科学的知识，分门别类，一条条记载下来，编成了《梦溪笔谈》30 卷（现传本 26 卷）。后来，继续有所增补，这就是传世的《补笔谈》3 卷、《续笔谈》1 卷，共计 609 条。其中，自然科学部分要占到半数左右，涉及各个领域，有不少达到或超过了当时世界上最先进的科学水平，如：地磁偏角的发现、数学上的“隙积术”和“会圆术”、指南针的运用、“十二气历”（相当于今天的阳历）的发现、河流侵蚀对地形构成的作用、以古生物化石推断海陆的变迁、光学和声学原理、石油的首先命名及其作用的预言、古代炼钢方法的记载、活字印刷的方法、立体地图的制造等等。尤其可贵的是，沈括在书中称道了布衣毕昇、河工高超、木工喻浩夫妇以及民间历算家盲人卫朴等人创造性的劳动成果，并表达了对他们的高度赞赏。

《梦溪笔谈》还记述了一些关于镇江的“故实”，如金山寺所藏“龙卵”、润州菜园中菜花的病变等，还指出某一书中所记润州掘得的一组晋代玉磬是仿造的假古董、润州地方官鞠真卿首先创造了对违禁者罚款的好办法等等。

沈括在润州住了四年便开始染病；再过一年，人瘦得如枯柴似的。绍圣初(1094),他的身体越来越坏,有一天乘船过江,差一点失足堕落江中。不久,因老病交加,于绍圣二年(1095)在润州黯然逝世,享年65岁。

英国的中国科学史研究权威、剑桥大学教授李约瑟称沈括“也许是中国科学史上最奇特的人物”,而《梦溪笔谈》则是“11世纪的科学座标”。日本数学家三上义夫对照比较了各国优秀的数学家,得出结论:“沈括这样的人物,在全世界数学史上找不到,唯有中国出了这样一个。”日本学者薮内清,西欧学者卡德葛利浦、霍利曼,美国学者席文,苏联学者伏尔达斯基等都对《梦溪笔谈》推崇备至。日本还出版了该书的日译本。我国著名科学家竺可桢说:“我国乃有沈括其人,潜心研究科学,亦是为中国学术史增光。”

计成择居著《园冶》

明清时期是中国古典园林建筑的全盛时期,当时江南一带大量建造私家花园。江南出现了许多专业的造园家,其中最有影响的是明朝的计成。他迁居镇江十多年,写出了世界上最古老的造园名著《园冶》,极受国内外学者的推崇。

计成,字无否,号无否道人,生于明万历十年(1582)。他出身于太湖之滨的吴江,那里是山明水秀、烟波万顷、风光旖旎的江南胜地。苏州、嘉兴一带甲第云屯,名园星布。青少年时期的计成聪明毓秀,性好山水风光、园林名胜,常游乐其中,受其陶冶,留意于古今园林的建筑结构、意境情趣,阅读古人有关园艺的论述,丰富自己的知识。他还喜欢绘画写诗,尤为喜爱五代时长安画家关同、后梁沁水人荆浩的山水画,自己作画时常常取法于这两位画家的笔意。计成曾远游北京一带,后又从京都辗转湖南、湖北、江西等地。“中岁归吴,择居润州”。他认为“环润,皆佳山水”,所以在镇江居住了十多年。镇江山明水秀,人杰地灵,士大夫多于这里筑室置园。著名的园林有东苑、南园、西园,以及刁约的藏春坞,沈括的梦溪园,杨一清的石淙精舍、鸿鹤山庄,米芾的研山园,孙虎臣的孙园,王起宗的王园等等。计成自谓“性好搜奇”，喜爱游于镇江山水之间，曾研究过金山寺和甘露寺的建筑艺术。他常往来于常州、南京、仪征一带，仔细地寻访可以叠堆的山石，胸中藏有千山万壑，再加上诗、书、画艺术的素养，便潜移默化，形成了他别具特色的造园艺术风格。

一个偶然的机会，计成的造园技艺得以初试锋芒。有一天，他路过镇江郊区，在竹木之间，看见一些园林爱好者把形状奇巧的山石叠堆得不伦不类，不禁失声大笑。叠石者诧异地问道：“你笑什么？”他回答说：“叠山之术，有真假之别，为什么你们不模仿真山的形态，却叠成这种象拳状的石头堆呢？”叠石者轻蔑地说：“说得到轻巧，你能这样堆叠吗？”计成二话没说，捋起袖子，当场就堆叠起来。人们只见他东放一块，西堆一角，把散乱的怪石汇集叠在一起，逐渐形成悬崖峭壁之势。围观的人看了都说：“像极了，真似一座佳山。”那班叠石者也赞许地对他说：“真看不出，你竟有如此高超的叠石技艺。”从此，他会造园叠石的名声不胫而走，传遍镇江，驰名大江南北。

当时，武进县有一位吴又予，曾做过江西布政使，正想在家乡建造一座园林，听说计成造园技艺高妙，便请他说：“我打算建筑类似北宋司马光在河南洛阳新造的独乐园，请先生为我筹划行吗？”计成了解到吴又予的园地原是元朝温国罕达的旧花园，地形高低悬殊，势成陡坡，长满参天的乔木，虬枝拂地，便随地取景，依坡叠石，使之高耸入云，又挖土作沟，使之深邃，再配合以古树，上下参差地踞盘山腰，蟠根嵌石，古朴苍劲。他又沿着池沟构造亭台，使之错落有致地映入水中，周围有深奥弯曲的溪壑通幽，高处有长虹般的飞廊衔接，真是匠心独运，“虽由人作，宛自天工”。园林建成后，吴又予赞不绝口地说：“全园虽仅步行四里，但江南胜景，尽收眼底。”此后，达官富豪争相延聘他造园。他出入朱门，留下了许多名园佳作，其中著名的有仪征汪士衡家的园林，与吴又予家所造的园林一样都驰名大江南北。阮大诚在《宴汪中翰士衡园亭》诗中写道：“众雨传花气，轻霞射水文。岩深虹彩驻，淀静藏香粉。讵遣渔舸至，灵奇使世闻。神工开绝岛，哲匠理清章。一起青山痞，弥生隐者心。墨池延鹊浴，风篠泄猿吟。”道光《仪征县志》记载的汪家园林是:园内高岩曲水,极亭台之胜,名公题咏甚多。《仪征县志·园林》记载:荣园,“汪氏筑,取渊明‘欣欣向荣’之句以名,构置天然,为江北绝胜,往来巨公大僚,多宴会于此。县令姜埰,不胜周旋,恚曰:‘我且为汪家守门吏矣’”。

计成在为汪士衡造园的空余时间里,开始总结造园的实践经验,将自己造园的点滴体会撰写下来,题名《园牧》。恰巧姑熟(今安徽省当涂县)曹元甫来仪征汪氏园林游览,对汪氏园林的规划设计赞不绝口,就问计成如此佳园能不能用文字叙述呢?计成便把平日撰写的《园牧》给曹元甫看,曹元甫看后说:“这真是千古无闻的,为什么书叫《园牧》呢?这是你的创造,应当改称为《园冶》才好啊!”计成觉得这个建议很精当,便改书名《园冶》。《园冶》共分3卷、10个部分:一相地,二立基,三屋宇,四装折,五门窗,六墙垣,七铺地,八掇山,九选石,十借景。他提出一个原则:“园林巧于因借。”所谓“因”,是指因势制宜,精心设计,“宜亭斯亭,宜树斯树”,不可拘执一格;如果遇到多年的树木妨碍施工,能让则让,否则删枝留干尽可能地加以保护。所谓“借”,是指借景,对于园林景观不论距离远近,放眼看,“俗则屏之,嘉则收之”。有远借、邻借、俯借、应时而借,不一而足。

《园冶》集我国造园艺术之大成,写前人所未写,确是一部千古不朽之作。《园冶》的诞生,对于我国建筑史、园林史、美术史的研究具有极为重要的研究和参考价值。郑元勋在《题词》中预言《园冶》:“今日之国能,即他日之规矩;安知不与《考工记》并为脍炙乎?”将《园冶》与《周礼·考工记》等量齐观,评价可谓高矣!《园冶》传入日本后,极受重视。日本内阁文库藏有刻本,大村西崖的《东洋美术史》中所谓刘熈刻《夺天工》,即指《园冶》。20世纪初,日本首先援用“造园”为正式科学名称,并尊计成为造园鼻祖。瑞典造园学家奥斯瓦尔得·西润曾三次来中国,对《园冶》十分赞赏,经过他的推介,传入了北欧。国外园林学家一致赞誉《园冶》是世界园林科学最早的名著。

巴玉藻研制飞机

巴玉藻，字蕴华，又字问华，1892 年 8 月 14 日出生于镇江，蒙古族，克什克腾氏。他 14 岁时，由京口八旗中学堂考入江宁江南水师学堂学习掌轮。1909 年，他被选派到英国学习海军，是留英的唯一蒙古族学生。在英国朴茨茅斯学习期间，他和同学王助对当时方兴未艾的飞机制造和驾驶有浓厚的兴趣，经常徒步到距离海军学校 10 英里外的试验场，观看飞机试飞，并曾拜访飞行家波特，乘坐其法门式飞机上蓝天飞行。巴玉藻体察到飞机在未来战争中的重要性，曾上书海军总长刘冠雄，主张以飞机巩固国防，并立志献身我国的航空事业。1915 年 7 月，中国留英海军学生全部毕业。这时，日本军国主义政府野心勃勃，怂恿并支持袁世凯恢复帝制，图谋侵占中国。美国为抵制日本在华势力的膨胀，建议中国政府可扩大派遣生员往美国学习飞机与潜艇驾驶技术。于是，中国政府电令留英海军学生全部转美国学习飞机、潜艇驾驶，巴玉藻便与同学赴美学习。在各位生员中，愿意并能合格学习飞机飞行的仅巴玉藻、王孝丰、王助等 3 人。巴玉藻进美国寇蒂斯航校不久，又考入麻省理工大学飞机制造专业研究飞机制造。航空工程是新兴科学，该校也初创不久。第一期研究生仅 2 人，均美籍；第二期 6 人，中国籍竟占 4 人：巴玉藻、王孝丰、王助和卢维溥（华侨），美国军方 2 人。当时有关航空工程的书籍有限，参考书更少，教授本身所知也不多，研究课题时，指导教授也是与学生们一起探讨。巴玉藻因为学习成绩出众，研究成果卓著，以惊人的勤奋和速度，仅 9 个多月时间便修完全部课程，获航空工程硕士学位。美国各飞机公司争相聘请他任飞机设计师，巴玉藻先后应聘任寇蒂斯公司飞机设计师和詹鲁诺飞机公司总工程师，并被推荐为美国自动机工程学会会员，对美国飞机的设计制造作出了贡献。

巴玉藻身在海外，心系祖国。1917 年底，他看到自制飞机的条件已经成熟，遂与王孝丰、王助筹划辞职回国。美国各飞机公司虽以重金挽留，他仍毅然辞职，决心回到祖国制造飞机。北洋政府军部派他到福建闽侯马尾船政局任工程师。他再三上书海军部备资制造飞机。开始，海军部对他不够信任，但为他的陈述之情深深打动，拨给专款5万元。在船政局局长陈铿的支持下，他白手起家，迅速建立了我国第一个飞机制造工厂——海军部福州船政局马尾飞机工程处，巴玉藻任主任。

他与同行们历尽艰难，绞尽脑汁，反复试验，终于在1919年8月造出了我国第一架军用飞机，即甲式一型双翼双桴水上教练机。飞机造出来了，好不容易才找到了一位俄国勇士，把飞机升上蓝天，可是绕闽侯马尾上空试飞将满一周时，突然机身中断堕毁，勇士殒命。

他从失败中总结教训，找到了新路，终于在1920年造出新的甲式二型教练机。多天后，从南洋来的一位爱国华侨青年，以飞行机师应聘为试飞员。甲型飞机在天空中平稳地飞行数周，安全落地。此后，他与战友们，用全副精力研制新机，共造出12架飞机。巴玉藻曾自豪地说："在万国航空展览会所看到的各国木质飞机，实在没有什么比我们强的地方。"外国飞行家也认定，中国制造的飞机质量、效能均不亚于当时欧美的飞机。

日本帝国主义者对此事顿起觊觎之心，竟秘密派人以重金、爵位为诱饵来引诱他，但是他不为所动。日本又搬出所谓的"族恨家仇"，即辛亥革命中其父被民军所杀之事来挑拨，但他爱国之志仍不稍懈，严拒日本人的利诱和诓骗，坚持中华民族大义，表现了崇高的爱国情操。

巴玉藻深感要振兴国家，当务之急，不但要制造飞机，而且要育人。他认为中国要强盛，尤其需要造就一代航空工程技术人员，因而在造机的百忙中，又在海军飞机制造处下设了海军飞潜学校。他日夜操劳，制订计划，编写教材，亲自任课，力求迅速培养出一批航空人才。当时，甲班录取了17名，这些学员后来都成了中国的第二代航空工程人才。1939年6月，巴玉藻于福州马尾寓所病逝。

茅以升立志造桥

茅以升，字唐臣，1896 年 1 月 9 日诞生在镇江五条街草巷。茅以升 3 岁随母亲识字，5 岁入私塾读《论语》，8 岁进思益学堂，这是一所新型小学，校中不少教员受"戊戌变法"的影响，使少年茅以升很早就接受了新思想的熏陶，充满抱负和理想。他酷爱数学，想当个数学家。詹天佑为中国建造了第一条铁路后，他又想当个铁路工程师。南京秦淮河上发生的一场祸事，对他理想的确定，产生了决定性的影响。端午节那天，一群小伙伴们飞跑过来对他说："看赛龙船的人太多，把文德桥挤塌了。"他听后吃了一惊，忙问："桥怎么会塌了呢？"伙伴们告诉他说："桥不结实呗！"茅以升心头激起了千层浪花，眼前出现了人们哭喊呼救的惨状，一个念头闪现在他脑际："我长大后一定要建造一座结实的大桥！" 1911 年，茅以升考入唐山路矿学堂（后改为交通部唐山工业专门学校）。在校期间，正值辛亥革命爆发，受革命洪流的冲击，他想弃学从军，参加国民革命军，因为年纪小，被母亲劝阻。后来，听孙中山讲到革命需要武装斗争和建设两支大军，中国富强仅交通开发一项就要修 10 万英里铁路、100 万英里公路……从此他决心选学桥梁专业，立志为祖国桥梁事业建功立业，走"科学救国"之路。

1916 年，茅以升以优异的成绩从唐山工业专门学校毕业，同年又以总分第一的成绩考取清华学堂官费留学生，赴美国康乃尔大学深造。他不仅入学考试名登榜首，而且仅用一年时间就从康乃尔大学研究院桥梁专业毕业，取得硕士学位，并荣获"斐蒂士"研究奖章。原来歧视中国人的康乃尔大学也因此而改变态度，校长宣布：今后凡是从茅以升母校来康乃尔大学攻读研究生的，一律免试入学。1919 年，他又以突出成绩取得卡利基—梅隆理工学院博士学位。他怀着"科学救国"的宏大志愿回到祖国，决心在桥梁事业上为中国人争气。

1934 年初春，他担任钱塘江大桥工程处处长，以周密的勘测和精湛的设计，拿出了比当时铁道部顾问、美国桥梁专家华德尔更好更省的方案。他不顾外国工程师的冷嘲热讽，日以继夜地投身到大桥建设上。从1935年春正式开工起，他在筹款维艰、妻子患病、“八·一三”后日机轰炸等重重困难下，深入施工现场，调查研究，创造性地采用“射水法”战胜了水流湍急难以施工的困难；采用“浮运法”以利用江潮涨落器械，架设钢梁；采用“并进法”以充分利用时间和空间。在两年半时间里，他建成了长1 453米、高71米的钱塘江大桥。这一壮举显示了中国工程师的聪明才智和中国人民具有自立于世界民族之林的能力。

在建造武汉大桥时，他担任技术顾问委员会主任，先后解决了14个难题，为建成武汉大桥作出了贡献。他还担任了首都人民大会堂工程负责人，在设计方案上签名，对人民大会堂的结构安全承担重责。他还为莘莘学子架起了奔向知识宝库的桥梁，在他的直接或间接培养教育下，一大批科技精英脱颖而出。他的成就举世瞩目，美国全国工程学院授予他“国外院士”的光荣称号，科学界誉之为“中国桥梁之父”。

茅以升对我国科技事业的贡献是多方面的，他主持我国铁道科学研究院工作30年，付出了辛勤劳动。他一向认为，科学研究是一种创造性的劳动，必须充分发挥群众的智慧和才能，发掘丰富的科学技术内容。他为《人民日报》写了一篇《科技工作必须联系实际》的文章，指出铁道研究工作应当为运输服务。他在《我国铁道科学研究的远景》中提出了铁道科学研究的发展方向、远景计划、具体措施等，提出了工程教育问题、科学与技术的关系问题、力学问题等研究，为我国铁道科学研究作出了重要贡献。作为桥梁专家，他勤写笔记，广泛搜集、考证，积累了大量古桥资料。

参天大树不忘植根的沃土。茅以升酷爱自己的祖国和家乡，思乡爱乡之情老而弥笃。他说：“镇江是个好地方，我为我是镇江人而自豪。”他在生命的最后十年里，曾两度回镇江第二中学，向全校师生演讲，与优秀学生代表促膝交谈，勉励家乡青少年学科学、爱科学，争当“四化”良材。他热情支持家乡的科技事业,欣然担任镇江沈括逝世890周年纪念活动的顾问。

茅以升最后一次别乡返京不久,不幸羁留病榻,病中乃至弥留之际,老人屡屡呼嘱秘书:“小郑,车来啦?我们回镇江,回家……”按照老人的嘱咐,他的家人将其骨灰运送到镇江,安葬在粟子山公墓。

文化名流

文化名流

宋文帝刘义隆曾说:“京口形胜,实为名都。”徐铉也曾论及京口:“三吴山川林泉肇发于此,六代风流人物综萃于斯。”六朝文化是镇江历史文化的特色。镇江承六朝之遗,流风传衍,源远流长。人人握灵蛇之珠,家家抱荆山之玉,文人学士,留连瞻顾,俯仰凭吊,飞文染翰,卷盈缃帙,留下了许多开阖万端、如生劲翼、扬名四域、名垂千古的文化艺术佳作。“江山代有才人出,各领风骚数百年。”后人闻风兴起,发扬光大,不朽之盛事,经国之大业,不就在于兹吗?

刘义庆“爱好文义”

刘义庆,生于东晋安帝元兴二年(403),卒于刘宋文帝元嘉二十一年(444)。祖籍彭城(今徐州市),其先世于晋永嘉年间渡江,徙居于晋陵郡丹徒县京口里(今镇江市)。父亲刘道伶,是宋武帝刘裕的二弟。刘裕的幼弟刘道规无子。刘宋王朝建立后,道规封临川王,以刘义庆为嗣,永初元年(420),刘义庆袭封。

刘义庆自幼就很为武帝刘裕赏识。文帝刘义隆每次给刘义庆写信,也都加意斟酌,说明对他很尊重。义熙十二年(416),刘义庆从武帝刘裕攻后秦,到过长安。宋朝代晋后,刘义庆袭封临川王,任侍中。元嘉元年(424),转散骑常侍、秘书监,又任度支尚书,迁丹阳尹,主管首都地方事务。元嘉六年(429),在丹阳尹之外,兼任尚书左仆射,参与朝政。元嘉八年(431),因为与朝廷左仆射相对应的天上星座左执法发生变异,刘义庆害怕有灾祸,就坚决辞去左仆射的职位，请求外调。他出任地方官都很有政绩。刘义庆“性简素，寡嗜欲。爱好文义”，在江州招聚文学之士，如袁淑、陆展、何长瑜、鲍照等，都成为他的佐史或国臣。在荆州时，临川王侍郎有盛宏之等，曾撰《荆州记》。在他的周围，聚集了不少有名的文人学士。

据《宋书》本传记载，刘义庆曾撰《徐州先贤传》10 卷，又仿照班固《典引》，著《典叙》，“以述皇代之美”。此外，沈约所著的《南史》本传还记载刘义庆著有《世说》10 卷，撰《集林》200 卷，并行于世。沈约卒于梁天监十二年(513)，上距刘义庆之死只有 70 余年。而《宋书 · 刘义庆传》所依据的宋朝旧史，可能年代更早，更接近刘义庆的时代。较早的史料中反而不提他撰写《世说新语》之事，看来《世说新语》一书并非出自刘义庆之手。但是可以肯定地说，这部书是在他的思想指导和影响之下纂辑而成的。

汉代刘向曾著《世说》一书，刘义庆因此名其书为《世说新书》，唐人著作和此书的唐写本都用此名。宋初仍沿用《世说新书》，宋代以后才改称为《世说新语》。《世说新语》分为 36 门，开端的德行、言语、政事、文学 4 门的分法，是沿用了《论语 · 先进》篇里孔门弟子的 4 科。这 36 门中所包括的故事，从时代说，由汉末到刘宋时期，约 300 年；从内容说，大致有两大类题材：一大类是继承汉末月旦评的传统，品评人物，即所谓“人伦鉴识”；另一大类是记述魏晋南朝的玄谈清言。这其中有谈哲理的，也有只是言词辩给、善于应对的故事，是研究当时思想史、宗教史的重要资料。

作为文学作品，《世说新语》有其重要价值。《世说新语》善于即事见人，通过人物有典型意义的言行，写出他的特征，而且写得精练、生动，不少记述文字清丽，笔调含蓄，用少数的语言，表达出比较繁复真挚的情感，读来觉得文情委婉，耐人寻味。《世说新语》的作者和对象都是汉末以来的知识分子，作者便很能表现出这类人物的人生态度和文化趣味，如《任诞篇》所载：

王子猷居山阴，夜大雪，眠觉，开室，命酌酒。四望皎然，因起彷徨，咏左思《招隐诗》，忽忆戴安道。时戴在剡，即便夜乘小船就之，经宿方至，造门不前而返。人问其故，王曰："吾本乘兴而行，兴尽而返，何必见戴？"

王徽之雪夜访友的故事，与陶渊明之弹无弦琴有异曲同工之妙。足见重主观体验而不重外在形迹，是当时文人普遍追求的人生境界。

《雅量》篇载：

谢公与人围棋，俄而谢玄淮上信至。看书竟，默然无言，徐向局。客问淮上利害。答曰："小儿辈大破贼。"意色举止，不异于常。

这段叙述生动描绘出了谢安的风度，下面接着叙述：

既罢还内，过户限，心喜甚，不觉屐齿之折。

从中更可看出，谢安既有作为一个封建统治阶级中政治家的镇静雅量，也有作为一个平常人的喜怒哀乐。

《世说新语》的大量故事说明，这部书作为文学作品是很成功的，具有重要价值。

总的来说，《世说新语》记言记行，大抵如史传文的片断，尚未完全脱离史的地位。但在魏晋以形见神、遗形取神的美学观念兴起的时代，《世说新语》的臧否人物，不必全貌，而只在片言只语，一节一行，因而其中一些片段语少意丰，隽永传神，颇似散文小品。刘应登云："晋人乐旷多奇情，故其言语文章，别具一色。""虽典雅不如《左氏》、《国语》，驰骛不如诸《国策》，而清微简远，居然玄胜。"刘应登对《世说新语》风格及其成因的分析，是基本切合实际的。但《世说新语》毕竟又有近乎史传的地方，故其叙事的短篇，又很像微型小说，如《自新》所载周处故事，《贤媛》所载许允妇故事，其于情节、人物的叙写，都十分精彩传神。

颜延之词采飞扬

颜延之，字延年，生于东晋太元九年(384)，祖籍琅邪临沂(今山东省临沂市)。东晋咸元年间，分江乘地(今句容市北)立临沂县。

颜延之当出生于江乘。他少孤贫,好读书,无所不览。《宋书》称其“文章之美,冠绝当时”。他侍游京口所写的两篇诗作多用俳句,铺锦列绣,词采飞扬,被昭明太子萧统编入《文选》。

义熙十二年(416),宋武帝刘裕北代,颜延之奉使至洛阳。道中作诗二首,文辞藻丽,为谢晦、傅亮所赏。郑鲜之举其为博士,迁豫章公世子舍人。周续之隐居庐山,以儒学著称。永初中,朝廷将其征召到京师,开馆讲学。宋武帝刘裕亲率“朝彦”到学馆中听其讲经。刘裕命颜延之询问周续之“三义”,颜延之才气纵横,“连挫续之”。回朝后,刘裕又命颜延之“敷释”“三义”。他讲得“言约理畅”,刘裕和众臣“莫不称善”。因此,刘裕将他擢为尚书仪曹郎、太子中舍人。当时,尚书令傅亮在朝廷“自以文义之美,一时莫及”。但是,颜延之“负其才辞,不为之下”,傅亮“甚疾焉”。庐陵王刘义真“颇好辞义”,对颜延之“待接甚厚”,司空徐羡之等“意甚不悦”。宋少帝刘义符即位后不久,徐羡之和傅亮就将颜延之排挤出朝廷,出任始安太守。领军将军谢晦对颜延之说:“昔荀勗忌阮咸,斥为始平郡,今卿又为始安,可谓‘二始’。”元嘉三年(426),宋文帝刘义隆诛除了徐羡之、傅亮,颜延之才被征召为中书侍郎,转为太子中庶子,不久领步兵校尉,“赏遇甚厚”。颜延之“好酒诞,不能斟酌当世”。他见刘湛、殷景仁在朝中“专当要任”,心怀不平,经常酒后对别人发牢骚说:“天下之务,当与天下共之,岂一人之智所能独了!”他言辞激扬,甚至还当面冲撞刘湛说:“吾名器不升,当由作卿家吏!”刘湛听了,深以为恨,便言于彭城王刘义康,将颜延之贬为永嘉太守。颜延之怀才遭嫉,郁郁不平,便写《五君咏》,以述“竹林七贤”中的阮籍、嵇康、刘伶、阮咸,伤贬逐,寄怨愤。他以“沉醉似埋照,寓辞类托讽”(阮籍),“鸾翮有时铩,龙性谁能驯”(嵇康),比自己的傲岸不群;以“屡荐不入官,一麾乃出守”(阮咸),言自己的仕途蹇滞;以“韬精日沉饮,谁知非荒宴”(刘伶),释自己的任诞纵酒。全诗语意隽永,易于吟讽。后来,刘湛被诛除,朝廷才又起用颜延之为始兴王刘濬的后宫谘议、参军御史中丞,官至秘书监。元嘉二十六年(449),宋文帝刘义隆“驾幸丹徒”,颜延之应诏随侍刘义隆巡游,先后写下了《车驾幸京口侍游蒜山作》和《车驾幸京口三月三日侍游曲阿后湖作》两篇华美的诗章,讴歌京口蒜山和曲阿练湖的美丽风光,颂扬刘义隆的皇恩圣德。

宋文帝刘义隆立子刘劭为太子,特加东宫卫兵,使与朝廷羽林军相当,“至有实甲万人”。后来,刘义隆又想另立太子。太子刘劭知道后,先发制人,于元嘉三十年(453)年二月,率东宫兵入宫,杀死父皇刘义隆,自立为帝。这时,宋文帝刘义隆的三子武陵王刘骏出为江州刺吏,正带领江、豫、荆、雍四州的军队去攻打大别山以南的少数兄弟族“五水蛮”。刘骏听说父皇被杀,就利用这支武装力量,传檄州镇,号称“义师”,声讨刘劭。颜延之的儿子颜竣是武陵王刘骏的南中郎谘议参军,颜竣参加了刘骏发动“义师”起兵的密谋,“兼造书檄”。刘劭看到了刘骏“义师”入讨的檄文,便问颜延之:“此笔谁所造?”颜延之据实回答:“(颜)竣之笔也。”刘劭又问:“何以知之?”颜延之回答:“颜竣笔体,臣不容不识。”刘劭又说:“言辞何至乃尔!”颜延之回答:“(颜)竣尚不顾老夫,何能为陛下!”刘劭听颜延之说了实情,才没有治他的罪。刘骏的“义师”攻破台城,杀死刘劭,登阼为帝,称孝武帝。刘骏任命颜延之为金紫光禄大夫,领湘东王师。颜延之的儿子颜竣身居高位,权倾一朝,常常“资供”父亲。颜延之对儿子的“资供”则“一无所受,器服不改,宅宇如旧”。他好骑马遨游里巷,遇到旧友则“据鞍索酒,得酒必颓然自得”。他常对儿子颜竣说:“吾平生不喜见要人,今不幸见汝。”颜竣则回答说:“善为之,无令后人笑汝拙也。”宋孝建三年(456),颜延之73岁时去世,谥曰“宪子”。《宋书》评价他说:“延之与陈郡谢灵运俱以词彩齐名,自潘岳、陆机之后,文士莫及也,江左称‘颜谢’焉。”颜延之为人,性偏急,嗜酒“不护细行”;居身清约,不营财利;肆意直言,不畏权贵,所以不能取容于当世。但是,他的文学成就是出众的。今存诗29首,多应诏之作。他与陶渊明友善,曾作《陶征士诔》;道经汨潭,作《祭屈原文》;奉使北上,作《北使洛》,写中原残破,很有特色。他的诗作《秋胡行》以细腻之笔,写游子思妇之苦,也属上乘之作。

鲍照从游写华章

“清新庾开府,俊逸鲍参军。”这是唐朝大诗人杜甫评价南北朝庾信和鲍照诗作的名句。鲍照,字明远,本是上党(今属山西省)人,后来迁于东海(今山东省郯城一带)。晋“永嘉南渡”,元帝司马睿建都建业,乃于京口(今镇江市)侨置徐州、兖州,统辖侨郡县南东海等。鲍照本人的出生地点当是在京口,生活的年代约为义熙十年(414)至泰始二年(466)。他家世贫贱,出生寒微,自称是“北州衰沦,身地孤贱”。虽然如此,鲍照仍然十分自信:“千载上有英才异士,沉没而不闻者,安可数哉!大丈夫岂可遂蕴智能,使兰艾不辨,终日碌碌与燕雀相随乎?”故其一生“释担受书,废耕学文”,造谒公侯,以求名世。他“少有文思”,20多岁时,献诗于临川王刘义庆,得到赏识,被任命为临川国侍郎。在赴任途中,他把沿途所见的景色和自己的感受写信告诉妹妹鲍令晖,这就是至今仍广为传诵的骈文名作《登大雷岸与妹书》。这时,他还写了《游思赋》。他在刘义庆幕府共六个年头,继而可能在衡阳王刘义季的幕下呆了一段时期。大约在元嘉二十四年(447),他向宋文帝刘义隆献了一篇《河清颂》。这篇文章写得典雅庄重,评家大加赞许,《宋书》本传还全录此文。鲍照曾在宋文帝刘义隆之子始兴王刘濬幕下任侍郎之职。大约在元嘉二十八至二十九年(451—452)间,鲍照离开了刘濬。刘濬和杀死宋文帝刘义隆的太子刘劭是同谋,合称“二凶“。鲍照在离开刘濬时,对刘劭、刘濬的行径,可能有所察觉。鲍照在孝武帝时,曾任海虞令、太学博士兼中书舍人、秣陵令、永嘉令等职。孝武帝刘骏于大明五年(461),改封第七子刘子顼为临海王,任广州刺史,同年又改任荆州刺史。鲍照任他的行参军,到荆州后又任刑狱参军。后来,在统治阶级的内部斗争中,他被乱兵所杀,年50余。钟嵘的《诗品》说:“嗟其才秀人微,故取湮当代。”

鲍照死后,所著诗文大部分散佚。直到南齐武帝永明年间,才由虞炎奉文惠太子萧长懋之命,搜集遗文,编成《鲍照集》。据虞炎说,当时所能搜罗到的作品，仅有半数。鲍照的文学成就是多方面的。他的诗、赋、骈文都有名作，其中数量最多的是诗歌，今存200多首。历来评家把他与颜延之、谢灵运并列为“元嘉三大家”。其实，其诗歌所反映的社会生活比谢灵运要丰富得多，而颜延之也不足以与他相提并论。《拟行路难》18首及《拟古》8首是其代表作。这些诗歌，有抒发少年壮志者，如“十五讽《诗》《书》，篇翰靡不通。弱冠参多士，飞步游秦宫”，“幽并重骑射，少年好驰逐”，“朝游雁门上，暮还楼烦宿”；有控诉门阀士族摧残压抑人才者，这类诗篇感慨的内容，即诗人所说的“才之多少，不如势之多少远矣”！

鲍照还有大量以边塞征戍为题材的作品，如《代出自蓟北门行》、《拟古》其三、《代东门吟》等。自《诗经》、汉乐府以来，虽有征人行役之诗，但像鲍照这样集中抒发报国之志，表现边塞风光、沙场征战、征人边愁的诗人，的确不曾有过。从此以后，古代诗歌中边塞的题材范畴基本确立，这是鲍照对诗歌题材开拓的一大贡献。除此之外，把征人思妇之苦，融入边塞题材，也是鲍照诗的一大特色。

鲍照体气豪迈，内心又多强烈冲突，更兼受南朝尚美文风的熏陶，故其诗俊逸雄迈，华而不弱，声情气势，贯注全篇。鲍照又是七言歌行的创制者。他学习汉魏乐府，于杂言中寻找规律，又变曹丕《燕行歌》逐句用韵为隔句用韵，终于创制了以七言为主的歌行体。他善作五言，其五言乐府正合歌行之体，一些五言古诗更渐趋律化，对后来五言绝句的形成也是很有影响的。

鲍照也擅长作辞赋和文章。他的《芜城赋》是继曹植《洛都赋》之后又一篇抒发乱世之恨的作品。他的《登大雷岸与妹书》不仅叙事抒情，更以赋体手法，对自然景物作了大量描绘，这又是前所未有的。这篇文章句法骈整，在骈文的形成和发展史上也是很有地位的。

刘宋王朝建都于建业(今南京市)，鲍照寄身于亲王幕府，常常跟从亲王来往于帝都，途经京口。他曾经随始兴王刘濬出镇京口，因此写下了不少歌咏京口山水的诗作。京口是宋武帝刘裕的发祥地。因此，刘裕的父亲与诸妃死后，都葬于京口。鲍照曾于“孟冬十月交”随从拜陵于京口东郊。“晨登岘山首，霜雪凝未通。息鞍循陇上，支剑望云峰。”他挥笔写下《从拜陵登京岘》的诗作，描绘了京岘山的雄伟壮丽，抒发了自己“衰贱谢远愿，疲老还旧邦”的感慨。

元嘉十七年(440)十月，宋文帝刘义隆诏临川王刘义庆徙镇南兖州(今扬州市)。当时，在刘义庆幕府的鲍照途经京口，游历至京口城东45里的古竹里。古竹里俗名苦竹里，山高路险，行人号为“翻车岘”。但是，鲍照不畏路途艰险，登上“高山绝云霾，深谷断无光”的峰顶，写下了《行京口至竹里》的诗篇，描绘了沿途初冬时的景象。诗中“复涧隐松声，重崖伏云色”二句，形象鲜明而新异，实在是难得的佳句。

元嘉二十六年(449)十月，征北将军始兴王刘濬为南徐、兖二州刺史，出镇京口，鲍照随侍始兴王也来到这里。刘濬出镇京口时文武两千人相随，四处游览登眺，甚为得意。刘濬在游览京口城西的蒜山后，特命鲍照写诗。才华横溢的鲍照欣然命笔，写下了《蒜山被始兴王命作》的诗篇。他们登上山巅，东观日出，北览长江，歌吹弹唱，赋诗作文，真是神仙之乐。鲍照的从游之作，生气灵动地描绘了蒜山美丽的风光。

鲍令晖“拟古尤胜”

梁代诗歌理论批评家钟嵘认为，南北朝两代能够写诗作文的杰出女子，只有鲍令晖、韩兰英两人。钟嵘说：“令晖歌诗，往往崭绝清巧。《拟古》尤胜，唯《百愿》淫矣。”“兰英绮密，甚有名篇。”鲍令晖曾有《香茗赋集》刊行于世，今已散佚，仅存诗6题7首；韩兰英的诗文则全部佚失。因此，鲍令晖就成了宋、齐两代唯一留存有著作的女文学家了。

鲍令晖，祖籍东海(今山东省郯城县)。她的先世在晋代永嘉年间便渡江到江南，侨居于丹徒县京口里。她是刘宋时期杰出诗人鲍照之妹。《小名录》记载说：“鲍照，字明远。妹字令晖，有才思，亚于明远。著《香茗赋集》，行于世。”他们兄妹俩出身于寒族家庭。鲍令晖生卒年月史载不详，只能根据鲍照的生活年代略加印证。鲍照在《请假启》中说到："天伦同气，实惟一妹，存没永诀。不获计见，封瘗泉壤临送。私怀感恨，情痛兼深。"由此可见，鲍令晖先于鲍照离开人世。鲍照生年约在公元414年，死于466年，享年50余岁。鲍令晖的寿命大约最长也只有40来岁吧。

鲍令晖同另一位女文学家左芬可以说是无独有偶，她们的哥哥都是一代文学巨匠、诗歌圣手；兄妹之间同样是相互友爱、相互推崇。鲍照的文集中有一篇相当出色的写景散文《登大雷岸与妹书》，即是他26岁时在旅途中写给鲍令晖的家书。鲍照对左思、左芬兄妹的文才是很仰慕的，并自谦说不如。他曾经对宋孝武帝刘骏说："臣妹才自亚于左芬，臣才不及太冲（左思字太冲）尔。"左思，是晋太康文坛上的重要作家，曾以他的《三都赋》而使"洛阳纸贵"。左芬是左思的妹妹，晋武帝司马炎的贵嫔，写有《离思赋》、《啄木鸟》等诗文。鲍照在这里虽是自谦，却把鲍令晖与左芬相提并论，并为有像左芬一样有才华的妹妹而自豪。在中国文学史上，一家父子、兄弟、夫妻为文学家的多有，如左思兄妹一样同为文学家的则罕见。从现存作品来衡量，确实也难分出左芬和鲍令晖的高下来，恰如左思、鲍照各有千秋一样。

鲍令晖存诗7首，载于《玉台新咏》。清人钱振伦在《鲍参军集注》中附注鲍令晖的诗。她的诗多为恋歌，情意缠绵，委婉含蓄，别开生面。"崭绝清巧"一语很能概括她的诗风。她与鲍照朝夕相伴，所以兄妹之间亲爱异常。鲍照曾写有抒发自己离家羁旅惆怅情怀的《代东门行》，表达对鲍令晖深切的怀念。他在"超绝笔墨蹊径"的《登大雷岸与妹书》中，详细地向鲍令晖诉说了自己旅途的所见所闻，并谆谆告诫妹妹："寒暑难适，汝专自慎，夙夜戒护，勿为我念。"这些情意深长的文字，传到鲍令晖的手中，使她如睹鲍照的艰难旅程，于是写下了《题书后寄行人》的答诗：

自君之出矣，临轩不鲜颜。
砧杵夜不发，高门昼常关。

帐中流熠耀，庭前华紫兰。
物枯识节异，鸿来知客寒。
游用暮冬尽，除春待君还。

鲍令晖在诗中向鲍照诉说：自从你离家后，自己从来没有欢畅过。坐在窗前，望着你离家的路，忧思更甚。夜晚不敢启动砧杵，如一用砧杵就会勾起深切的思念，只好早早关闭家中的大门。帐中，流萤作伴；庭中，紫兰为友。从草木的枯萎，知道时序的变化。信使带来你的信，知道客行者的寒冷。只盼着暮冬一过，你将随着春天的脚步一起到来。鲍令晖在诗歌形式上也有所创新，如《寄行人》：

桂吐两三枝，兰开四五叶。
是时君不归，春风徒笑妾。

清代著名思想家王船山（夫之）很看重这首诗，赞许说："小诗本色，不嫌迫促。"他认为，唐代诗人贾岛"松下问童子"即《寻隐者不遇》等篇，"盖从此出"。也就是说，它开了唐人五言绝句的先声。对于一位女性作家的一首爱情小诗来说，这一评价不可等闲视之。鲍令晖不愧为一位由古体诗到近体诗过渡时代的优秀女诗人。她在女性文学史上的地位，正如鲍照在我国诗歌发展史上"上挽曹、刘之逸步，下开李、杜之先鞭"的地位相仿。她同鲍照一样，也很善于从民间歌谣中汲取营养。虽然她的诗差不多都是一些思妇之辞，但写得不同流俗。按照当时处于诗坛领袖地位的颜延之批评汤惠休诗的说法，这也要算是"委巷中歌谣"了；钟嵘所谓"唯《百愿》淫矣"，无非也是这个意思。其实，鲍令晖这些抒写爱情的作品感情还是真切的，内容还是健康的，实在是无可指责的。她的《代葛沙门妻郭小玉诗二首》，曾被人誉为"亦是《子夜》之流，颇有隽致"；《题书后寄行人》中的隽句："谁为道辛苦，寄情双飞燕"，"容华一朝改，惟余心不变"，则更能代表她"崭绝清巧"的风格。颇值得品味的还有她的两首拟古诗，一首是《拟青青河畔草》：

袅袅临窗竹，蔼蔼垂门桐。

灼灼青轩女,泠泠高堂中。
明志逸秋霜,玉颜掩春红。
人生谁不别?恨君早从戎。
鸣弦惭夜月,绀黛羞春风。

另一首《拟客从远方来》可以视为姊妹篇:

客从远方来,赠我漆鸣琴,
木有相思文,弦有别离音。
终身执此调,岁寒不改心,
愿作阳春曲,宫商长相寻。

这是两首写得很精彩的拟古诗。钟嵘称道鲍令晖的诗作“拟古尤胜”确也独具慧眼。名曰“拟古”,实际上并非全是模拟,而是借旧题以寄托新意,这就是她胜人一筹之处。从诗的形式来看,对仗工整,音韵和谐。可以说,她已将五言诗推进到了一个成熟的阶段。比起同时代一般贵族诗人所写的浮艳绮靡的宫体诗,鲍令晖的创作,在南朝的诗歌园地中,不啻是一枝独立开放的奇葩。

江淹少以文章显

江淹,字文通,生于宋文帝元嘉二十一年(444),卒于梁武帝天监四年(505),历仕宋、齐、梁三朝,是南朝著名的文学家。他的祖籍是济阳考城(今河南省民权县境内)。元《至顺镇江志》称他侨寓于京口。江淹出身贫寒,六岁就能写诗;平常羡慕司马卿、梁伯鸾为人“不事章句之学,留情于文章”。“年十三时,孤贫,常采薪以养母”。在《待罪江南思北归赋》中,他也自称是“北州之贱士”。他在20岁时,游学京都,以“五经”授始安王刘子真,从此踏入仕途。后为南徐州(今镇江市)刺史、新安王刘子鸾的从事。宋前废帝刘子业继位后,江淹转建平王刘景素幕下,因被怀疑受贿,遭冤狱,于狱中上书,深深打动了刘景素,才得获释。出狱后,他被南徐州刺史桂阳王刘休范举为秀才,对策上第,转巴陵王刘休若右常侍。不久,又回到建平王刘景素那里充任主簿之职，随刘景素在荆州。宋后废帝刘昱凶狂失道，刘景素准备羽檄征天下之兵，以图推翻刘昱。江淹觉得这样做会引发大祸，便从容谏阻，但刘景素总是不接受。刘景素镇京口，江淹为镇军参军，领南东海郡丞。刘景素与腹心日夜谋议，江淹知道祸机将发，就赠诗15首，"略言性命之理"，意在讽谏。然而，刘景素已处于"矢在弦上，不得不发"的境地，所以对他的劝告置若罔闻。刘景素因对江淹不满，便故意任命了别人。江淹对此稍作争议，南东海太守陆澄家有丧事去职，江淹援引当时惯例，要求代领郡守职务。触怒刘景素，将他贬为建安吴兴（今福建省浦城县）令。宋顺帝升明之初，萧道成辅政，听说江淹很有才华，召为尚书驾部郎、骠骑参军事、掌记室，为萧道成起草军国文书，这成为江淹仕途生涯的重要转折点。萧道成篡宋自立诏诰、禅册也都出于江淹的手笔。萧道成称帝后，江淹任东武令，参掌诏册，兼管《齐史》的修撰工作。不久，又升中书侍郎。齐永明中，兼尚书左丞，领国子博士。郁林王萧昭业时，兼御史中丞。齐明帝萧鸾即位，累迁秘书监、侍中、卫尉卿。齐永元末，以秘书监兼卫尉卿。梁武帝萧衍起兵，江淹微服归附，在梁代官至金紫光禄大夫，封醴陵伯。卒时年62岁。

江淹自从依附萧道成之后，官位日显，也能够清谨自守，做了一些事业，如：任御史中丞时，秉公执法，不避权贵，凡贪赃枉法者，上至中书令，下至州牧郡守、大县官长，多被弹劾惩治，一时"内外肃然"，得到了当时执政的齐明帝萧鸾的赞誉。但他所以名传后世，决不是因为身居高位的原因，而是早年穷愁困苦时期在文学上取得了突出成就。他历仕宋、齐、梁三朝，但其保留至今的作品大多作于宋末齐初，正处于"元嘉体"向"永明体"转变的过渡时期。这些作品不仅体现了当时文风的转变，也在一定程度上发挥了承前启后的作用。

江淹现存诗140多首，绝大部分是五言古诗，少部分是四言、七言古体和骚体。他的诗自梁代以来就很为人们所重视。钟嵘评论江淹："诗体总杂，善于摹拟。"他的拟古之作主要有《杂体三十首》和

《效阮公诗十五首》。《杂体三十首序》云:“世之诸贤,各滞所迷,莫不论甘而忌辛,好丹而非素。岂所谓通方广恕,好远兼爱者哉? ……今作三十首诗,学其文体,虽不足品藻渊流,庶亦无乖商榷云尔。”以钟嵘《诗品序》中“观王公缙绅之士,每博论之余,何尝不以诗为口实,随其嗜欲,商榷不同。淄渑并泛,朱紫相夺,喧议竞起,准的无依”一段话证之,江淹所言不虚,其拟古的目的在于表明汉魏以来的优秀作品虽在词藻和声律运用上具有各不相同的特色,但都达到了“动魄”、“悦魂”的艺术境界,符合“美”且“善”的要求,从而对当时评论界“各滞所迷”、“随其嗜欲”的偏颇表示不满和非议。他所说的“美”是指“貌”,即诗歌所描写的客观事物;所说的“善”是指“气”,即诗歌所流露的主观情志。这种强调诗歌应以表现“情物”为主的主张,直接影响到后来陆厥和钟嵘等人的观点,在永明中展开的有关诗歌创作问题的论辩中起了不可忽视的作用。这种别出心裁地以拟作来委婉表达自己意见的做法也颇新颖。拟作本身又具有相当高的艺术性,作者善于捕捉不同时代不同作家的特点,较为准确地予以表现,不少作品确能做到面貌酷似,如拟陶渊明、鲍照、汤惠休等的几首,还曾被人误以为是那些作家所作。如果他对前人作品没有深入的学习、精到的体会和非凡的笔力,显然是难于摹写好的。梁昭明太子萧统将《杂体三十首》全部录入《文选》,就可见对其艺术价值是充分肯定的。由于他比较准确地再现了各个时代的诗风,因此将 30 首诗连起来细加研读体味,可大体看出自汉至晋、宋数百年间五言流变的轨迹。更重要的是,作者在对于摹拟对象的取舍之间也都反映出个人性格志趣、思想感情的影子。他《效阮公诗十五首》的写作有着更为明确的针对性,其目的在于对刘景素的叛乱密谋进行讽谏。但是,因其密谋还没有公开,他也就不便直言规劝,只得以拟古为名将规讽之意隐约曲折地表达出来,同时也抒发了自己忧谗畏祸和不得志的心情。这种拟古实即述志抒怀,对后来庾信的《拟咏怀》、陈子昂的《感遇诗》等的写作不无影响。特别是由于他的生平遭际与屈原有相似之处,一些作品从思想情调、表现手法到遣词造句均明显受到楚辞影响，几首骚体诗及《逐古篇》、《杂三言五首》更直接地通向楚辞，但多数作品相当真实、具体，深刻地表现了作者当时不得志、遭贬黜的愁怨之情，同时也体现出相当鲜明的艺术个性。他十分重视对于所经历的山川景物的描写，特别是入闽途中及入闽以后对那些险峰深谷及“碧水丹山，珍木灵草”的生动描绘，给人留下了极为深刻的印象。而写景又往往结合着抒情，情与景谐，心与物融，具有相当鲜明的形象性和艺术感染力。他的诗风有的古奥奇崛，有的瑰丽幽深，但就多数作品而言，两者兼而有之，形成了一种流丽中带着苍劲峭拔之气的独特风格。其古奥奇崛的一面来源于汉魏古诗和“元嘉体”，特别是鲍照的影响。由于江淹的出身、经历与鲍照相似，鲍照抒写仕途不平的篇章易于引起他的共鸣，其立意高古、笔力雄健、气势充沛的艺术风格也极易为他所效法。因此，他的诗风与鲍照颇为相似，以至自隋以来屡有“江鲍”并称的提法。其瑰丽幽深的一面则与南朝民歌的影响有关，显示出与“永明体”相似的色彩。显然，他的诗作代表着一个过渡时期的诗风，在一定程度上兼有“元嘉体”和“永明体”之长而能有自己的特色，这是其诗所以具有艺术魅力和值得重视之处。

江淹的赋，现存 27 篇，全为抒情咏物小赋，多数作于被贬吴兴前后，以秀丽的色彩抒写了幽怨的情绪及遭受贬谪的生活。《恨赋》、《别赋》是其中具有代表性的作品。两赋分写各种“饮恨吞声”的死亡和“黯然销魂”的离别，熔铸了作者个人早年独特的生活体验，同时也集中表达了那个动乱时代许多失意者的痛苦心情和人们普遍怨恨离乱的情绪，具有相当的典型性。作者善于通过典型的细节描写和环境气氛的渲染来揭示不同类型人物的性格和内心世界，文词锤炼工丽，句法错综变化，音韵铿锵优美，成为一时骈体文的杰作，在文学史上产生了深远影响。其他赋作，如《去故乡赋》、《青苔赋》、《水上神女赋》、《泣赋》、《待罪江南思北归赋》、《四时赋》等，与《恨赋》、《别赋》有着明显联系，有如众星环拱北辰，形成了一个愁怨之作的繁盛家族。他的赋作对前代文学遗产也有着广博的摄取，我们不仅可以从中随处见到《诗经》、楚辞、乐府、古诗的词语句法，内容情调也往往与之相通，正如张溥所说："长短篇章，能写胸臆，即为文字，亦《诗》、《骚》之意居多。"他在当时也具有一定的代表性。刘宋时期的赋坛与其时的诗坛有某些相似。他的赋作大都寓托有深沉的人生实感，具有浓郁的抒情色彩。在表现上，虽用了许多典故排偶，但往往能从骈偶句法中求变化，给人以流利生动、轻快空灵之感；虽较古奥遒劲，但也不乏生动绮丽，篇中以富有鲜明色彩的词句所组成的绮丽缤纷的画面随处可见，特别是以细腻笔触、诗化语言写出的"春草碧色，青水绿波，送君南浦，伤如之何"这类情景交融的文字，读来更给人以爽目怡心之感。这些都显示了当时赋体发展的征兆，同时也代表着处于转变时期的江赋所独具的特色。

在诗赋之外，江淹还写了不少文。其中有少数书札之类的作品鲜明地展示了江淹的思想性格，情文并茂，堪称佳作。《诣建平王上书》作于被刘景素下狱之后，自诉冤屈，情词恳切，凄恻动人。《报袁叔明书》向好友袁炳倾吐仕途上不得志的衷曲，信手写来，笔端饱含悲愤。《袁友人传》哀悼袁炳早逝，在较为冷静地介绍了袁炳的生平行事后，突以"嗟乎！斯才也，斯命也，天之报施善人，何如哉！何如哉！"数语煞尾，将情感的波涛一下推向高潮，悲怆欲绝，撼人心魄。《自序》、《与交友论隐书》、《铜剑赞》等也颇为可读。这些文章或径用散体，或虽用骈体，但能寓散入骈，骈、散相间，因而语势灵活，文气贯串，毫无冗赘之弊。像"望在五亩之宅，半顷之田。鸟赴檐上，水匝阶下"这类文字，典雅凝练，而又不失平易自然。这类文章明显接受了汉魏文风的影响，虽深厚不及汉魏，但在当时却别具一格、高出流俗。钱钟书先生在谈到《诣建平王上书》时说："按齐梁文士，取青妃白，骈四俪六，淹独见汉魏人风格而悦之，时时心摹手追。此书出入邹阳上梁孝王、马迁报任少卿两篇间。"除有骈散之分外，像"凉秋阴阴，独立闲馆，轻尘入户，飞鸟立于孤洲，苍葭变于河曲"这类清丽隽永、情景交融的文字，也显示了时尚的熏染和向齐梁文风过渡的痕迹。

江淹无疑是汉魏六朝悲怨文学最具有代表性的作者，对后来的文学创作产生了一定影响。

《梁书·江淹传》云："淹少以文章显，晚节才思微退，时人皆谓之才尽。"钟嵘《诗品》和《南史·江淹传》更有所谓"张协问锦，郭璞索笔"的记载。建武四年(497)，江淹被召回建康，任黄门侍郎领步兵校尉。相传"江郎才尽"的故事就发生在此时。最早记载此事的是钟嵘《诗品》，说江淹在返回都城的途中，寄宿野寺，梦见一人自称郭璞，对他说："吾有笔在卿处多年矣，可以见还。"江淹从怀中掏出一支五色笔给他，从此写诗再无佳篇。《南史》本传载有二说：一说与《诗品》略同；另一说则谓江淹从宣城还都，泊舟于禅灵寺，梦见一人自称张协，说曾把一匹锦寄存江淹处，要他交还。江淹从怀中拿出几尺锦来。那人很不高兴，责备他把锦都割裁完了。那人又对身旁的丘迟说：这几尺我好无用，给了你吧！从此江淹就写不好文章了。《诗品》、《南史》的记载固不足信，但江淹永明以后的作品极少存留，却是无可怀疑的事实。姚鼐《惜抱轩笔记》卷八云："江诗之佳，实在宋、齐之间，仕宦未盛之时。及名位益登，尘务经心，清思旋乏，岂才尽之过哉?"这是颇有道理的。他那时官做大了，政务繁多；而从主观上说，江淹似乎也没有封建文人通常都有的"寄身于翰墨，见意于篇籍"，以使"身名自传于后"的想法。《南史》本传说他"不以著述在怀"。他在《自序传》中也说："人生当适性为乐，安能刻意苦力，求身后之名哉?"此外，江淹文风有较为高古平实的一面，在"转拘声韵，弥尚丽靡"的齐梁时代，显得有些不合流俗，这对于作为文学家的江淹来说，他晚年的"才尽"，未免是一个悲剧。

刘勰著《文心雕龙》

刘勰是我国文学史上最伟大的文学理论家和批评家，也是著名的骈文作家。他的《文心雕龙》是我国文学史上第一部博大精深、体系严密、珠玑灿然的文学理论巨著，是我国古代"艺苑之秘宝"，其成就是亘古未有、举世公认的。

《梁书·刘勰传》说:“刘勰,字彦和,东莞莒人。”山东莒县,这是刘勰的祖籍。其实晋“永嘉南渡”,晋元帝司马睿都建业,乃于京口(今镇江市)侨置徐州、兖州,统辖侨郡南东莞等。刘勰的祖父刘灵真,是宋朝司空刘秀之的弟弟。他们“世居京口”,成为南朝的文化世家。刘勰幼年生活贫苦,约20岁丧母,居丧3年后,即入建康(今南京市)定林寺,“笃志好学”,追随当时有名的和尚僧佑长达十四五年之久(488~501或502)。他在建康定林寺协助僧佑整理藏经。僧佑不仅是佛学大师,精通佛理,而且也是当时著名的学者,他和僧佑同住时期,阅读了儒家的经典以及诸子百家、史传和各家的文集。他在定林寺,曾写过不少有关佛教方面的作品。《梁书·刘勰传》说:“刘勰为文长于佛理,京师寺塔及名僧碑志,必请勰制文。”其中部分就是在定林寺写的。刘勰是一个很有政治抱负的人,他认为:“君子藏器,待时而动,发挥事业,固宜蓄素以弸中,散采以彪外,楩枬其质,豫章其干。摛文必在纬军国,负重必在任栋梁。”意思是说,一个人要有高尚的才德,等待时机,做出一番轰轰烈烈的大事业。因此,要充实其内,光彩其外,如高大的楠木、樟木,坚其质而挺其干。从事写作就应有助于军国大业,出仕为官则须负起栋梁之重任。他入定林寺是为实现其理想创造条件。他在三十一二岁时(495—496),曾“夜梦执丹漆之礼器,随仲尼(孔子)而南行”。早上醒来,他非常高兴,认为孔子向他招手,便坚定了著书立说的决心,于是“搦笔和墨”,“乃始论文”,开始撰写《文心雕龙》,论“古今文体”。《文心雕龙》这部书,评论了先秦以来绝大多数重要作家的作品,总结了35种文体的源流和基本特征,全面论述了文学理论上的一系列重要问题,提出了许多精辟的论点。

经过五六年的努力,大约是永元三年(501)左右,他37岁时,我国古代第一部完整的文学理论著作《文心雕龙》告成了。但“人贱物亦鄙”,这部著作完成之后,却“未为时流所称”。刘勰也承认:“识在瓶管,何能矩矱”,个人的见识是有限的,不可能确立人人遵循的正确法则;但他也自信这部书:“按辔文雅之场,环络藻绘之府,亦几乎备矣。”有关文学艺术的种种问题，都已在这部书中周密而全面地作了论述。《梁传》说他“自重其文”。确实，他对这部书是信心满怀的。他深知，一部杰出的作品，是“音实难知，知实难逢”的；但“良书盈箧，妙鉴乃订”，必须经过高明鉴赏家的评论，才能作出定论。刘勰并不为当时的学术界所知，真是锥处囊中，难以脱颖。“勰自重其文，欲取定于约”。于是，他像一个小贩似的把书稿背着。一次，名高位尊的文坛泰斗沈约的车子经过时，他就将书稿呈给沈约。沈约将书拿过来念了，大为器重，称赞“深得文理”，并“陈诸几案”，随时翻阅。从此，刘勰的名气才大起来。他勤奋写作，著作很多，但现在所能读到的，除了《文心雕龙》以外，就只有《梁建安王造剡山石城寺石像碑》和《灭惑论》这两篇文章了。也可能是由于沈约的“大重之”，年近四十的刘勰，才于天监二年(503)踏上仕途，任起家奉朝请。“奉朝请者，奉朝会请召而已”。这是当时一个没有具体官职的低级官号。天监三四年，他才相继任临川王萧宏的记室和车骑将军夏侯详的仓曹参军。自天监六年(507)开始，做了四五年的太末(今浙江省龙游市)令，“政有清绩”。约在天监十年(511)，又改任仁威将军萧绩的记室。到天监十三年(514)，刘勰50岁时做了昭明太子萧统的通事舍人，这是刘勰一生中最幸运的时刻。天监十八年(519)，刘勰虽然再迁步兵校尉，继续兼任通事舍人，但他已经55岁，当年希冀担当栋梁重任的抱负已没有实现的可能了。这时，僧佑已去世，刘勰奉命再度回定林寺整理佛经。在完成整理佛经的任务之后，他便以最大的决心于普通元年(520)，在定林寺燔发自誓，请求弃官为僧，改名慧地。刘勰出家后不到一年，这位齐梁文坛上杰出的明星陨落了。

《文心雕龙》集前人之大成，建立了完整的理论体系。清人孙梅曾说：“五十篇之内，百代之精华备矣。”胡维新则谓：此书“读之千古如掌”。《文心雕龙》确是全面总结了先秦以来文学创作的主要经验，把握了文学艺术的一些基本规律，因而通过此书，可以鸟瞰晋宋以前的文学概况及其精华。《文心雕龙》从文学的内部规律上，探索了当时文学发展的正确道路。围绕"衔华佩实"这条主线，从文与质的统一、通与变的结合、情与采的关系等重要方面，探索了当时文学艺术应走的正确道路。《文心雕龙》以"神与物游"为文学创作的特殊方法，以"述志为本"为文学创作的特殊任务，以"写物图貌"为文学创作的特殊形式，对文学艺术特征的把握，较前人有了显著的发展，说明它对我国古代现实主义文学理论的发展作出了重要贡献。《文心雕龙》的灿烂光辉，历千载而不衰。今天，国内外学术界研究《文心雕龙》方兴未艾。一门新兴学科——"龙学"正在蓬勃兴起。

戴颙"变曲"招隐山

镇江南郊招隐山门口的石牌坊上，镌有一副对联："读书人去留萧寺，招隐山空忆戴公。"下联说的就是戴颙隐居招隐山的故事。

戴颙，字仲若，生于东晋太元二年(377)，南朝宋谯郡铚(今安徽省宿州市西南)人。他的父亲戴逵和哥哥戴勃都是东晋学者暨书画、雕刻、音乐家，"并隐遁有高名"。戴逵擅长宗教画，塑佛像最为有名。太宰武陵王司马晞，听说戴逵擅长鼓琴，便派人去征召。戴逵立即把琴破坏，对使者拒绝说："戴安道可不愿做王门的伶人!"戴逵便徙居会稽剡县(今浙江省绍兴市一带)。戴颙自幼即向父亲戴逵学习琴艺。他在少年时代还参与了他父亲的造像活动，"逵每制像，常共参虑"。戴颙将父亲的艺术衣钵——书画、诗文、音乐、雕刻完全接受了。他善鼓琴，"凡诸音律皆能挥手"，为新声变曲，都与世人不同。宋世子在瓦官寺铸丈六金像，觉得佛像的脸面太瘦，工匠无法修改，便来请教戴颙。戴颙说："非面瘦，乃臂胛肥耳。"遂叫工匠削减佛像的臂胛，"瘦患即除，像乃相称"，众人无不叹服。唐人著述曾说："今之藻绘雕刻，自戴颙始也。"他因为不愿做官，又不愿做王公大人的食客，虽有很高的艺术才华，却也不能以此去充饥御寒。中书令王绥常和宾客往访他家，见他和哥哥戴勃在家只能吃点豆粥而已。他们隐居桐庐县时，戴勃患病，医药无着。戴颙为救哥哥的命，曾经谋求海虞令的官职，快要成功时，戴勃就病死了，因此戴颙又放弃了做官的念头。

戴颙年 16 时丧父，悲痛“几于毁灭”，长期抱病。因为在桐庐不便养病，他便迁徙到吴下（今苏州市）居住。吴下的士人知道他的高风亮节，就在虎丘一带“共为筑室，聚石饮水，植林开涧”。此后，他的性情也就稍微随和一些，三吴守将及郡内官员要其同游野泽，邀宴请教，就不再全部拒绝了，因为如果再那样孤高下去，势必饿死不可！但是刘宋元嘉年间，朝廷屡次请他出山做官，他还是坚决不答应。

宋武帝刘裕的儿子衡阳王刘义季镇守京口时，长史张邵与戴颙是“姻通”的亲戚，就迎请戴颙到京口，并为他在南郊黄鹄山鹤林寺附近营造了一所竹林精舍。这里林涧甚美，清幽断俗，他就在这里居住下来。刘义季“亟从之游”，每次来游赏，都穿野服接待，不改平常风度。弹琴奏曲，音调殊美。因为戴颙名扬天下，宋文帝刘义隆常想见他，屡次对黄门侍张敷说：“吾东巡之日，当宴戴公山下也。”所以黄鹄山又称为戴公山。

后来，戴颙大概认为黄鹄山仍然距离城市太近的缘故，就迁到招隐山居住，最后终老此山。现在招隐山里还有一座“听鹂山房”，就是当年戴颙听黄鹂之声的地方。据说他常常于春日携双柑斗酒来这里。人家问他到这里干什么，他说：“往听黄鹂，此耳针砭，诗肠鼓吹，汝知之乎？”可见他极其崇好自然艺术的真、善、美。他的著作有《逍遥论》、《注礼记中庸篇》等。他在父亲去世后对所传之声不忍复奏，于是新造琴曲新弄 15 部、长弄 1 部，并合《何尝》、《白鹄》两声为一调，号为《清旷》。他还创新声变曲三调游弦、广陵、止息之流，“皆与世异”。

戴颙于宋元嘉十八年（441）逝世，享年 64 岁。他没有儿子，仅有一女。死后，他的女儿把住宅改为招隐寺，以示永久纪念父亲。他的女儿并磨碎自己的簪发之笄，表示守贞不嫁，颇有戴颙隐居不仕的味道。戴女磨笄之山，即在镇江黄鹄山东面，这座山后来便称为磨笄山。

臧荣绪撰写《晋书》

臧荣绪,生于东晋义熙十一年(415),祖籍东莞莒(今山东省莒县)。其先世在“永嘉南渡”中到了江南,侨居于晋陵郡丹徒县京口里(今镇江市)。他幼年时父亲去世,从小便挑起生活的担子,浇灌田园,以供祭祀。母亲去世后,他写了《嫡寝论》表示纪念,洒扫堂宇,设置筵席,每到初一和十五都要祭拜,“甘珍未尝先食”。他自幼纯笃好学,特别喜爱读《五经》,自号“披褐先生”,与朋友关康之一起隐居京口,教授生徒。他还收集西晋、东晋的文献资料,编撰成《晋书》,记录志传 110 卷。他的好友关康之(415—477),字伯愉,南朝宋河东扬人,“世居京口”,以读古书为务,40 年杜门不出。宋泰始年间,朝廷征召关康之为通直郎,不就。关康之性情清约,独处一室,读书写作,连妻子也很少见面,更加不与宾客往来。关康之刻苦读书,学问博洽,满腹经纶。尚书右丞顾悦之难王弼《易》义 40 余条,关康之为王弼解难而又难住了顾悦之。关康之又写《毛诗义》,对经籍中的疑滞之处,多所论释。关康之尤其擅长讲解《春秋左氏传》。齐高帝萧道成为领军时,一直爱好此学,曾送传本请关康之亲手点定。关康之又造《礼论》10 卷送给萧道成。萧道成“绝赏爱之”。臧荣绪与关康之埋头做学问,世人称他们为“京口二隐”。南徐州刺史征召臧荣绪为西曹,推举他为秀才,但是他没有应召。萧道成在扬州任刺史时,征召他为主簿,不到。建元年间,司徒褚渊在京口,与他相遇,知道他已经写成了《晋书》,便向已经做了皇帝的萧道成举荐说:“臧荣绪是朱方(今镇江市)的高人逸士。以前,臧质以国戚任辅国将军,率众去营救彭城,推荐臧荣绪为行佐,结果他借口有病谢绝了。他蓬庐守志,安贫乐道,种蔬终老,与朋友关康之埋头钻研典籍,穷本溯源,著书立说,写成了《晋书》十函,‘赞论虽无逸才,也足以弥纶一代了’。”齐高帝萧道成便采纳了褚渊的建议,征召臧荣绪到皇家图书馆任职。后来,臧荣绪担任了南徐州(今镇江市)主簿。齐永明六年(488)去世。

在臧荣绪编撰《晋书》之前，早就有17家《晋书》。这些晋史或失之于太略，或不是全史。陆机的《晋书》只记追封的晋宣、景、文三帝之事；干宝的《晋书》，习凿齿的《汉晋阳秋》，王隐、虞预、朱凤、谢沈的《晋书》，也至多记录到西晋为止的一朝史事；何法盛所撰《晋中兴书》则明确表示只记东晋之事；其他或专详东晋，或兼记西晋。而谢灵运的《晋书》，据本传介绍，其书根本没有撰写成功。真正囊括两晋，做到各体俱备，内容翔实，成为一代之典的，便是臧荣绪的《晋书》。后来，由唐太宗李世民主持，房玄龄等名流参加撰写《晋书》，仍然以臧荣绪的《晋书》为主，参考其他晋史、杂说编纂而成，人称贞观《晋书》。由此可见，臧荣绪是我国六朝时期一位杰出的史学家，为编修晋史作出了杰出贡献。

王僧孺诗歌瑰丽

王僧孺，字僧儒，生于宋明帝泰始元年(465)，卒于梁武帝普通三年(522)，南朝梁东海郯人。晋“永嘉南渡”之时，元帝司马睿都建业，乃于京口(今镇江市)侨置徐州、兖州，统辖侨郡南东海等。南东海下辖4县，郯为其一。他5岁读《孝经》，6岁能写文章，因为家庭贫困，常常为人抄书以赡养母亲。他有过目不忘之才，很多书籍抄毕即能讽诵。

王僧孺初仕齐朝，起家王国左常侍，擢太学博士、尚书仆射。竟陵王萧子良“开西邸、招文学”，他曾游于门下。文惠太子听到他的诗名，特召他入东宫。后来，他累迁治书侍御史，出为钱塘令。

进入梁朝，王僧孺初任南海太守，禁止当地杀牛旧俗，“颇有政声”。两年后，梁武帝萧衍“以僧孺诗为工”，迁少府卿出监吴郡。后来，又下诏命他返回朝廷，任中书郎，领著作，迁尚书左丞、游击将军兼御史中丞。王僧孺博览群书，诗歌飘逸美丽，多用新典，以富博著称。他善于写爱情诗，情文双美。“艳歌”总集《玉台新咏》收录了他的诗歌18首，其中的《春思》写得诗中有画，随景赋情，言简意深：

雪罢枝即清，冰开水便绿。
复闻黄鹂鸣，全作相思曲。

王僧孺的《月夜咏陈南康新有所纳》，以花拟人，巧比妙喻，也委婉动人：

二八人如花，三五月如镜。
开帘一种色，当户两相映。
重价出秦韩，千金几争聘。
君意自能专，妾心本无竞。

王僧孺奉诏外任回朝后，经常陪同梁武帝萧衍宴乐。他的《侍宴景阳楼》写得排偶夸饰，词藻繁富，纤秾绮丽：

回舆避暑宫，下辇迎风馆。
散漫轻烟转，霏微商云散。
蔓草亘岩垂，高枝起天半。
回风稍惊水，落光渐斜岸。
妙舞驻行云，清歌入层汉。
晬颜畅有怿，德音良已粲。

这首诗的开篇两句先写帝王车驾出入离宫(避暑宫)别馆(迎风馆)的盛况。次两句再以“散漫轻烟”、“霏微商云”渲染宫廷深幽华贵的氛围。其后四句则以纤细浓丽之笔描绘宫苑庭园的绮丽景致。诗人以写实传神的笔触，借助草、树、岩、风、水天、沙岸等物，竟也在这人为的崇楼高阁、雕梁画栋中创造出了一个仿自然的幽雅景观，呈现出一派与世隔绝的优美寂静。接着再写轻烟中的“妙舞”竟使行云停驻，传响于耳的“轻歌”直上云层霄汉，确能令人产生一种飘飘欲仙的效果。诗末以君主怿悦、“龙颜”大喜作结，歌颂之辞不绝于耳。这首诗通篇对仗工整，音韵和谐。明末张溥《汉魏六朝百三家集题辞》中说：“抒轴云霞，激越钟管，新声代变，于此称极。”王僧孺也擅长书法，尤好收藏典籍，家藏万卷，与沈约、任昉为当时三大藏书家。所著文集30卷、《十八州谱》710卷、《百家谱集》15卷、《东南谱集抄》10卷及《东宫新记》等，多已散佚。明人辑有《王左丞集》。

徐勉两代咏"闺情"

南朝梁重臣徐勉和儿子徐悱、儿媳妇刘令娴都是梁代诗坛的高手。他一家两代人感情细腻，文笔超群，极善于写爱情诗。在中国古代"艳歌"总集《玉台新咏》中，一门两代三人都有作品被收录的，仅有徐勉一家。

徐勉(466—535)，字修仁，祖籍东海郯(今山东省郯城一带)。他幼孤贫，笃志好学，博通经史，有耳听手写并用之功。齐朝起家，为国子生，射策甲科，迁太学博士、尚书殿中郎、领军长史；入梁，为中书侍郎，迁尚书左丞、吏部尚书、尚书仆射、中书令等要职。当时，王师北伐，徐勉参掌军书，在朝中夜以继日地忙碌，数旬才回家一次。每一次回家，家中的狗都将他当做陌生人而叫个不休。他见此情景，常常感叹地说："吾忧国忘家，乃至于此！"梁朝的朝章仪制，他都参与其议。普通二年(521)，他上《修五礼表》，提出"以礼治国"的建议，得到了梁武帝萧衍的赞允。他担任吏部尚书时大公无私，任人唯贤，严拒"跑官"之徒。有一位名叫虞高的人到他府上求詹事五官之职，他正色说："今夕止可谈风月，不宜及公事。"他后来领太子中庶子侍东宫，这时昭明太子萧统年纪还幼小，徐勉常于殿内为萧统讲《孝经》。萧统对徐勉也"礼之甚重，每事询谋"。中大通三年(531)，他因病请求解职，但梁武帝萧衍不允许，令他三日一朝。后来，他疾病加剧，又陈书要求解职，才获御旨回到京口，在家中去世。梁武帝萧衍听到他去世的消息，"闻而流涕，即日车驾临殡"，并下诏特赠徐勉为右光禄大夫、开府仪同三司，谥"简肃"。

徐勉"善属文，勤著述，虽当机务，下笔不休"，著有《前集》35卷、《后集》16卷、《左丞弹事》、《选品》、《会林》、《妇人集》等72卷，又删编《流别起居注》600卷，皆佚。今存《鹊赋》、《萱草花赋》、《答客喻》、《诫子崧书》等文及《采菱曲》、《迎客曲》等诗6首。他的《采菱曲》写一群采菱姑娘向往爱情的真情实感，文词清新，感情真挚，有很浓烈的生活气息：

相携及嘉月，采菱渡北渚。
微风吹棹歌，日暮相容与。
采采不能归，望望方延伫。
倘逢遗珮人，预以心相许。

徐悱（？—524），字敬业。徐勉之子。他幼年聪明，好学不倦。历任著作佐郎，太子中舍人，掌记室。后出为湘东王友，迁任晋安内史。他与妻刘令娴感情深厚，曾写《对房前桃树咏佳期赠内》抒发离情别绪，情致浓郁，感情缠绵，真挚动人：

相思上北阁，徙倚望东家。
忽有当轩树，兼含映日花。
方鲜类红粉，比素若铅华。
更使增心意，弥令想狭邪。
无如一路阻，脉脉似云霞。
严城不可越，言折代疏麻。

他还写有《古意酬别长史》诗，写其建功立业的抱负，表现了青年时代血气方刚的性格，在齐梁诗中显得较为遒劲。另有《白马篇》1 首，仿曹植同名诗作，格调亦较慷慨激昂。

刘令娴（520 年左右在世），世称刘三娘。彭城（今徐州市）人，嫁东海邑徐悱为妻。她是文学家刘孝绰的第三妹，文词清拔，多写闺怨，《玉台新咏》录其诗 9 首。她的《听百舌》、《和婕妤怨》、《和昭君怨》、《摘同心支子赠谢娘，因附此诗》等托物言怀，抒写微细，凄惋神伤，悲切感人。名作有《答外诗》二首，为回赠丈夫之作，写景寄情，真切生动：

花庭丽景斜，兰牖轻风度。
落日更新妆，开帘封春树。

鸣鹂叶中响，戏蝶花间骛。
调瑟本要欢，心愁不成趣。
良会诚非远，佳期今不遇。
欲知幽怨多，春闺深且暮。

东家挺奇丽，南国擅容辉。
夜月方神女，朝霞喻洛妃。
还看镜中色，比艳自知非。
摛辞徒妙好，连类顿乖违。
智夫虽已丽，倾城未敢希。

这两首诗，抉心曲之微细，展思情于拂郁，可谓淋漓而于至尽！

徐悱死在晋安，她悲痛欲绝，执笔倾吐衷肠，写《祭夫文》一篇，词意凄惋。如“一见无期，百身何赎”，“百年何几，泉穴方同”等句，出自肺腑，毫无雕饰。徐勉本想为爱子写祭文，见到儿媳刘令娴的文章催人泪下，于是搁笔。

何逊诗作称上品

唐代大诗人杜甫对梁代著名诗人何逊推崇备至，称他为“能诗何水曹”；在谈及自己的创作体会时又说：“颇学阴（铿）何（逊）苦用心。”杜甫有些诗的风格，以至遣词造句，也酷似何逊。比如何逊的诗工于发端，往往首联即对。而杜甫的律诗，特别是绝句，也往往采取首联对仗的句式。更为有趣的是，杜诗中的有些名句就是从何逊的诗句变化而来的，如杜诗“薄云岩际宿，孤月浪中翻”就是变化何诗“薄云岩际出，初月波中上”而成的。所以，清人陈祚明指出：“少陵（杜甫）于仲言（何逊）之作，甚相爱慕。集中警句，每见规模；风格相承，脉络有本。”

何逊，字仲言，生于齐高帝建元二年（480），祖籍东海郯（今山东省郯城县西）。侨居于丹徒县京口里。他的曾祖何承天，刘宋时历官衡阳内史、御史中丞等，世称“何衡阳”，好奕棋，善弹筝，“博见古今，为一时所重”。据《梁书》本传记载，何逊8岁就能赋诗，弱冠在州里举为秀才。当时的名流范云看到他的对策，大加赞赏，遂结为忘年交。此后，据说何逊凡有所作，范云总要赞赏，并对周围的人说："顷观文人，质则过儒，丽则伤俗：其能含清浊，中今古，见之何生矣！"当时，文坛领袖沈约也很喜爱何逊的文章，曾对他说："吾每读卿诗，一日三复，犹不能已。"可见当世的文坛名流对他都是极为重视的。何逊与同族兄弟何思澄、何子朗俱擅文名，时人语曰："东海三何，子朗最多。"何思澄听了则说："此言误耳。如其不然，故当归逊"，并不无自豪地说："吾宗昔多士，文雅高缙绅。"

萧衍建梁称帝后，何逊曾为奉朝请。后来，他迁任建安王萧伟的行军参军，兼任记室，故后人称他为"何记室"。他深得萧伟信任，日与游宴，不离左右。时萧伟兼任扬州刺史(治所在今南京市)，何逊跟从萧伟到扬州。所以，杜甫诗有"东阁官梅动诗兴，还如何逊在扬州"之句。天监九年(510)六月，萧伟出为江州(今江西省九江市)刺史，何逊仍从掌书记。此后，何逊被荐给梁武帝萧衍。开始，他与吴均都颇得宠信。后来萧衍说："吴均不均，何逊不逊"，便疏远了他。不久，何逊又迁安成王萧秀参军事，兼尚书水部郎，因此，后人又称他为"何水部"。他因为母亲去世而离职归家服丧。服丧期满，任庐陵王萧续的记室。天监十七年(518)去世，时年40岁左右。

何逊是抒写离情别绪的高手。他吟咏自然景物的诗，多写得新鲜生动，如《临行与故游夜别》：

历稔共追随，一旦辞群匹。
复如东流水，未有西归日。
夜雨滴空阶，晓灯暗离室。
相悲各罢酒，何时更促膝？

这首诗极力渲染离别时难舍难分的情景，"夜雨"二句更是寓情于景，笼罩着一片感伤气氛。结句设问，进一步抒发了"盛会难再"的深沉感慨。其他如《赠诸游旧》、《送韦司马别》、《与胡兴安夜别》、《相送》等诗，以景托情，情景交融，真情实感，颇为动人。他的一些吟咏自然景物的诗，多写得新鲜生动，情景俱佳，如《下方山》：

寒鸟树间响，落星川际浮。
繁霜白晓岸，苦雾黑晨流。
鳞鳞逆去水，弥弥急还舟。
望乡行复立，瞻途近更修。
谁能百里地，萦绕千端愁。

前六句写前往方山途中所见景色。诗中描写霜晨景物细致入微，有声有色，"寒鸟"、"落星"、"繁霜"、"苦雾"，景象凄清；"鳞鳞"、"弥弥"，正状其心潮的不平静；"白"、"黑"二字作动词用，也很精妙。雾何以会使江流变黑？那是因为天色在欲明未明之际，而浓雾笼罩，便越显得阴晦。最后四句正面抒写怀念家乡，厌倦旅途之意。"行复立"，是说走一阵又站住回头遥望；"近更修"，说离别所去的目的地越来越近，但心理上总觉得行程漫漫。寻常情，眼前景，妙手写景，波澜层生，加之对偶之巧，连用叠字，更给诗增添了一层和谐的形式美。

何逊吟咏自然景物的诗，多写得新鲜生动，情景俱佳，如"黄花发岸草"、"村梅落早花"、"黄鹂隐叶飞"、"新月雾中生"、"野岸平沙合，连山远雾浮"、"游鱼乱水叶，轻燕逐风花"、"林密户稍阴，草滋阶欲暗"、"山烟涵树色，江水映霞晖"、"岸花临水发，江燕绕樯飞"等，写景状物，绘声绘色，意象精工，难怪黄庭坚赞叹不绝地说："句法妙何逊。"何逊虽生当骈丽之时，却能摆脱填缀之习，确实难能可贵。他生当"永明"（齐武帝萧赜的年号）之后，正处在比较自由的古体诗向格律严整的近体诗过渡的重要阶段，所以何逊写诗很注意审音炼字。他的诗对仗自然而多工整，声韵和谐而少阻滞，就声律格调而论，有的诗已经很接近后来律诗绝句的要求。他流传至今的诗文共有 100 多篇，作品没有被当时颓靡的文风所牢笼，许多诗文能够给人一种清新自然的感觉。明人陆时雍说："仲言（何逊）意境清微，幽芳独赏，叙怀述愫，是其所优，当梁之时，去艳修真，会归本素，亦可称大雅君子矣！”清人沈德潜也说：“水部名句极多”，并称何逊、沈约、江淹三人在萧梁一代“可以鼎足”，又说“阴（铿）何（逊）并称，然何（逊）自远胜”。

梁代“才子”萧子显

萧子显，生于齐永明七年(489)，字景阳，南兰陵郡兰陵县（今丹阳市）人。南朝齐高帝萧道成之孙，豫章献王萧嶷之子。兄弟十六人，他排行第八。萧子显自幼聪明睿智，父亲十分惊讶，爱过诸子。他因为出身皇族，7岁时封为宁都（今江西省宁都县）县侯，12岁时任给事中。

萧衍篡齐，建立梁朝。萧子显虽然被降爵，可是因为他有文才，在梁朝仍然官运亨通，被任为安西将军外兵曹、仁威将军记室参军，负责上奏表章及信札书翰之事；又任司徒主簿，总管宰相府众事；后任太尉录事，掌管太尉府文书。

萧子显身长八尺，状貌魁伟，才思敏捷，长于文学。梁武帝萧衍曾向萧子显兄弟表示要他们做梁朝的忠臣，特别雅爱萧子显的容资典雅和文学天才。萧子显也就利用他的文史才能尽力为梁朝服务。他曾著《鸿序赋》以表达立身处世的志趣，尚书令沈约称赞他这篇文章“可谓得明道之高致，蓋幽通之流也”，意即萧子显已经获得阐明大道的高度准则，这篇赋可以同汉代班固的《幽通赋》比美。沈约这样高度评价，说明这一篇赋确实超乎凡响，非同一般。萧子显勤于著述，早就有志撰写一部完整的《后汉书》。他采摭众家《后汉书》，考订同异，纂成《后汉书》100卷（今佚）；又奏请梁武帝萧衍批准撰写齐史。他以檀超、江淹的《国史》，沈约的《齐纪》，吴均的《齐春秋》为依据，参酌众书，编成纪传体《齐书》60卷（佚序录1卷，现存59卷），今称《南齐书》。其书虽然有志无表，而志又缺《食货》、《刑法》、《艺文》等篇，但全书保留的原始史料较多，对当时文学、思想、科学的成就有所反映，是一部重要的史学著作。

《南齐书》修成后，他上表奏明朝廷，梁武帝萧衍认为还合意，诏付秘阁收藏。他因修史有功，升为太子中舍人，后历任建康令、丹阳尹丞、中书郎、守宗正卿。出镇地方为临川郡内史，后调回朝廷任黄门郎。中大通三年(531)，以侍中领国子博士。

萧衍雅爱他的才干，还赞扬他的仪表言谈。每次御筵侍坐，尝顾盼询问他。一次，萧衍对他说："我编纂的《通史》，如果成功了，其他史籍都可以废弃。"他对答说："仲尼赞《易》道，黜八字，述职方，除九丘，圣制符同，复在兹日。"意即孔子赞扬《易经》的道理，八卦学说的古籍就废黜了，论述职方氏所掌的档案资料，九州之志就清除了。今天皇上创作《通史》，正与这个意义符合，那个情景，就重现在眼前。他回答萧衍的这番话，在当时，被誉为"名对"。

萧子显为取悦梁武帝萧衍，请求在国学里传授御制的《五经义》；又奏请编撰《高祖集》，编写梁武帝的《普通北伐记》。书成之后，升为国子祭酒，加侍中。中大通五年(533)，升吏部尚书，侍中仍旧。

萧子显以出身高门，风神洒落，雍容闲雅，性爱山水，颇负才气。他掌握选任官员的大权时，会见九流宾客，不愿和那些人交谈，举扇一挥而已，态度十分傲慢，一般士大夫私下都很恨他。可是，梁武帝萧衍十分器重他，每与百官宴会时，对他夸奖推重备至，视为"才子"、"异人"。他也曾写《自序》，记述他所受皇帝的宠爱和自己文章的成就，常以战国时楚国的唐勒、宋玉，汉文帝时的贾谊，梁孝王时的严忌、邹阳自比。梁大同三年(537)，出任仁威将军，吴兴太守。同年，死于吴兴，年49。其著作还有《晋史草》30卷、《贵俭传》30卷，文集20卷。

他去世后，朝廷当即下诏曰："仁威将军、吴兴太守萧子显，神韵峻举，宗中传器，分竹未久，奄到表殒，恻怆于怀，可赠侍中、中书令，今便举哀。"在埋葬时，请谥。梁武帝萧衍手诏说："恃才傲物，宜谥曰：骄。"

萧统选文增华阁

“读书人去留萧寺，招隐山空忆戴公。”这是镇江南郊招隐山入口处石牌坊上的一副对联。上联说的是南朝梁昭明太子萧统曾读书于招隐寺的故事。据《太平寰宇记》记载，萧统的确曾读书于此。我国现存的第一部诗文总集《文选》就是他和文学侍从之臣在招隐寺旁的增华阁编选而成的。

萧统像

萧统，字德施，小字维摩，生于齐和帝中兴元年(501)九月，是梁武帝萧衍的长子，南兰陵中都(今丹阳市荆林、胡桥之间)人。他自幼就喜爱读书，而且天资聪颖。“三岁受《孝经》、《论语》，五岁遍读《五经》，悉通讽诵”，10岁左右已读过许多古今有名的作品，12岁时开始学习判案，15岁时“读书数行并下，过目皆忆”，博览群书，赋诗常常“至十数韵，或作剧韵，皆属思便成，无所点易”，成为当时有名的青年学者。他喜欢搜集图书，东宫藏书多达3万卷。

萧统对文学有浓厚的兴趣。他觉得自己如果继位做皇帝，虽然尊荣至极，但是一旦辞世，还是与草木同朽，泯灭无踪。只有写文章才是千古之盛事，经国之大业，即使百世千年之后，也会有人阅读这些文章，追忆它的作者。所以，他觉得宁可不做皇帝，也一定要在文学上作出不朽的贡献。他性爱山水，喜欢玄圃穿筑，更立亭馆，与朝士名素优游其间。他曾于后池泛舟，番禺侯萧轨大为称道，说在这里应该奏女乐，他不答话，咏左思《招隐》诗道：“何必诗与竹？山水有清音。”萧轨听了很觉惭愧。萧统出宫20余年不畜声色，少年时候，父皇萧衍就曾敕封他太乐女伎一部，但他毫不爱好。他素性爱民，普通年间，连年大军北讨，米价日增，因此他命令节衣缩食，改常馔为小食。每当霖雨积雪之时，就派左右心腹之人到老百姓居住的街巷巡视，“视贫困家，有流离道路者，以米密加赈赐，人十石，又出主衣绵帛，多作襦袴，冬月以施贫病，如死亡无可收敛者，为备棺材”。他每当听到远近百姓赋役勤苦，辄敛容变色。吴兴郡因为水灾失收，有人上言，应当漕大渎以泻浙江。这年春天，梁武帝萧衍诏命前交州刺史王弁假节发吴郡、吴兴、义兴三郡民丁就役。他上疏谏止其事。因为言之有理，萧衍看了，“优诏以喻”，对他表示嘉奖。为了读书撰文，他决定离开建康（今南京市），找一个幽静的地方。相传，他曾带了一批亲信文人从建康向东部的沿江一带找理想的读书之地。他们先到了常熟。常熟城郊的虞山，北近扬子江，南临阳澄湖，有飞瀑奇石之胜，景色秀美，又有大慈寺等庙宇可以憩息。但是，萧统觉得其地虽然是个好地方，但离城市太近，不能隔绝尘嚣。他们又到过几处别的地方，都觉得不够理想。最后到了京口，终于选定了南郊招隐山。这里群山环抱，树木茂密，远离城市，人迹罕至，环境极为幽雅。山中有大片修竹，几处清泉。春来山花烂漫，莺歌燕语，风景十分秀丽。戴颙之女舍宇修建的招隐寺也已经竣工。寺中栽植了许多奇花异卉，最珍贵的两株玉蕊花，据说除了皇宫御花园中有几株外，别的地方还没有见过。而且，京口离建康很近，往来比较方便。萧统对此十分满意，便决定到这里来读书选文。京口地方官在招隐寺后半山为他建造了两幢楼房，一幢叫读书台，楼上可供他读书休息，楼下让侍从文人居住；一幢叫增华阁，可供他和侍从文人们选诗作文。楼房修好后，萧统就带领一批文学侍从之臣，装载一车一车的图书，浩浩荡荡地从建康来到了京口招隐山。

萧统“引纳才学之士，赏爱无倦”。他们整天在一起读书论文，造成了浓厚的文学气氛，正如史书所说：“名才并集，文学之盛，晋、宋以来未之有也。”萧统决定编辑一部文选，作为后人学习的范本。

他们认为，好的文学作品，首先要注重形式美，词藻要华丽，对仗要工整，但必须丽而不浮，典而不野，文质彬彬，有君子之致。大家经过反复讨论，一致主张以“事出于沉思，意归乎翰藻”作为选文的标准。

为了集思广益，更好地编成这部诗文总集，他与学者们认真地阅读典籍，商榷古今。京口学者刘勰撰写了我国第一部系统的文学理论著作《文心雕龙》，有很多独到的见解和精彩的议论，受到当时学者的推崇。刘勰兼东宫通事舍人，萧统“深爱接之”。刘勰提倡文质并重对萧统评选诗文很有启发。

萧统和随从学者们在招隐山风雨晨昏，遨游书海，辛勤工作，终于编成了30卷的《文选》稿本，选录了上起周代，下讫梁朝130位知名作者和少数佚名作者的诗文词赋700余首（篇）。这些作品都经过严格的衡量评品，大体上都是佳作。可以说，萧统以前文章的精华，基本上都搜集到这部《文选》里面了。

萧统在31岁那年3月游后池，姬人荡舟，使他偶然落水，因此害病，到4月遂至暴恶，已而薨逝，谥号为“昭明”。

他的著作，有文集20卷，已散佚；又撰集古今典诰文言为《正序》10卷，五言诗之善者为《英华集》20卷，虽著录于《隋志》，今已不存。他编纂的《文选》30卷，今存。

清代诗人王士祯有一首吟咏镇江南郊昭明读书台的诗：“王孙读书处，梵宇自萧森。无复维摩室，空余双树林。荒台梁碣尽，夕景楚江阴。古像悲犹在，风流不可寻。”清代，萧统的古像已经不可寻找了，但是，他在招隐寺选编的《文选》却有着深远的影响。唐人李善说：《文选》成书之后，“后进英髦，咸资准的”。唐代诗人杜甫也曾要求儿子“熟精《文选》理”。宋代有句谚语说：“《文选》烂，秀才半。”后人选文，则无不受到昭明《文选》的启发。后来的学者研究《文选》，赓续不衰，便形成了一项专门的学问——文选学。《文选》是中国文学史上的一座丰碑，萧统为弘扬中华民族的灿烂文化作出了不可磨灭的贡献。

徐陵博学成文宗

徐陵，字孝穆，生于梁天监六年(507)，祖籍东海郯(今山东省郯城县)，为梁代著名诗人徐摛之子，曾侨寓于京口。他自幼聪明好学，在父亲的培养和熏陶下，8岁能写诗文，12岁时便熟诵《老子》、《庄子》等，并且长于口辩，很为当时的名流称赏。以后，他博涉史籍，学业大进。梁武帝普通二年(521)，晋安王萧纲引徐陵为宁蛮府参军。萧纲被立为皇太子时，徐陵曾为东宫学士，后迁尚书度支郎，出为上虞令，又曾改迁通直散骑侍郎。梁武帝太清二年(548)，徐陵曾以通直散骑常侍身份出使东魏，直到绍泰元年(555)，才返回南朝。梁敬帝绍泰二年(556)，徐陵又一次出使北齐。后来，陈武帝陈霸先代梁自立，徐陵任尚书左丞，加散骑常侍。陈文帝天嘉四年(563)，迁五兵尚书，领大著作。天康元年(566)，迁吏部尚书，领大著作。徐陵根据自梁末以来朝内选授多失其所的情况，注重选贤授能，很有政绩。此后，徐陵曾被封为建昌县侯，历任五兵尚书、尚书左仆射、右光禄大夫、丹阳尹、中书监等职。陈后主陈叔宝即位，徐陵迁左光禄大夫、太子少傅。至德元年(583)卒，时年76岁。陈叔宝曾下诏说，徐陵“弱龄学尚，登朝秀颖，业高名辈，文曰词宗”。《南史》说：“国家有大手笔，必命陵草之。其文颇变旧体，辑裁巧密，多有新意。”徐陵在梁朝，诗文流丽轻艳，与庾信齐名，一时号为“徐庾体”。

徐 陵 像

徐陵是梁、陈间有名的诗人、骈文作家。早年,他同父亲徐摛及庾肩吾、庾信父子,一起出入于梁太子萧纲门下,醉心于描写宫廷生活,刻画妇女的黛痕脂晕,纤手细腰,诗风浮艳,这就是在文学史上经常受到批评的"宫体诗"。萧纲为了给自己喜好的宫体诗寻找根据,让徐陵把自汉至梁描写或涉及女性的诗篇搜集起来,编成诗集《玉台新咏》10 卷。《玉台新咏》是继《诗经》、《楚辞》之后出现的一部具有代表性的诗歌总集,全书收诗 769 首,其中五言诗 8 卷,七言诗 1 卷,五言二韵 1 卷,除第 9 卷中的《越人歌》相传作于春秋战国之间外,其余都是汉代至梁代的诗作,而以南朝诗歌为主。成书年代大体在梁代末年。《玉台新咏》的编选很有特色,它专收题咏闺情的诗歌。据徐陵《玉台新咏序》,其编纂此书的目的,乃使后宫佳丽"无怡神于暇景,惟属意于新诗",而"往世名篇,当今巧制,分诸麟阁,散在鸿都,不藉篇章,无由披览",于是"撰录艳歌,凡为十卷"。选收目的和标准非常明确。这种体例属徐陵首创。梁启超对此给予肯定,认为它选诗比《文选》高明。梁启超说:"《文选》之于诗,去取殊不当人意。《新咏》为孝穆承梁简文意旨所编,目的在于专提倡一种诗风,即所谓言情绮靡之作是也。""吾于此二选,宁右孝穆而左昭明,右其善志流别而已。"虽然萧纲指令编这部诗集的目的在于张大艳诗之体,但其中也保存了一些表现真挚爱情和妇女痛苦生活等方面较有意义的佳作,如在文学史上具有重要地位的《古诗为焦仲卿妻作》便最早见于此书。其他如《木兰诗》也被收入。女诗人班婕妤、鲍令晖、刘令娴以及曹植的《妾妇诗》、庾信的《七夕》诗等也依赖该书保存下来。如果没有该书,他(她)们的作品可能全部失传。从这方面看,徐陵是有很大功绩的。徐陵以写"宫体诗"闻名,也写过一些有社会内容的诗。清代王夫之曾赞扬徐陵的诗"纳之古诗中,则如落日余光;置之近体中,则如春晴始旦",肯定徐陵的诗歌在艺术形式方面具有一定的承前启后的作用。如他的《关山月》二首都写得真切而有感情。在艺术上,此诗由边关而内地,再由内地而边关,空间转换,开合自如,是其特色。

徐陵善于作骈体文，结构严密有致，辞藻华美，与庾信齐名，号“徐庾体”，历来被视为骈文的典范之作。他的《玉台新咏序》比较有名，内容和情调与宫体诗相似，它的声韵丽辞被后世所赞美。清人曾称赞此文“炼格炼词，绮缩绣错，几于赤城千里霞矣”，是“声偶兼到之作”。清人孙梅在《四六丛话》中也称颂《玉台新咏序》“美意泉流，佳音玉屑，其烂漫也若蛟蜃之嘘云，其鲜新也如兰茗之集翠”。这些溢美之词，都是只就形式技巧的华丽圆熟而说的。徐陵最受后人推崇的作品还是在北齐时所写的《与杨仆射书》。徐陵出使东魏（后为北齐）七年，曾“累求复命，终拘留不遣”。徐陵乃致书于仆射杨遵彦：

岁月如流，平生何几？晨看旅雁，心赴江淮；乐望牵牛，情弛扬越。朝千悲而掩泣，夜万端而回肠，不自知其为生，不自知其为死也。

在这篇文字中，徐陵抒写感情，真实动人。清人李兆洛称赞徐陵的书体文说：“孝穆文惊彩奇藻，摇笔波涌，生气远出。”徐陵的诗文在当时享有盛名。入陈之后，被称为“一代文宗”。每作一文，时人争相传读，并广泛传入北朝。

包融父子共“骚雅”

唐代，润州延陵（今丹阳市）出了一位诗人包融，与其子包何、包佶，“骚雅接响”、“联玉无暇”，纵声雅道，齐名当时，号称“三包”。包融在神龙年间，与贺知章、张旭、张若虚文词齐俊秀，有名于当时，号称“吴中四杰”。开元年间，宰相张九龄引为怀州司马、迁集贤院直学士、历大理司直，今存诗 8 首。他的《送国子张主簿》写得动静相映，递进深入，曲折深婉：

湖岸缆初解，莺啼别离处。
遥见舟中人，时时一回顾。
坐悲芳岁晚，花落青轩树。
春梦随我心，悠扬逐君去。

包融很喜欢游览名山大川，凭吊名胜古迹。一次，他游览纪念魏晋之际“竹林七贤”之一的阮籍的啸台时，对“才藻艳绝，倜傥放荡，以庄周为模则”的阮籍，仰慕不已，吟诗一首：

荒台森荆杞，蒙笼无上路。
传是古人迹，阮公长啸处。
至今清风来，时时动林树。
逝者共已远，升攀想遗趣。
静然荒榛门，久之若有悟。
灵光未歇灭，千载知仰慕。

这首诗心物交映，景外情内，古今融洽，感慨深沉。

包何，字幼嗣，包融之子。天宝七年(748)进士。大历年间，任起居舍人。他曾向田园诗人孟浩然学习写诗，与诗人李嘉佑结为好友。他写诗观察细致，写照传神。如他与弟弟包佶和班、韦二员外观赏秋苔所写的诗，可谓文词清美，本色自然，诗画交织：

每看苔藓色，如向簿书闲。
幽思缠芳树，高情寄远山。
雨痕连地绿，日色出林斑。
即笑兴公赋，临危滑石间。

包何为官清正，也希望朋友是一位爱民如子、享有威望、洞察事理、远离小人、清正廉明的好官。他送别友人孟孺卿时以秤为题，赋诗一首：

愿以金锤秤，因君赠别离。
钩悬新月吐，衡举众星随。
掌握须平执，锱铢必尽知。
由来投分审，莫被弄权移。

他这首诗比中有比，借物达意，言浅意深，饶有情趣。辛文房所著《唐才子传》中称他的诗“流离世故，卒多素辞，大播芳名，亦当时望族也”。包何今存诗19首。

包佶，字幼正，包何弟。天宝六年(747)进士。宰相刘晏管理国家财赋时，奏起为汴东两税使。刘晏罢职之后，以包佶任诸道盐铁轻货钱物使。不久，改任刑部侍郎、太常少卿，拜谏议大夫、御史中丞，官至秘书监。他“居官谨确，所在有声”，“辞宠乐高，不及荣利”，去世后封丹阳郡公。他与刘长卿、窦叔向为莫逆之交，时相酬唱。《唐才子传》称他“天才瞻逸，气宇清深，心醉古经，神和《大雅》，诗家老斫轮也”。今存诗30多首，多为郊庙乐章与送别赠答之作。他信佛，在诗中流露过“久来从吏道，常欲奉空门”的情绪。一次，他看到墙壁上的《卢九想图》，便产生了钦羡佛法的感兴，吟诗一首：

一世荣枯无异同，百年哀乐又归空。
夜闲鸟鹊相争处，林下真僧在定中。

这首诗和墙壁上的画一样，用暗示表达禅理，抒写心曲，是当时反映佛学思想的诗作中较为不落言筌的一首。

刘昚虚思雅词奇

唐代诗人殷璠在《河岳英灵集》中收录了盛唐著名诗人刘昚虚的多首诗作，并评论说：“为诗情幽兴远，思雅词奇，忽有所得，便惊众听。”宋代严羽将他与沈(佺期)、宋(之问)以及“初唐四杰”王勃、杨炯、卢照邻、骆宾王并举，称之为大名家。

刘昚虚，字全乙，一说字挺卿，唐润州(今镇江市)人。他“姿容秀拔”，又十分聪慧，9岁能作文，“上书，召见拜童子郎”，开元十一年(723)进士，次年又登博学宏词科，历任崇文馆校书郎、洛阳尉、夏县令等职。他性情高古，不慕荣利，啸傲风尘，一首五律《阙题》清新秀丽，诗中有画，寄托幽深：

道由白云尽，春与青溪长。
时有落花至，远随流水香。
闲门向山路，深柳读书堂。

幽映每白日，清辉照衣裳。

刘昚虚性好名山大川，多与山僧道侣交往，曾想隐居庐山，但是没有成功。他与“风流天下闻”的山水田园诗人孟浩然是好朋友，互相酬唱，相交很深。他在洪州（今江西省南昌市）做过官，孟浩然在开元十六年（728）前，去扬州途经洪州龙沙时写了《九日龙沙作寄刘大昚虚》：

龙沙豫章北，九日挂帆过。
风俗因时见，湖山发兴多。
客中谁送酒？棹里自成歌。
歌竟乘流去，滔滔任夕波。

诗中说的豫章，即唐代的洪州，今江西省南昌市。龙沙城北七里一带，江沙甚白而高峻，旧有重九登高之俗。“客中”句是说江州刺史王弘于重九遣人送酒与陶渊明的故事。末两句写乘船经洪州循赣江顺流而下。

开元十八年（730）夏、秋之季，孟浩然离乡赴洛阳，再“自洛之越”游历，借以排遣仕途失意的悲愤。他循汴水、邗沟来到扬子津，先后写了《扬子津望京口》、《宿扬子津寄润州长山刘隐士》的诗作。大概在此不久的暮秋时分，刘昚虚乘船经过家乡京口时触景生情，想起了老朋友孟浩然，遂写下了《暮秋扬子江寄孟浩然》的诗：

木叶纷纷下，东南日烟霜。
林山相晓暮，天海空青苍。
暝色况复久，秋声亦何长。
孤舟兼微月，独夜仍越乡。
寒笛对京口，故人在襄阳。
咏思劳今夕，江汉遥相望。

孟浩然40岁那年入长安考进士落第，此后便过着“红颜弃轩冕，白首卧松云”的隐居生活。后来，王昌龄路过襄阳拜访他，两人相见甚欢，孟浩然在吃了鲜美食物后，“疽发而卒”。刘昚虚听到这位老友去世的消息后，心里非常哀痛。他深知孟浩然的诗歌在唐代诗坛是独树一帜的，不能让其湮没。他念念不忘孟浩然诗文的下落，曾写诗给襄阳友人江滔要求代为搜求孟浩然的遗诗：

南望襄阳路，思君情转亲。
偏知汉水广，应与孟家邻。
在日贫为善，昨来闻更贫。
相如有遗草，一为问家人。

刘昚虚与“诗家夫子”、“七绝圣手”王昌龄也是挚友。开元十一年（723），刘昚虚在崇文馆为校书郎，开元十五年（727），王昌龄在秘书省任校书郎。后来两人又相约参加朝廷的博学宏词科考试。王昌龄专程送刘昚虚回家乡参加州、县考试，并写了《送刘昚虚归取宏词解》一诗，慰勉他“青桂春再荣”。王昌龄还与刘昚虚相约在京江口会面，写下了《宿京江口期刘昚虚不至》的诗作，抒发了久等不见，“故人何寂寞，久已乖清言。明发不能寐，徒盈江上尊”的真挚情感。

刘昚虚诗才卓荦，独步江东。《唐才子传》说：“当时东南高唱者数十人，声律婉态，无出其右，惟气骨不逮诸公。永明以还，端可杰立江表……夫何不永，天碎国宝，有志不就，惜哉！”他的诗作多散佚，今仅存15首；作诗之外，于儒学亦多精研。李华《三贤论》说：“刘兄弟以学著称。述《易》、《书》、《诗》、《春秋》、《礼乐》，为《五说》，条贯源流，备古今之变。”今存其《对不知名物判》一文。

许浑丁卯留绝唱

许浑，字用晦，一作仲晦，祖籍湖北安陆（今湖北省安陆县），因全家迁居润州丹徒，后又居于丹阳练湖北陵，后世即称他为润州丹阳人。他生于唐德宗贞元七年（791）左右，早年居于北方，因兵乱南迁湖湘，只身游蜀，也到过塞外。文宗大和初年（827），全家南渡到润州丹徒县丁卯村舍定居。他于大和六年（832）中进士，开始作县尉。

在宣州任职时，家住茅山。他在《秋晚怀茅山石涵村舍》这首诗中，抒写了在太平县思归的心情。大和九年(835)十一月，长安发生“甘露之变”的消息传到润州，他作《甘露寺感事贻同志》诗，表明了反对宦官专权的进步立场。他也入朝做过监察御史，但不久又辞病东归，授为润州司马。大中四年(850)，他将所写的诗500首，亲手抄录编辑；闲时偶尔打猎、垂钓，过着田园生活。后因俸禄少，又赴京求禄，很快被提升为虞部员外郎。由于刑部侍郎刘瑑的游扬荐达，他先后被提升为睦(今浙江省建德)、郢(今湖北省江陵)二州刺史。在郢三年，他因体衰多病，辞官东归，选择润州丁卯村舍作为他的乐土和归宿之处，从此再也没有出仕。他大约死于大中十二年(838)前后，活了60多岁，葬在今镇江市谏壁镇附近的雩山，离丁卯村舍住宅只有20多里。

许浑像

许浑的诗名在晚唐是很高的，许多青年诗人都称他为前辈。他的《咸阳城西楼晚眺》一直为后人传诵。秋天的傍晚，诗人登上古都咸阳城头，由眼前景色而引发吊古伤时之幽情，发而为歌：

一上高城万里愁，蒹葭杨柳似汀洲。
溪云初起日沉阁，山雨欲来风满楼。

鸟下绿芜秦苑夕，蝉鸣黄叶汉宫秋。
行人莫问当年事，故国东来渭水流。

诗意说：一登上高楼就百感交集，愁绪万端。一眼望去，蒹葭苍苍，杨柳依依，秋水长天，仿佛汀洲风光。极目远眺，只见一片乌云从皤溪谷间涌起，夕阳从慈福寺后沉落；狂风灌满了城楼，一场大雨即将到来。在这秋天的苍茫暮色中，鸟在草丛中乱飞，蝉在枯树上鸣叫；可是，谁能想到这里就是当年幽深、雄伟的秦苑、汉宫旧址？前朝之事我们就不必去问了；今天东来咸阳，感到没有改变的，就只有那渭水依然不停地滔滔流去。这首诗围绕着首句点出的“愁”字来展开。诗人所以蓄愁已久，愁肠百结，是担忧唐王朝行将崩溃的命运。他从当时政局的腐败、社会的动荡中已经看到了唐王朝每况愈下、大乱不远的某些征兆。“山雨欲来风满楼”，正是诗人心中感受到的时局危机的一种形象体现。诗中的云起、日沉、山雨、风楼，四种景观错综映现，又充满哲理。“鸟下绿芜”、“蝉鸣黄叶”，一则以动，一则以静，动静相衬，情景交融。诗中以其暗淡的色彩和空漠、寥落的氛围显示出一种深深的哀愁。最后一句“故国东来渭水流”是写眼前的“景”——河水滔滔滚滚地向东流去；但这“景”中又饱含着诗人的“情”——渭水东流，无始无终，诗人登楼远眺，那“万里”之愁无休无止！思昔抚今，诗人不禁“怆然而涕下”了。景是实写的，情是虚写的；景是有限的，而情是无限的；景是客观存在的，谁都可以见到的，而情是一种内心体验，别人无法捉摸的。诗人寓情于景，不着一字，却尽得其意。风物中见深情，单纯中见复杂，正是诗人的高妙之处。这首七律体现了诗人“慷慨悲歌”的诗风，意境开阔跌宕，感情沉郁苍劲，语句工整凝练。

韦庄说：“江南才子许浑诗，字字清新句句奇。十斛明珠量不尽，惠休虚作碧云词。”杜牧也赠诗给许浑，“终须接鸳鹭、霄汉共高飞”，对他的政治前途期许甚高。在讨伐藩镇的战争中，许浑曾想有所作为。他曾从军广州、韶州，写过反映南海之滨生活的诗。他的吊古伤时之作，也很有特色，所以《唐才子传》说他是“慷慨悲歌之士”、

“格调豪丽”、“才思翩翩”。陆游的《读许浑诗集》一诗说：“裴相功名冠四朝，许浑身世落渔樵；若论风月江山主，丁卯桥应胜午桥。”陆游认为许浑的诗歌“可谓杰作”，其成就胜过了名宰相裴度的功名。

许浑非常喜爱他的丁卯村。他时常嗟叹自己“久贫辞国远，多病在家稀”，以离家外出做官为苦事。他身在外地也是梦寐不忘家园，“卧忆郊扉日，恩深未挂冠”，“孤梦家山远，独眠秋夜长”。丁卯桥是东晋元帝时，因运粮出京口，河水浅涸而在此立埭，后于丁卯日建桥故名。这个地方临近运河边，西南便是树木蓊郁的黄鹤、招隐、九华诸山，的确是一个环境清幽而又交通方便的地方。许浑晚年隐居于此。他将自己的诗集取名为《丁卯集》。许浑对丁卯村的眷恋之情十分深厚。他有一首《夜归丁卯桥村舍》诗：

月凉风静夜，归客泊岩前。
桥响犬遥吠，庭空人散眠。
绿桥低水槛，红叶半江船。
自有还家计，南湖二顷田。

由此可见丁卯村舍宁静安谧的环境。在《南海使院对菊忆丁卯别墅》一诗中说：“何处曾移菊？溪桥鹤岭东。篱疏还有艳，园小亦无丛。月晚秋烟里，星繁晓露中。光摇金涧水，香染玉潭风……”从中也可以看出他家居的乐趣。许浑还在其他诗里描绘了平时的生活，有“山妻早起蒸藜熟，童子遥迎种豆归”、“山径晚云收猎网，水庭凉月挂鱼竿”、“山暝客初散，树凉人未归”、“水虫鸣曲槛，山鸟下空阶”等语，也反映了晚唐承平时期润州农村的田园风光和农家生活。

杜秋传唱《金缕衣》

劝君莫惜金缕衣，劝君惜取少年时。
花开堪折直须折，莫待无花空折枝。

这是清代学者蘅塘退士孙洙选编的《唐诗三百首》最后的一首诗。这首词句优美、意境深远的千古绝唱，作者是润州女子杜秋娘。

杜秋娘才艺双绝，在历史上负有盛名。晚唐诗人杜牧在文宗大和七年(833)，自池州路过润州时，曾听到许多关于杜秋娘身世遭遇方面的传闻。少年时期，就曾听祖父杜佑讲过这位艳名满天下、才华出众、容颜绝色、能歌善舞的名姬，可能还观赏过她的歌舞。杜秋娘为漳王傅母时也颇有贤名，对于她的人品，杜牧一直深为敬佩。流年似水，往事如烟，杜牧到润州后，被这位传奇式女子苦难的一生所感动，“感其穷且老，为之赋诗”，一气呵成，写了五古长篇叙事诗《杜秋娘诗》。

杜牧在《杜秋娘诗》的序言中称：“杜秋，金陵女也。”至大《金陵志》说：“唐润州，亦曰金陵。”唐时以润州为金陵，是因为当时的江宁、句容都隶属于润州。杜秋娘 15 岁时，被镇海军节度使李锜纳为侍妾，以善唱《金缕衣》而名噪一时。这首诗原本是一首情诗，有劝人珍惜青少年时期大好光阴的意思。李锜本是唐朝宗室成员，是一个贵族，靠门荫作了凤翔府参军，德宗贞元初年升为宗正少卿，后出任杭、湖二州刺史。他用搜刮得来的钱财，重贿朝中权贵，三年就调升润州刺史、浙西观察、诸道转运盐铁使，集行政、监察、经济诸大权于一身。《资治通鉴》说他：“割剥六州之人以富其家，或劫杀其身而取其财。”李锜为了维护自己的残暴统治，不断加强私人武装。唐朝廷对李锜拥兵自强早已有所觉察，在任命他为镇海军节度使时，同时免除了他诸道转运盐铁使的兼职，削弱了他的部分权力。李锜不满于丧失转运使的职务，就悍然发动了武装叛乱。但是，他的谋叛很快被平定。李锜被活捉送京，腰斩于长安城西南。杜秋娘作为犯有重罪者的家属，被籍没入宫。不过，由于她的才貌名声，得到了唐宪宗李纯的宠爱，赐名杜仲阳，任宫中女官，主管宜春院。宪宗李纯死后，穆宗李恒命她作皇子傅姆(养母兼女师)。皇子名凑，即怀懿太子，封为漳王。大和五年(831)初，文宗李昂因不满宦官王守澄等专权，与宰相宋申锡谋诛宦官，不料事泄，王守澄与门客郑注一起反诬宋申锡谋立漳王，“指王为根”。文宗李昂昏庸无能，推赖诿过于宋申锡，将其罢官贬职，漳王也“被罪废削”。杜秋娘因此受到牵连，被放归故乡润州。

杜牧在《杜秋娘诗》中，既表达了对杜秋娘的崇敬，又以满腔悲愤的心情，凄婉深沉的笔调，倾注了对杜秋娘一生遭遇的无限同情。《杜秋娘诗》写道：

京江水清滑，生女白如脂。其间杜秋者，不劳朱粉施。老濞（本指吴王刘濞，代指李锜）即山铸（就封地以内的山采铜铸钱），后庭千双眉（蓄满嫔妃姬妾）。秋持玉斝醉，与唱金缕衣。（杜秋娘手捧白玉杯劝酒，与唱《金缕衣》的乐曲）。濞既白首叛（李锜年老反叛），秋亦红泪滋。吴江落日渡（杜秋娘被籍没入宫，离开落日余晖中的金陵渡），灞岸绿扬垂（来到绿柳垂拂的长安）。联裾（拂衣）见天子，盼眄独依依。椒壁悬锦幕，镜奁蟠蛟螭，低鬟认新宠，窈袅复融怡。月上白璧门，桂影凉参差，金阶露新重，闲捻紫箫吹。莓苔夹城路，南苑雁初飞。红粉羽林仗，独赐辟邪旗……

杜秋娘放归后，被安置在润州一所道观中。"归来四邻改，茂苑草菲菲，清血洒不尽，仰天知问谁？寒衣一匹素，夜借邻人机。我昨金陵过，闻之为歔欷！""女子固不定，士林亦难期。"在封建社会中，杜秋娘这个美貌多艺的女子，虽然曾一度受到至高无上的皇帝的宠爱，但在统治阶级内部的权势斗争中，她又重新流落到民间。杜牧联想到自己怀才不遇，浪迹江湖的生活，觉得自己的际遇与杜秋娘一样，很自然地产生了天涯沦落之感。"因倾一樽酒，题作杜秋诗，愁来独长咏，聊可以自怡。"杜牧的这首诗在当时引起了世人的广泛关注，流传很广。与他同时期的诗人张祜读了他的《杜秋娘诗》后，特地写诗一首："年少多情杜牧之，风流仍作杜秋诗。可知不是长门闭，也得相如第一词。"张祜将《杜秋娘诗》与汉代司马相如的《长门赋》相比，可见评价之高。另一位唐代诗人李商隐在《赠司勋杜十三员外》的诗中有"杜牧司勋字牧之，清秋一首杜秋诗"的名句，表示了对杜牧诗的欣赏。因为杜牧的诗，使杜秋娘的身世际遇千秋流传。在杜牧写这首诗近半个世纪后，另一位晚唐诗人罗隐经过京口时，也想到了杜秋娘这位名姬，特地写了一首《金陵思古》，表达了自己对杜秋娘的思念：

杜秋在时花解言，杜秋死后花更繁。
柔枝曼态葬何处？夭红腻白愁荒原。
高洞紫箫吹梦想，小窗对雨湿精魂。
绮筵金缕无消息，一阵征帆过海门。

晚清时，诗人殷佳实在《京口竹枝词》中还在回忆杜秋娘：

扬子江上鳜鱼肥，谁家儿女白如脂？
秋娘无复歌金缕，只听风前唱竹枝。

由于杜牧的《杜秋娘诗》这首诗感情真挚，人们把它与白居易所作的《琵琶行》相提并论，认为“同是才人感沦落，樊川亦赋杜秋诗”。杜牧赋《杜秋娘诗》离今天已有1 100多年。但是，杜秋娘的《金镂衣》和杜牧的《杜秋娘诗》一直为人们所传诵。

张祜山寺留佳句

金陵津渡小山楼，一宿行人自可愁。
潮落夜江斜月里，两三星火是瓜洲？

这是清蘅塘退士孙洙《唐诗三百首》中一首为人们所熟知的佳作《题金陵渡》，作者是唐朝著名诗人张祜。他是在去扬州途经润州时，未能过江而在金陵渡（今镇江市西津渡）过夜时所写的一首七绝。

张祜，字承吉，一说为清河人，其实这是郡望，因为他并未在清河呆过；一说为南阳（今河南省邓县）人，这可能是他的出生地。他是在苏州长大的。张祜，以宫词于元和中得名。李群玉有《寄张祜》诗称其“越水吴山任兴行，五湖云月挂高情”，“昔岁芳情到童稚，老来佳句遍公卿”。他志气高尚，而且行止浪漫，常常往来于扬州、杭州，润州则是他南来北往的必经之地。他非常喜爱润州的风景名胜，常常游览凭吊。晚年则筑室隐居润州曲阿(今镇江丹阳市)“东郭长河之隅”的横塘，一直到去世。

张祜任侠尚义，非常注重友情。他与润州诗人许浑曾有过“诗酒之交”，对这位“酒兴曾无敌，诗情旧逸群”的旧友眷念不已。他曾乘舟远道往访，专门来到“小桥通野水，高树入江云”的许浑丁卯桥舍，拜访旧友，饱含深情写下了《访许用晦》的诗作。

张祜像

张祜性爱山水，多游名寺，长于模写，不离本色，览物品游，往往超绝，被称为“五言之匠”。他游遍润州的胜地，留下了许多佳作，特别是《题润州金山寺》不同凡响：

一宿金山顶，微茫水国分。
僧归夜船月，龙出晓堂云。
树色中流见，钟声两岸闻。
翻思在朝市，终日醉醺醺。

对这首诗，历代诗家和学者都推崇备至。宋朝的方回说：“此诗金山绝唱。”明王思任说其诗“可以鼻祖此山”。清初刑昉更说：“后人不复能措手，几同崔颢‘黄鹤’矣。”张祜一鸣惊人，竟使当时的诗人搁笔不写金山。但是，颇有才气的孙鲂则不服气，偏要与张祜争个高低。孙鲂来到江淮间，特地涉水登山挥笔写下了《题金山寺》诗一首。孙鲂的诗虽然气概不凡，但评家认为仍不如张祜写得超凡出俗。

张祜在润州满怀情趣，蹑石攀云，游览了北固山。他登上滨江而立、气势雄伟的北固山，神思骀荡，诗兴勃发，又挥笔写下了《题润州甘露寺》一首：

千重构横险，高步出尘埃。
日月光先见，江山势尽来。
冷云虚水石，清露滴楼台。
况是东溟上，平生意一开。

这首诗气概雄伟，历代评家也给予很高评价。陈继儒说过："张处士山寺诸什，皆神于诗，非工于诗者能及也。"他的《题招隐寺》"竹光寒闭院，山影夜藏楼"；《秋夜登润州慈和寺塔》"楼影暗连深岸水，钟声寒彻远溪烟"；《题润州李尚书北固新楼》"青山半在潮来处，碧海先看月满时"等佳句，都和所游之地的气象极其吻合。恰如唐代皮日休所评："善题目佳境，不可刊置别处。"

张祜客居润州时，有个不学无术之人朱坛，平时将张祜的诗说得一无是处。可后来，他却把自己写的诗送请张祜润饰。张祜对这种人十分鄙视，就在他的诗稿上戏题了二十个字："昔人有玉碗，击之千里鸣。今日睹斯文，碗有当时声。"而这位朱坛竟不懂这是对他的讥讽，反到引以为荣，在张祜离开润州时，还特地大办宴席为张祜送行。

张祜是个流荡于秦楼楚馆的风流才子，又是个抵掌谈兵，扪虱论天下的豪士。他一生经历了德宗至宣宗七朝。在此期间，河北诸镇已经"化外"，宦官专权地位已经巩固，朝廷党朋之争愈演愈烈，进士阶层大都醉生梦死，不恤国事。张祜原想一展抱负，为朝廷效力，但是，有心报国，却陈力无门，终于沉沦下僚，"十年狂歌酒，一世癖缘诗”。张祜苦吟，每当妻子儿女呼唤，他都不理睬，并说：“吾方吻生华，岂恤汝辈乎？”他刻意苦吟，终于达到了出语惊人的境地。令狐楚为天平军节度使时，很赏识张祜的才华，曾把他的诗进呈朝廷，上表举荐，但为当时的宰相元稹所抑。张祜赋诗解嘲说：“贺知章口徒劳说，孟浩然身更不疑。”此后，他就漫游各地，干谒各节度使，每到一处名胜，总爱题咏，传诵一时。皮日休曾称许他为“才子之最”。李群玉也称赞他“如君气力波澜地，留取阴何沈范名”。诗中阴为阴铿，何为何逊，沈为沈约，范为范云，均为南朝著名诗人。以南朝著名诗人相许，可见评价之高。在池州刺使任上的杜牧，很为张祜怀才不遇的身世抱不平，写诗道：“睫在眼前长不见，道非身外更何求，谁人得似张公子，千首诗轻万户侯！”杜牧极力为他褒扬鼓吹，以至使张祜“诗益高，名益重”。然而，这时张祜已经进入暮年，“不逢青眼旧，争奈白头新”，失去了一展抱负的时机。

张祜非常热爱丹阳，认为此地有南朝遗风，于是罗致木石，筑室隐居。他的房舍遥对茅峰，濒临练水，门前小桥流水，新瀑涓涓，垂柳抚波，蔷薇俯架，山桂含绿，海棠绽红，他则“幽栖日无事，痛饮读《离骚》”。他去世后，家人将其安葬在曲阿，他的坟墓在县城东北二十里处。由于他一生落拓不羁，所以家业零散，身后萧条。皮日休在张祜死后不到二十年时曾访问了他的故居，见其爱姬崔氏贫居荆榛之下，有一子杞儿，涕哭求食于他的坟头，皮日休感于此，惆然作诗吊之：“胜华通子共悲辛，荒径今为旧宅邻。一代交游非不贵，五湖风月合教贫。”这正是对他一生生活的总结。

周文矩妙绘丹青

周文矩，五代时期句容（今句容市）人，著名的宫廷画家。他于南唐升元元年(937)，奉命画《南庄图》，五年告成，南唐后主李煜叹其精备，任命他为翰林待诏。他的画工道释、鬼神、车服、楼观，尤精宫廷仕女，画风与唐代周昉相近，而且更为细腻纤丽，形象逼真，富有创造性。他的用笔也与众不同，多用“瘦硬战掣”的笔法来表现衣纹。“瘦硬”,是指他笔下线条给人的感觉和韵味,如同铁线般细劲有力;“战掣”,也称颤笔,即用颤动之笔画线,这是一种很高的艺术技巧,一般画家难以达到这一境界。因为他具有很高的艺术造诣,所以宋代的《图画见闻志》、《宣和画谱》和元代《图绘宝鉴》中都记载了他。

周文矩是一位多产的画家。据《宣和画谱》载:宣和御府中收藏他的画作就有76件之多。由于他长期生活于宫廷之中,接触的都是王公贵族、深宫佳丽,所以他的绘画题材,除少数道释画之外,一般都取材于宫廷贵族生活。比如,他画的《重屏会棋图》,表现南唐中主李璟与其弟景遂、景达、景逿等下棋的情景。李璟端坐正中观棋,面庞丰满,细目微须,虽着便服而气度非凡。宋代曾有人将此图与传世的李璟像对照,“面貌冠服,无毫发之少异”。他对画中人物十分注重于神态及内心的刻划。画中表现了李璟在日理万机之暇,与兄弟对弈取乐的手足之情。其面部表情和举止神态,极富有人情味。棋盘上的黑白子很少,说明刚刚开局,所以对弈者的面部表情轻松,观弈者也面带笑容,那种短兵相接、兵临城下的紧张气氛尚未形成,给观画者以轻松、祥和之感。李景遂、李景逿的目光都落在棋盘上。李景逿看准对方棋路,稳操胜券地右手执子欲投;而李景达却举起右手似乎早有所料,正指着景逿欲落子之处,把对弈开局后的态势以及双方的心理反应,表现得淋漓尽致。而右手持盒置于膝上,双目前注、若有所思的李璟,到底还是牵挂着一些国事。这些人物在表情上的微妙差异,反映了因地位不同而表现出的不同神态。图中除李璟是正面像外,其余三人都是侧面像。这是周文矩着意突出,使李璟成为此图的主人公。这幅用肖像写实手法所描绘的帝王与兄弟怡情棋艺的生活图,是极为成功的。奕棋人物背后画一榻及屏风,榻上摆设茶壶器具,屏风上画白居易《偶眠》诗意,表现“慵多取次眠”的文人生活情态;屏风画中又有一山水屏风,造成巧妙的章法结构,故名重屏图。本图设色古雅,背景布置幽雅,不作华丽的陈设,表现的是李璟的友爱谦恭和文人雅趣。这幅画是中古时期的重要肖像画作品。画中小屏风上的山水,清润细致,是了解江南山水画面貌的形象资料。

周文矩的《文苑图》,原题唐韩滉画。但据今人考证,此图应为周文矩所画《琉璃堂人物图》的后半部。《琉璃堂人物图》系描绘唐代诗人王昌龄等在江宁琉璃堂聚会吟诵诗文的故事。美国大都会博物馆藏有该图宋代摹本。画卷分两组,前段画三个文人与一僧人对坐论辩,后半部与《文苑图》相同。背景仅画松石、椅案以示环境,而着重对人物情态的细致刻划,图中三人或握笔构思,或抚松沉思,或展卷相互推敲,颇为传神。《文苑图》与《重屏会棋图》中衣纹线描都细劲曲折而略带顿挫,与宋人所记其"用笔瘦硬战掣,有(李)煜笔法"相符,这种"战笔"的线描构成了周文矩人物画的独特风貌。

周文矩《宫中图卷》今传宋代摹本,全画人物 81 个,分段表现宫廷妇女写像、扑蝶、听琴、戏婴、簪花、戏犬、演乐、理妆、浴罢、观画等情节。仕女形象丰肌秀骨,可见周昉的影响,但人物动态风度的细致刻划则超出唐人水平。全卷用墨笔勾勒,只在面部略用淡彩微染,人物顾盼生动自然,仕女优美的身姿和优裕而悠闲的生活面貌跃然绢素之上,其中如扑蝶仕女蹑足小心翼翼的微妙处理,都相当巧妙而不落俗套。宫廷画师为仕女画像一段,则是了解五代宫廷绘画活动及肖像画的形象资料。元汤垕曾收周文矩画的《宫女图轴》说:"置玉笛于腰间带中,目视指爪,情态凝伫,知其有所思也。"周文矩长期任宫廷画师,对宫廷妇女有较多的观察了解,深得其闺阁之态,但他不停留在施朱傅粉、饰金佩玉的表面描写上,而是"用意深远","颇有精思",这正是他在艺术上的高妙超群之处。

周文矩在南唐颇受宠遇,保大五年(947)元旦,天降大雪,中主李璟与弟兄臣僚登楼赏雪,饮酒赋诗,召令画家绘制《赏雪图》,周文矩应诏参加了这一创作,负责绘制臣僚及侍从人物。他在后主升元年间奉诏画的《南庄图》,"尽写其山川气象,亭台景物,精思详备,殆为绝格",被李煜视为珍宝。开宝年间,李煜降宋,首先以《南庄图》进献宋太祖赵匡胤,这幅图也受到了赵匡胤的赏识。

周文矩的《重屏会棋图》、《宫中图卷》、《明皇会棋图》历经千载，辗转流传，现藏于北京故宫博物院。《琉璃堂人物图》在美国大都会博物馆藏有摹本。这些作品都已成为艺苑瑰宝，驰名于海内外。

柳永墓葬北固山

芳草西津，那堪问，故里清明时节。乡思遥隔天涯，怀人转凄绝。春去也，荒坟一掬，但听得，数声啼鴂。往日浮名，千秋过客，遗恨呜咽。

更休指，仙掌真州，望烽火，微芒便难说。惟有土山深处，记王郎碑碣。低唱到，屯田乐府，忍黯然，再赋离别。寄兴一曲招魂，晓风残月。

这是镇江词人赵彦俞在阔别家乡30年回归故里时，凭吊宋代著名词人柳永时写的《琵琶行》。上篇写清明将临之际，自己从西津古渡归来，特来北固山凭吊柳永，面对“荒坟一掬”、“数声啼鴂”的凄凉景象，抒发了对这位“白衣卿相”怀才不遇身世的深切同情。下篇指明柳永墓不在仪征，而在镇江土山（北固山）深处，有当年润州太守王安礼所写的碑碣为证。诗人低唱起柳永的千古佳作《雨霖铃》，勾起远离家乡的离愁别绪，于是感而赋此一曲，以寄托对这位才子词人的无限哀思。

柳永，字耆卿，原名三变，字景庄，排行第七，世称柳七，宋建州崇安人，仁宗景祐元年（1034）进士，授睦州团练使推官，官至屯田员外郎，世号柳屯田。他出身于世代儒学官宦家庭，自幼便勤奋读书、吟咏诗词。因为他的父亲、叔父先后在汴京（今河南省开封市）做官，他便来到京都。当时天下太平，统治阶级征歌选舞，夸豪竞奢，把“四方执艺之精者”尽录“在籍中”；加上宋太宗“洞晓音律，前后新制大小曲及因旧曲创新者，总三百九十……”这样的推波助澜下，东京出现了一股到处争唱新声、新调、新腔的热流。柳永也被卷入到这股热流中，并且立即成为蜚声词坛的一名“流行词”新秀。

叶梦得在《避暑录话》中说：“柳永为举子，多游狭邪，善为歌辞。

教场乐工，每得新腔，必求永为辞，始创于世。余仕丹徒，尝见一西夏官归朝云，凡有井水饮处，即能歌柳词，言其传之广也。”柳永本人也以多才多艺自诩：“平生自负，风流才调。……唱新词、改难令，总知颠倒。”因此，他很讨伶工歌女们的喜欢，经常出入于曲场会馆，甚至索性住进“小曲深坊”，与伶工歌女们面对面地切磋琢磨“新诗小阕”，词填成后，又反复润色：“新词写处多磨，几回扯了又重挼。”

柳永的词写得有真情实感，通俗易唱，往往一脱稿就有人传抄教唱，不胫而走。不仅一般市民、文人学士争唱，就是达官贵人、皇亲国戚，也在偷偷传唱。

在汴京时期，柳永多次外出漫游。他涤荡了久困汴京的萦烦情怀，开阔了眼界，写了许多脍炙人口的小词、长调，无论思想内容和艺术技巧都臻至纯熟的程度，如《望海潮》：

东南形胜，三吴都会，钱塘自古繁华。烟柳画桥，风帘翠幕，参差十万人家。云树绕堤沙，怒涛卷霜雪，天堑无涯。市列珠玑，户盈罗绮，竞豪奢。　重湖叠巘清嘉。有三秋桂子，十里荷花。羌管弄晴，菱歌泛夜，嬉嬉钓叟莲娃。千骑拥高牙。乘醉听萧鼓，吟赏烟霞。异日图将好景，归去凤池夸。

这是赠给宰相兼两浙转运使孙何的。孙何门禁很严，柳永想谒见而不能，就作此词央求名妓楚楚歌于孙何席前。孙何问知是柳永所作之词，立即迎他入座。据说后来金主亮看到这篇佳作，竟引发了投鞭断流、立马吴山的念头。

柳永在漫游期间写的《雨霖铃》，更是代表柳词风格而被传颂千古的精品。全词如下：

寒蝉凄切，对长亭晚，骤雨初歇。都门帐饮无绪，留恋处、兰舟催发。执手相看泪眼，竟无语凝噎。念去去，千里烟波，暮霭沉沉楚天阔。多情自古伤离别，更那堪冷落清秋节！今宵酒醒何处？杨柳岸、晓风残月。此去经年，应是良辰好景虚设。便纵有千种风情，更与何人说？

这首词抒写了他将要出发漫游，与其所爱恋的女子难分难舍的真挚情感。景、事、情浑然一体，极富艺术感染力，曾扣动多少怀有离愁别绪的人们的心弦！

柳永名气很大，连北宋大文豪苏轼也想和他比一比。相传苏轼曾向幕府中善于唱歌的人说：我的词比柳七怎样？回答者巧妙地说：柳郎中的词，只能由十七八岁的姑娘，拿着红牙板，敲着点子唱“杨柳岸、晓风残月”。学士您的词呢，那须要关西大汉，用铜琵琶、铁拍板，大喊大叫地唱“大江东去”。苏轼一听，忍不住大笑，但也只好承认别人评论得对。

柳永五十三四岁时，才登进士第。从他入京做官，一直到他去世，仍然只当了屯田员外郎这样不大的官，后来却又得罪了宋仁宗赵祯。相传，一年中秋节前后，天上出现老人星，朝廷以为是少见的祥瑞之兆，于是宫中举行宴会庆祝，赵祯叫左右大臣写词助兴。太史官推荐柳永应制，以邀皇帝的欢心。柳永便作《醉蓬莱》词。赵祯见词头一“渐”字开始皱眉头，当读到“宸游凤辇何处？”脸色都变白了，因为与赵祯作的真宗挽词句子暗合，再读到“太液波翻”句时，便勃然大怒，骂道：“何不说太液波澄（挽词有“波澄”，同“波翻”相合）！”赵祯把词稿往地上一扔，表示此词连同作者官职都没有了。从此，柳永“流落不遇”，大概在1053年前后悲惨地死去。据叶梦得《避暑录话》载：“永死旅殡润州僧寺，王和甫为守时，求其后不得，乃为出钱葬之。”王士祯《真州杂诗》云：“残月晓风仙掌路，何人为吊柳屯田？”自注：柳耆卿墓在城西仙人掌。其墓址即今仪征县城西。《独醒杂志》说，耆卿死于襄阳，伶工歌女们把他葬在枣阳县花山，每年清明之际，词人们都集其下为“吊柳会”。究竟柳永死于何处，葬在何地，倒莫衷一是了。不过，因为叶梦得是宋朝人，他在润州做官时，距离王和甫当润州太守的时间并不长，所记应当是可靠的。清代中叶，柳永的墓还在北固山。镇江诗人戴守梧在一首《京口竹枝词》里写道：“望望神亭暝色中，晴沙一片郭门东。晓风残月柳三变，墓上野花开自红。”至顺《镇江志》里也有明确记载：“柳永墓在土山下。”土山，即北固山。而且,《至顺镇江志》还引用了一例更有力的证据:永康葛胜仲《丹阳集·陈朝请墓志》云:"王安礼守润,欲葬之,藁殡久,无归者。朝请市高燥地,立为处葬具,三变始就窀穸。近岁水军统制羊滋命军兵凿土,得柳墓志铭并一玉篦。及搜访摹本,铭乃其侄所作。篆额曰:'宋故郎中柳公墓'。志铭文皆磨灭,止百余字可读,云:'叔父讳永,博学善属文,尤精于音律,为泗州判官改著作郎。既至阙下召见,仁宗宠进于廷,授西京灵台令,后为太常博士'。"葛胜仲所言与叶梦得所说大致相合,可见柳墓当在北固山下是无疑的。据《丹徒柳氏宗谱》记载,镇江籍名人,国学大师柳诒徵就是柳永的嫡传之后。

米芾京口得"天趣"

镇江焦山碑林中有一方镌着"城市山林"四字的横额石刻,书体超妙入神,是北宋大书画家米芾题于他在南郊的鹤林精舍的。

米芾,初名黻,字元章,世居太原(今山西省太原市),幼年随父徙居襄阳(今湖北省襄樊市),元祐二年(1087)定居京口,自号海岳外史。

米芾举止"颠狂",人称"米颠"。据《宋史·米芾传》记载,米芾爱穿唐代人的服装,头戴高顶帽子,在坐轿子时也不肯脱帽,轿子容纳不下,只得拆去轿顶,露帽而坐。因此,他所到之处往往阡陌聚观。有人赠诗说他:"衣冠唐制度,人物晋风流。"

他爱洁成癖,每天要洗涤身手若干遍。洗手时,要用银方斛舀水浇在手上,然后两手相拍,直至手干,因此人们又议论他是"水淫"。他做太常博士时,就因为一次朝廷举行祭祀大典,他洗涤礼服上的火藻图案,违反规矩而被免职。

米芾还是个"石痴",见到奇巧的石头就赏鉴不已。无为州州治中有一块奇丑的石头。米芾见了,"具衣冠拜之,呼之为石兄"。他的这类笑话不少。

据说米芾初至镇江,深爱此地江山壮丽,拟就此定居,但苦于无宅营建。恰值苏才翁之孙苏仲恭学士家在北固山下有一片荒园废池，古木森森。米芾认为这是京口佳绝之境，于是以自己一座珍爱非常的小石山向苏仲恭学士家换得了北固山的房产，在山的西麓建了海岳庵，门前题额“天开海岳”，自号海岳外史，又称家居道士，日夕吟哦其中。庵壁上，曾有他的自画像，其子米友仁赞曰：“严君海岳，戏自写像。无任临移，妙出心匠。形容浩然之气，为一时之所敬仰。经纶之志，众叹曾未得施；青史之名，高出古今之上。”后来北固山遭火焚，山上的建筑物都烧毁了，只有李德裕建的塔和海岳庵幸存。他十分高兴，写了“神护卫公塔，天留米老庵”的诗句庆幸。由于海岳庵的四周都成了灰烬，他便将庵移到了利涉门内的一块高地上，直到明代中期还存在。在北固山下，他还建了一座净名斋。他另有的住宅在今千秋桥街，其自书帖云：“弊居在丹徒行衙之西，修闲堂之养月亭、佳丽亭在其后，临运河阔水，东则月台，西乃西山，故宝晋斋之西为致爽轩，环居桐柳椿杉百十束，以药植之。今十年，皆垂阴一亩，真一亩之居也。”此外，他在南郊鹤林寺附近还建有精舍。千秋桥、北固山、鹤林寺成为他的“狡兔三窟”。他所居的地方，总是“京口佳绝之观”。米芾酷嗜书画，为了得到晋唐古人书画，不但耗尽巨金，也费尽心机。宝晋斋是他住宅中收藏古代碑帖书画的屋宇，其中有许多晋人稀世珍宝。他精于鉴赏，对所藏晋唐真迹，“无日不展于几上，手不释笔，临学之。夜必收于小箧，置枕边乃眠”。他临摹古画“至乱真，不可辨”。

米芾对镇江是有特殊感情的。他非常喜爱这里的山光水色，在其《净名斋记》一文中写道：

> 江山万里，十郡百邑，临流为隍者，惟吾丹徒。重楼参差，巧若图刓，云霞出没而天光不夜，高三景、小万有者，惟吾甘露。东北极海野，西南朝数山者，谓之多景。……

他赋诗赞美镇江的景色，题北固山多景楼为“天下江山第一楼”。

米芾的突出成就要数书画两道。他自谓其书为“刷字”，其画为“心画”，可谓书画双绝，“颠不可及”。

《宋史》称他的书法“妙于翰墨，沈著飞翥，得王献之笔意”。他用笔俊迈豪放，“风骨自然超逸”，有“风樯阵马，沉着痛快”之评。《宣和书谱》载：“大抵书效羲之，诗追李白，篆宗史籀，隶法师宜官，晚年出入规矩，深得意外之旨；自谓‘善书者只有一笔，我独有四面’，识者然之。”他与蔡襄、苏轼、黄庭坚合称“宋四家”。传世的代表作有《苕溪诗》、《蜀素》、《虹县诗》、《向太后挽词》等。

米芾“画山水人物，自名一家，尤工临移，至乱真不可辨”。传说他“多游江湖间，居每择山明水秀处……后以日所见日渐模仿之，遂得天趣”。他自己有一首《诉衷情》词云：“奇胜处，每凭栏，定忘还。好山如画，水连云萦，无计成闲。”他作画“信笔为之，多以烟云掩映树木，不取工细”，“意似便已”，“神闲笔简意自足”，“一扫千古丹青尘”。他的画心眼高妙，独辟蹊径，画史上特称之为“米点山水”。因其作画，基底用清水润泽，淡水墨渍染，画面有朦胧之状，湿润之感，即使不画云雾，也有云雾变灭之象，以及雨后山川的气氛，故人们又称之为“米氏云山”。这是宋代山水画上的一大创造。米画成功的渊源之一是师法自然，得趣于京口的“江山之助”。米芾在其自题《海岳庵图》上说：“先自潇湘得画境，次为镇江诸山。”他的儿子米友仁在自题《潇湘奇观图卷》中也说：“先公居镇江四十年，作庵于城之东高阁上，以海岳命名。……此画乃庵上所见，大抵山水奇观，变态万千，多在晨晴晦雨间。世人鲜复知此。”米芾经常登上北固山的“观临佳处”，眺望金焦诸山，“云气弥漫，冈岭出没，林树隐现”，真可谓“据景物之会，穷心目之趣”。米友仁的自述自然表达了乃父的画风。苏轼评论他们父子的画都带有润州山水的特色，所谓“极江南烟云变灭之趣”。

米芾于大观元年（1107），卒于淮阳军官舍，大观三年（1109）六月间葬于镇江。由于他生前常到镇江鹤林寺去，晚年又司佛理，曾说过死后愿作鹤林寺伽蓝（护寺神）的话，他的后人及亲友为使逝者的心灵永远呵护名山胜迹，便在鹤林寺山门外砌了一座房子供奉他的遗像和牌位，米友仁在牌位上写着"当山伽蓝神银青米公之位"。

米芾的坟墓究竟在何处？一说是在黄鹤山前，即鹤林寺前面的田野中。一说是在丹徒长山下。因为其友蔡肇所撰《米元章墓志铭》云："大观三年(1109)六月某日，葬丹徒长山下。"但是，人们认为，米芾生前最爱鹤林寺，寺前作墓，完全符合他生前的愿望。1987年，镇江市文管会在镇江南郊修复了米芾墓。墓前有启功先生写的墓碑："宋吏部员外郎米芾元章之墓"。墓碑前方50多米处有原状墓残存石坊柱一对，迎面刻有联语："抔土足千秋襄阳文史宣和笔，丛林才数载宋朝郎署米家山。"

笪重光退隐茅山

道士住幽谷，欣然汗漫游。
陡岩悬老树，横水障虚舟。
细草分残照，孤松立素秋。
桂花香冷处，知是读书楼。

这是镇江句容名士王辂访问笪重光茅山扫叶楼的诗作。笪重光，生于明天启三年(1623)，卒于清康熙三十一年(1692)，字在辛，号江上外史。他曾隐居茅山学道，改名蟾光，自称郁冈真隐，扫叶道人，晚年又署名逸光，号逸叟。印章刻着"铁瓮城西逸叟"六字，可知，他曾在镇江城西一带居住过。

笪重光出生于官宦世家，幼年好学。顺治九年(1652)中进士，授刑曹晋郎中，关中恤刑。顺治十三年(1656)，擢湖广道监察御史。他为官清正廉明，办案公正。当时，一名凶手杀人，拟判处死刑，在开庭审讯中，由于与余国柱对案情的看法不一，意见分歧，得罪了当朝权相明珠(满人)，继为仇家诬陷中伤。他自知官场难容，不如回乡当个隐士，写字画画，终老山野田园，于是辞官，带领两个老家人挑了行李返回家乡。他们在途中总觉得后面有脚步声，可是回头看看什么也没有；乘船过河，总听见水下有轻微的"扑通、扑通"的声音。住客栈，又好像听到屋顶上瓦响。他虽然一路上遇到不少怪事，但总算平平安安地回到了家。有天晚上，他正在楼上作画，突然“咣”的一声，窗子开了，跳进来一个黑衣人。这人进来就跪在他面前说道：“大人是顶刮刮的忠臣，小人错了。我是相爷派来的刺客，要拿你的头回去复命。”他听了，坦然地笑笑说：“吉凶祸福，自有天命，既然这样，你就快快动手吧！”黑衣人说：“我要想暗害您，早在大路上、河底下、客栈里就下手了。”他问：“那你为什么不动手呢？”黑衣人说：“相爷说你是奸臣，叫我杀了你，为民除害。谁知道老百姓都夸赞你是清官，我怎么忍心下手呢？”他又问：“那你回去怎么交差呢？”黑衣人说：“我不回京城了，学习你的样子，也回老家。走前，想求你赏几幅字画，作个纪念。”笪重光高兴地送给黑衣人几张字画。黑衣人拿了字画，转眼间就不见了。据说，如今陕西一带流传不少笪重光的字画，就是当年这位黑衣人带去的。笪重光退隐后，开始居住在镇江的第一楼街。顺治十六年（1659）夏，适逢郑成功、张煌言从海上联舰入长江，下瓜洲，将镇江城围得水泄不通。镇江的清军守将高谦、知府戴可进，准备打开城门投降。但是，笪重光与镇江的绅士张九徵却不同意。他们在明军进城前，就秘密缒城，杂于乡民之中外逃了。笪重光并不因为自己没有迎降明军，而去向清政府邀赏，相反，当他亲眼看到清政府大批屠杀所谓“联通海寇”的镇江绅民时，内心深怀隐痛，再也不愿出山做官。他假托足疾养病，“雅志慕丘壑”，“日与田夫野老游”。他开始隐居于镇江西面的五洲山，后又隐居于句容东乡茅庄别墅，内有松子阁、笑斋、鹅池馆，日与诗家画友、文人墨客把酒评诗，作书画自娱。

笪重光隐居茅山时，孜孜不倦地探索书画技艺。顺治十一年（1654），他与常熟王恽、杨晋，武进恽寿平等会于常州，切磋书画技艺40日。他著有《松子阁集》、《江上诗集》、《茅山志》。书法探源魏晋，尤近苏（轼）、米（芾）楷法，动中规矩而不失天真，笔端飘飘有凌云之意，与何焯、姜宸英、汪士鋐齐名，合称“四大家”。王文治对他的书法推崇备至，称赞为“本朝第一”。笪重光的画不拘一家，任意挥洒，笔意超逸，自成风格，尤工仙佛之像，与书画大家王石谷、恽南田互相推重。康熙十九年(1680)，他完成了《书筏》和《画筌》这两部曲尽书画精微的理论著作。《画筌》一书所论述的主要是有关中国山水画创作的问题。作者主张山水画要为客观景物传神写照，学习古人要自成一家，这是一部重要的古代山水画论。王石谷、恽南田在苏州虎丘向笪重光索观《画筌》，极为赞赏。他们“相与纵谈生平所见唐、宋、元、明诸大家流传真迹，幸篇中无不吻合者”，可见《画筌》具有很高的学术价值，至今对我们研究国画还具有重要的参考价值。

王文治书妙天下

镇江丹徒区辛丰镇北的东石村，绿树掩映，苍苍独古，村内的王氏宗祠大堂的柱子上有一副王文治书写的楹联：“衍祖宗一脉心传，进而尽忠，退而尽孝；教子孙两行正务，秀者勤读，朴者勤耕。”字写得风流倜傥，秀逸天成。原来，清代诗书大家王文治就是这东石村人。

王文治像

王文治，字禹卿，号梦楼，生于雍正八年(1730)。他少负奇志，12 岁能诗工书，成为江南的俊彦之才。乾隆二十一年(1756)，随翰林侍读全魁出使琉球，渡河时遭飓风溺水获救。乾隆二十五年(1760)会试，殿试一甲第三人成进士，授翰林院编修。三年后，大考获得一等第一名，擢侍读，充国史馆纂修，后出任云南临安府知府。清师出征缅甸，他督运粮饷，“受瘴烟引疾”，辞官归乡。他天分很高，文才出众，尤精于诗书，有“国士”之称。他的诗工整精练，逸气横空，雄杰宏亮，与袁枚、蒋士铨、赵翼并称“袁王蒋赵”。袁枚称其诗“细筋入骨，高唱凌云”。丁传靖称其诗“三百年来丹徒无敌手”。他归乡后，清廷曾准备恢复其职务，但他谢绝吏事，没有再做官。他浪迹江湖，主讲于浙江和镇江的书院，一时名宿多出其门。

王文治雅好音乐、戏剧。在杭州时，曾帮助制作新曲，教习歌伶，迎接乾隆南巡。回到家乡后，就选招儿童亲自教以乐曲。海内外许多人来向他索求墨宝，都要有所馈赠，他都将这些财物全部用于声伎。家中有乐师约30多位，另外还有4位名姝异伎，每有贵客临门，他总要留饭听戏，乐散之后，便“默然禅定”。他平素“持佛戒，日食蔬果”，“如是数十年”，73岁去世。

王文治刻意翰墨，下了很深的功夫。他有一天得到尚书快雨堂旧匾，十分高兴，“乃悬于堂内，……忘寒暑，穷昼夜，为书自娱其间……其诗与书尤能尽故人之变，而自成体”。他的书法秀逸天成，得米芾、赵孟頫、董其昌神髓，善以侧媚取势，开一代书风，与刘墉、翁方纲、梁同书齐名。王文治自称他的诗与书法都是“禅理”，然而，杨守敬在《学书迩言》中却说：“梦楼书法虽秀韵天成，或訾为女郎书。”梁同书也在《次王梦楼索书元韵》诗中评论王文治的书法：“腕底神通疑有鬼，世间姿媚谁能病？”认为王文治的行楷过于柔媚。王文治则以前韵答复梁同书道：“书家派衍如族始，或祖风流或苍劲，环肥燕瘦各有取，璧揞眉颦非是病。”王文治这几句诗不仅是对梁同书的解释，也是对自己这种“风流”书体的辩白。确实，王文治的书法特点是独特的。乾隆帝南巡至钱塘僧寺，看了王文治的书碑，“大赏爱之”。王文治的书法，蜚声海外，扬名四夷。《新世说》云：“王梦楼自少以文章书法称天下，朝鲜人当以饼金易其字。”当时有谚云：“天下三梁（梁同书、梁巘、梁国治）不及江南一王。”王文治的书法圆融丰腴，风流倜傥，旖旎飘逸，似“雾余水畔，红杏在林”。梁绍壬将他与刘墉作比，评论颇有趣味：“国朝书家，刘石庵（刘墉）相国专家魄力，王梦楼太守专取风神，时有‘浓墨宰相’‘淡墨探花’之目。”

张崟画苑辟蹊径

乾隆至嘉庆年间，镇江涌现了一批杰出画家，世称“京江画派”，也称“丹徒画派”，张崟是其开派人物和杰出代表。

张崟，字宝崖，号夕庵，又号且翁、夕道人，丹徒人。生于乾隆二十六年（1761）四月初二，卒于道光九年（1829）十月二十九日。他的父亲张自坤是镇江有名的富商，经常往来于镇江、扬州之间做生意，于是便在西津渡的蒜山下营造了富有池馆之胜的新居。院内有祭祖的皆吉堂，供佛的澄华堂、大士阁、梧桐阁，作书画的书画轩、晴佳阁、友山阁、白华居、敦本堂、绣珠室、余斋等等。张自坤能诗善画，精鉴别，富收藏，只要看到善本书，不惜重金购买，家藏法书名画甚丰。其弟张若筠为京口收藏最富者之一。扬州某氏藏书为江淮间第一，其子孙不能守，张若筠听说后就冒风雪渡江到扬州，购得宋刊古书数部以归。张崟专门为叔父张若筠作了一幅《风雪载书图》，一时名士皆为之题咏。张若筠的古书画，张崟也“得尽览之”。张自坤、张若筠还经常在家里举办诗书文酒之会，将文人们聚集起来，对诗、书、画作品，互相观摩、欣赏和品题。山水画“秀绝一时”的丹徒名画家潘恭寿还专为他们在蒜山别墅友山阁文宴作图。张崟在浓郁的文化氛围中度过了学画的起步阶段。他自幼就善画工诗，早期出自“吴门画派”，对元代画家王蒙的画法也较亲近，后期深悟米芾画法。他化合吴门派、王蒙和“米点”诸画法而又饶有新意，尤其主张“内师古人，外师造化”，自幼即纵情山水，从实际生活中汲取营养。“意境出胸次，落笔重千年”，他的画掩映一时，花卉、竹石、佛像皆超绝，尤擅山水，而山水画中突出的景物是松树，故有“张松”之称。他将松看作是“耐岁寒”、“不改色”的“君子”，是他性格的象征。所以，他画中之松，都是枝干挺拔，松叶繁茂，千错万攒，生气昂然，富有生命力的青松。张崟的画风很有影响，“邑之画者宗之”，带动了一大批镇江画家。“江南得君画，片纸如珍获”。许多达官显贵都从数千里外写信向张崟求画。“平生从未入官衙，道院僧房处处家。”他乐与方外结交，清谈玄理，娓娓不倦；在空暇时，与好友常相携游于金、焦、北固、黄鹤、招隐诸山和西津渡，意兴所致，笔墨纵横，风韵绝人。张崟与张铉、茅元铬、郭坤、鲍文逵结社为“松溪五友”，经常约集西津渡游览吟诗。道光三十年(1850)腊月十五日，大雪纷飞，他们相邀至西津渡凌江阁，继而登银山绝顶，浩然作歌。鲍文逵诗云：“不知积雪照月寒，还是月光争雪白？几回雪皎冰轮圆，人生阅世无百年。不能弯弧策马历关塞，安能拥护闭阁低帷眠？君家伯仲湖海士，高格孤情有谁似？……”归后，张崟作《银峰看雪图》。“松溪五友”洒然而游，朗然而吟，陶然而醉，一时称为盛事。画家潘思牧特意为他们作《松溪五友图》。诗人、书法家王文治还为此图作记题诗：“江山曾经载酒游，渔童樵夫识风流。百年一觉松涛梦，山翠犹含曩日秋。”张崟居住西津渡，绘写西津渡的画作特别多，有记载的就有《救德令馆图》、《幽篁古石图》、《临倪高士双梧图》、《江楼燕集图》、《江阁怀人图》等。

嘉庆四年(1799)六月，正是烈日炎炎、熏风灼人之际。张崟与西津渡凌江阁道士徐体微师生之谊甚厚，便避暑于凌江阁中。郭颐向他求画，他即景生情，欣然画了一幅《江山草堂图轴》，画款为“已未六月避暑凌江阁，树亭属张崟写”。

嘉庆八年(1803)二月中旬，“文名扬天下”的前辈诗人洪亮吉从新疆伊犁戍所回家探亲，因钦佩张崟的学问和画艺，专程到镇江张崟府上拜访，却“欲见不得”。洪亮吉只有去找西津渡凌江阁道士徐体微，恳求徐体微邀请张崟到凌江阁一见。凌江阁建于蒜山腰，是眺览大江风貌的绝佳之处。徐体微是张崟的学生，深知老师的脾气。吴会许多达官显贵持绢到张崟门上，求画者踵接，他虽不拒之，但绝不一见。可他是“迹益晦，名闻益高”。郡守往往下车后，不与士大夫相见，便独自先拜访张崟。四方名流达士，凡是经过镇江的，都来拜访，他深以为苦，往往避居八公、五州诸山寺中。他十分喜爱躲到西津渡凌江阁作画。徐体微受洪亮吉之托，便亲自上门邀请老师到凌江阁来。张崟十分高兴，与郭厚庵一起到了凌江阁，徐体微才介绍洪亮吉与张崟相识。二人落坐，举杯邀饮，“一语契合，遂成知己”。他们畅饮于梅花树下，品尝着鲜美的河豚鱼，直到太阳西斜。张崟也依照洪亮吉诗集《万里荷戈集》的名称，乘兴挥笔为洪亮吉作《万里荷戈图》相赠。张崟还吟诗一首：“江阁二月梅花开，有客迳着花间来。对花独吟气磊落，昂藏却似冲霄鹤。逸情又似无弦琴，不必探弄弦上音。”洪亮吉喜出望外，后来，给张崟写信都称“高士”，并将张崟与倪瓒相提并论，极为称道：“张上舍崟诗如倪迂短幅，神韵悠然。”他在《更生斋诗续集》中说：“张君曾为余作《万里荷戈图》，极佳。”他还在《北江诗话》中说：“司马张舸斋从弟上舍崟工近体诗，画青山绿水，殊有元人笔法，曾作《万里荷戈图》见赠。余寄以两诗，末一首云：‘荷戈人在夕阳边，宛马如龙不著鞭，欲貌鸿濛万里雪，别施轻粉写祁连。’”又题：“上舍作画殊有元人笔法，悬诸斋壁玩赏久之，方知境之高远。”

浙江钱塘人陈文述曾在江都、常熟等县任知县，有诗名。在京师与诗人杨灿齐名，时称“杨陈”，著有《碧城仙馆诗抄》、《颐道堂集》等。陈文述与张崟是好友，多次请张崟画镇江山水名胜，“以当卧游”。道光二年（1822）七月，已经61岁的张崟为其作《镇江名胜册》，并在每幅画的右边详细书写了人文历史。世居蒜山之麓的子清先生，世守古屋。道光七年（1827）四月立夏前五日，子清拿素纸请张崟作画。张崟追想少年时代居住蒜山，游乐于山巅水涯的情景，便欣然作《银屋图轴》。画中老屋古木环绕，苍翠满院，老梅数株，修竹千竿，俨然为高士所居。

诗坛女杰骆绮兰

清代《国朝闺阁集》和《随园女弟子诗集》中都刊录了句容籍女诗人骆绮兰的诗。她诗才清妙，多写风花雪月，寓情于景，寄托遥深，如她写的《云根山馆题壁》：

寂寂园林日未斜，一庭红影上窗纱。
主人难免花枝笑，如此开时不在家。

她写的《对雪》也很有趣味：

登楼对雪懒吟诗，闲倚栏杆有所思。
莫怪世人容易老，青山也有白头时。

她的诗在新美的意境中常常透出缕缕愁绪。

骆绮兰，字佩香，号秋亭，又号无波女士，生于乾隆二十一年(1756)，句容人。她的祖辈曾在清廷做过大官。自幼聪颖能文，工书画，尤喜吟咏。当时，袁枚领袖文坛，提倡妇女文学。当他看到骆绮兰的诗后，十分惊奇，认为她“诗才清妙，余诗话中录闺秀诗甚多，竟未采及，可谓国中有颜子而不知”！

骆绮兰写诗，转益多师。她居住南京，则经常请教袁枚；居住镇江，则经常请教王文治等前辈；还与赵翼、洪亮吉、曾燠、左墉等名诗人公开相唱酬。她思想解放，不理会“男女授受不亲”那一套，经常和诗人墨客一起纵览名山佳水，吟诗作画。她曾作《秋灯课子图》、《百花图》等，并题诗云：“儿命苦于慈母处，当年有父为传经。”她磊落大方，游扬州邗江时，亲手绣金带围，并题诗其上，赠给两淮盐运使曾燠，一时才名大噪，传为佳话。大江南北，凡“璇闺慧质，绣阁名姝，所至逢迎，奉为懿范”。

鲍皋是乾隆前期镇江诗坛的盟主，其夫人陈蕊珠、儿子鲍之钟、三个女儿鲍之兰、鲍之蕙、鲍之芬以及她们的丈夫都是诗人。骆绮兰经常拜访他(她)们，互相唱酬。一次，鲍之钟从京师回到镇江，骆绮兰知道后，便约集鲍之钟、鲍之兰、鲍之芬相聚在鲍之蕙的饮绿山堂欢宴。席间，她诗思如泉，走笔成诗：

高阁临山万绿浓，知音话别太匆匆。
开窗云外飞青鹤，倾盖花前识巨公。
词翰旧钦苏氏笔，言容常接谢家风。
相逢莫讶相亲甚，难得金樽此日同。

鲍家兄妹也各和诗一首，妙语连珠，诗宴盛极。次日，鲍之蕙"仍联雅会"。恰巧，王文治也来了，大家星聚连宵，各赋一首。骆绮兰又即席挥翰写诗一首，赠王文治及鲍家兄妹：

恰值西园雅集期，骚坛牛耳得吾师。
征衣待拂凌江浪，彩笔曾吟渡海诗。
把袂重教联旧雨，寻春可忆少年时？
鲍家三妹才难敌，文燕山堂绝世奇。

王文治十分赞赏骆绮兰诗才敏捷，在骆绮兰这首诗后写道："饮绿山堂小集，女弟子骆绮兰诗先成。"

骆绮兰的丈夫早逝。此后，她便将家迁到镇江西津渡避风馆附近，也就是现在西津渡玉山超岸寺一带。她是一个感情丰富、慈悲善良的人。她带着女儿生活已经十分艰难，还收养了一个姓翁的女孩同住。这个女孩因为生理上有缺陷，不宜嫁人，就改换男装，学习骑马射箭。后来干脆做了女道士，取名悟情。骆绮兰便与这位女孩相依为命，直至嘉庆十一年(1806)以后去世。骆绮兰将所著的诗作汇成《听秋轩集》，著名诗人洪亮吉为其作序并印梓。袁枚在《随园诗话》中录了她四首诗，并且评论说："四首一气卷舒，清机徐引，今馆阁诸公能此者问有几人？"

刘鹗著《老残游记》

刘鹗在《老残游记》第一回中描述了这样一个寓意深刻的故事：惊涛骇浪中，一艘残破不堪的帆船濒临灭顶之灾，而船上管帆的只是各人管各人的帆，水手们则在那里搜男男女女所带的干粮，并剥那些人身上的衣服。老残和两个友人为了挽救这条船，驾着小船送去"罗盘"、"纪限仪"和几件行船要用的物件。忽然有水手叫道："船主！船主！千万不可为这人所惑！他们用的是外国向盘，一定是洋鬼子差遣来的汉奸！……他们将这只大船已经卖与洋鬼子了……请船主赶紧将这三人绑去杀了，以除后患。"就连在船上演说"革命"的英雄豪杰也狂喊起来:“这是卖船的汉奸!快杀!快杀!”这个故事的寓意是很容易令人们心领神会的,帆船即中国,老残即写《老残游记》的作者自己。他忧国忧民,愤世嫉俗之心,跃然纸上,读来不能不令人痛心疾首!

刘鹗像

刘鹗,原名孟鹏,字云抟,后更名鹗,字铁云,别署洪都百炼生,丹徒人。他是南宋名将刘光世的后裔。刘光世原籍陕西保安,一度兼任镇江知府,刘氏便迁居镇江。刘家的镇江老宅在西城外的上河边,邻近古运河,屋计九间一厢,住着全家 18 口人,这屋是半典半租的,刘家每月须付房租 1800 文,所以刘鹗的祖父鹤桥曾作一联以自嘲:“一十八口之家,嗷嗷待哺;九间一厢之房,月月催租。”

咸丰七年(1857)九月初一日,刘鹗诞生于六合县的朱氏外婆家。他自幼天资颖悟,4 岁即在镇江客厅中从包氏姐素琴识字、诵诗,5 岁随父亲居河南汝宁府任所,7 岁从镇江著名学者赵君举读书。他赋性脱略,不喜欢作八股文,20 岁时曾赴南京乡试未中,作诗言“战报刘蕡北,游增杜牧狂”,以唐代有识之士刘蕡下第而自比,以杜牧的诗才自负。他虽然不喜爱八股制艺,却具有强烈的求知欲,涉猎广泛,成为一个深通治河和天算、乐律、词章、医药等多门学问的饱学之士。

刘鹗生当晚清，外侮入侵，内政腐败，民生凋敝，激发了他忧国忧民、企求革新的抱负。他 20 岁便广交一时豪俊，著名侠客大刀王五便是他年轻时的好友。王五义死之后，尸体为刘鹗收葬。他 24 岁从师太谷学派的李光炘，确立了“以天下为己任”的思想。他具有远见卓识，主张在保存国家主权的前提下，借外资筑路开矿，振兴中国经济。光绪二十二年（1896），他上书直隶总督王文龙，请筑以天津为起点、镇江为终点的京镇铁路，但因火车不能通镇江，实际上只能通到镇江对岸的瓜洲，因此引起镇江籍的京官大哗，群起反对，以致功败垂成。他又曾筹议开采煤矿、金矿，筹营海船、精盐厂、北京自来水公司、北京电车公司、钢厂、肥料厂、香烟厂、报馆、书庄、教育杂志社等，虽然没有成功者居多，但都是他率先提倡的。

他在山西筹划开采铁矿时，曾有一信给罗振玉，说明自己想利用外资开矿，而不伤主权。信中说：近欲开晋铁谋于晋抚，俾请于朝，晋铁开则民得养而国富也。国无素蓄，不如任欧人开之，我严定其制，令三十年而全路矿归我。如此则彼之利在一时，而我在百世矣。他想依靠清政府和洋人办洋务，以救国裕民，希冀“欲以渺渺之身转移运会于其间”，但却处处碰壁。

刘鹗在龟甲文的研究方面造诣很深。他是第一个大规模搜集龟甲文者。1903 年 9 月，他印有《铁云藏龟》，这是我国第一部龟甲文著作。

刘鹗经济改革的主张失败了，他痛心，他愤懑，他要剖白心迹昭于世人，他要呐喊，宣泄蓄于胸中的郁闷。他呕心沥血，于 1906 年写成《老残游记》。这部小说对景物的描写细致生动，对人物心理的刻画曲折深刻，吸取了西方文学的技巧，融会贯通，饶有创造性。

1907 年，刘鹗以为浦口将来必为商埠，因此与亲戚朋友集资共购浦口荒地与江中芦洲。八国联军占据北京时，粮源断绝，全城人民受饥，而俄军却拟将占有的大批太仓米烧毁。他听到这一消息，在征得清政府留京当局同意后，自出重资从俄军手中购得大批米粮赈济灾民。不料袁世凯与他有私隙，便弹劾他“勾结外商，代为抢购浦口土地”，“私通敌军，偷售太仓陈储”，两罪并发，将他遣戍新疆。宣统元年（1909），刘鹗不幸因患脑溢血症暴死于迪化（今新疆乌鲁木齐市）。

刘鹗一生奔走四方，却始终恋恋不忘故里镇江。今淮安刘氏故居的门壁上仍悬有“丹徒刘宅”的木刻。他的所有学术著作都署名丹徒刘鹗所作。他的得意之作《老残游记》的主人公也精心安排为镇江人。他号铁公，老残便姓铁，老家住在江南徐州，也就是镇江。他还刻有两枚别号印章，一为“刘武僖王后裔”，武僖王是刘光世死后的封号，一为“天下第一江山渔樵”，都足以反映他虽然足迹天涯，却时刻不忘祖籍世裔。刘鹗非常关心镇江的经济开发，还曾在镇江投资开办榨油厂。他生前不止一次回到镇江，徘徊故里，一往情深。

马建忠撰写《马氏文通》

马建忠，字眉叔，清道光二十五年（1845）出生在丹徒城内一个信奉天主教的商人家庭。他少年时代一再随家迁徙，后定居于上海。他勤奋好学，博览经史，目睹清廷的腐败，决心探求富国强民之道和“中外得失之故”，便舍弃经传旧学，转而攻读西学，获得了洋务派领袖李鸿章的赏识。光绪二年（1876），经李鸿章保举，他以郎中身份为随员赴法国学习交涉、例律等，兼任驻法公使翻译。他奋发学习，在政治学院的各科考试中都获得优等奖；后来在学位考试中，也取得优异成绩，引起了法国巴黎学界的注意。当时，法国报纸评论说：来巴黎求学的东方人，从来没有人能考取文词秀才，如果要有，那将从马建忠开始。果然在光绪五年（1879），马建忠考取文词第二科，为中国争得荣誉。光绪六年（1880），马建忠参加法国理科学位考试，获博士学位而归。

马建忠回国后，入直隶总督李鸿章幕府。他多次上书李鸿章论及国家大事，被李鸿章委任协助办理新政，曾赴印度协商增加鸦片入口税等；又被派往朝鲜平息内乱，显露了出色的外交才能。后来，他受李鸿章委托，一度任招商局会办，总办上海机器织布局，成为洋务派中的主要人物之一。他认为“民富而后国强”，因此与主张发展官僚资本的一派有分歧，“为世诟忌，斥家居”。但是，他仍然以自己的财力在徐家汇创办“机器织布厂”，在镇江创办“元同钱庄”。

马建忠精通英、法文及希腊、拉丁文。他经过对中西教育、文化的比较研究，认为我国传统教育，由于不教语法，致使青少年学习语文事倍功半，如果能缩短这种学习年限，就能使学生腾出更多的时间学习自然科学和社会科学。于是，他积十余年勤学探讨之力，写成我国第一部语法著作《马氏文通》。光绪二十六年(1900)，八国联军攻陷天津和北京，马建忠随李鸿章到上海主持东南各省事宜，八月中，突然接到沙俄政府一封长达7 000余字的电文，他连夜翻译，竟因热症和劳累过度去世，年仅56岁。

《马氏文通》分正名、实字、虚字、句读四部分。从经、史、子、集中选出例句，参考拉丁语法，研究古代汉语结构规律，为中国第一部较全面的语法著作。马建忠“学贯中西”，在写《马氏文通》时不以分类和举例为满足，而要尝试指出其中的规律。因而，《马氏文通》在修辞学、词汇学等方面，描述了许多现象，揭示了许多规律，作出了“古今特创”的贡献。《马氏文通》的问世，标志着我国古代语言学的终结和现代语言学的开端。自古以来，我国汉语语法问题的若干零碎意见散见于历代的传、注之中，没有语法著作，有的只是少数的解释。19世纪，西洋语言学家博布和施莱格甚至认为汉语没有语法。而《马氏文通》的问世，第一次证明了中国古代的文章自有精密的语法。《马氏文通》的出版，不但廓清了西洋人的误解，而且在中国语法学的研究和建设上揭开了崭新的一页。

“腾踔百家”陈庆年

陈庆年，字善余，清同治元年(1862)出生于丹徒县一个书香门第，自号石城乡人，晚年又号横山，世称横山先生。他幼年家贫，7岁入塾，在辛丰西石城家中随父读书。同治十三年(1874)，就读于镇江城里的高公书院。16岁以读经书为正课兼习律赋，于先儒语录、子史百家无书不读，自号“困学主人”。他喜爱深夜读书，认为万籁俱寂之时，神志湛然，阅读易于记忆，下笔如有神。他21岁补县学生，寄居金坛，纵观书肆，多年后录取江阴南菁书院，为学使王益吾、院长黄元同等赏识。他读书最崇尚朱熹“先宜猛火煮，后以细火温”之说。每读一书，先疾读概览，再层层设问细究，尽其蕴涵。他学习研究涉及的范围很广，有《周礼》、《仪礼》、《孝经》、《尚书》等。他研究和探讨经学的精髓，陈述自己的观点和见解，撰写了大量著作。儒学大师黄元同读过他对《尚书》的疏注后，称赞“有石破天惊之妙”。

他对历史、军事、法律、经济诸方面的研究，造诣也很深，被时人视为“通才”。他对《三国志》进行完善，对汉代军礼进行研究，对我国最大的一部丛书——《四库全书》的目录进行补充，对郑成功攻占镇江和太平天国镇江之战进行描述，又编辑撰修《两淮盐法志》、《列国政要》、《洋务辑要》等书，从更广的视角去研究历史。他特别精于谱牒研究，其中以《吴勤惠公年谱》最为珍贵，此谱填补了诸家书目的空白，记载了不少珍贵的史料。

陈庆年专以实学为务，光绪十四年(1888)考中戊科优贡廪膳生后，就悉心于治学讲学。他先后在江苏、湖南、湖北讲学近四十年之久。张之洞在两湖办洋务、创学堂，光绪二十三年(1897)二月，聘他授史学。他讲史严守太史公司马迁的精神，褒贬历史人物力求准确，举一反三，循循善诱，言简意赅。每堂课都让学生提问，诱导学生“学”、“思”结合。有好学者常以经史疑义去函询问，他都于夜深之际书信作答，有知必告。当时人们将他比作为钟，小扣大扣都得到音鸣回响，没有扣而不鸣的。

光绪二十五年(1899)，两湖书院增设《兵法史略》一课，他任讲授，写有讲义2卷，于春秋大势发挥无遗。世人评论为多年来唯一的救世之书。当时，他的授课讲义传遍鄂省。后来，他又续成《春秋兵史》、《柏举战史》、《吴越战史》、《吴越战史前后序》、《兵法史略》共9卷，合《讲义补遗答问》12卷，流传全国。

光绪二十九年(1903)，陈庆年写有《明史详节》，较《五代史略》

又辟一撰史门径。次年,编纂《洋务辑要》,又效仿司马迁和刘知几的撰史之法,编《五代史略》、《通鉴纪事本末要略》。张之洞因他才识开通,学问广博,奏保经济特科;鄂抚端方也奏授他内阁中书衔。在两湖书院执教期间,他史学研究成果累累,被誉为"江东大师"。光绪三十年(1904)孟春,端方移抚江苏,以桑梓之义劝他东归。他也因为觉得讲学在外既久,有回归故里之愿,同年九月便回到镇江。

光绪三十一年(1905),端方抚湘鄂,聘他为湖南全省学务处提调,并筹办长沙图书馆。他锐意经营,凡是藏书选购,书类区分,都躬自操理。不久,端方出使五国,离湘临行前,又任命他为湖南高等学堂监督。此后,他便居于岳麓,规划校事。当时,清政府新设学部,万事待理,管学大臣奏调他入学部,他以归养亲老,婉辞以谢,并对人说:"吾一书生,百事尚可勤为,唯独不善作官,果志为官,岂待今日?吾不屑为官场之逢迎屈节耳。"光绪三十二年(1906),他以归养父母返里,为端方编《列国政要》于焦山松寥阁。

光绪三十三年(1907),他欣然承担了主持江楚编译局与江南图书馆之任。在这期间,他除了增订旧作之外,还著有《辽史讲义》、《万历蜀徼征播史》、《陶隐居年谱》、《西石城乡土志》。他将风俗志和乡土志所记限于一村,为地方志撰述别树一帜。

陈庆年喜好搜集资料,有得必记之,或手录,或付写,史料素材常积案盈尺,凡经济研究资料、外交史料、风俗史料、近代史料等无不搜集以备用。他写的《兵事丛钞》、《横山乡人丛钞》多达十数巨册。回到乡间之后,他又著有《苏公年谱》、《玄奘旅行图》、《元代疆域图》等。他对乡贤先哲遗著必定钞存,精事校勘,兼掇遗忘。宣统庚戌(1910),刻《嘉定镇江志》。次年,又以《芸窗词》、《雪山日记》、《京口三山志》陆续交付刊刻,遂有《横山草堂丛刻》。

陈庆年58岁时患中风症,患病期间还亲自校订文稿,成《横山乡人类稿》13卷,收经学训诂、名人年谱序跋、京口事迹考证与名人书函、人物传略、祭文、著作序跋等文180篇。

陈庆年生平著书校籍千余卷,常对人说:"史学者,首重史实,文章史实有时不能两全，宁失于文而毋失史实。”

端方任两江总督期间，日商西泽占据我国东沙岛。清廷与日本国力争，日人以中国志书只详陆地，于海岛多疏略，一定要以志书为据。陈庆年十分气愤，遍索海道各书，终于援引雍正年间陈伦炯《海国闻见录沿海形势图》为据，致书端方，详证东沙岛于雍正年间已见于中国书籍。端方以此为据，与日人力争，日人才服气。一时举国上下，都钦佩陈庆年有真才实学和爱国热忱。当时，陈庆年与梁启超、刘师培以“学术雄长海内”而齐名。著名学者唐文治称他“腾踔百家”。一代名士吴稚晖称他“冠民国儒林之军”。1929 年 6 月 3 日，陈庆年因病与世长辞，终年 68 岁，葬于丹徒赵家湖祖坟。

国学泰斗柳诒徵

清光绪五年十二月二十五日（1880 年 2 月 5 日），丹徒县第一楼街鲍氏宅内，一声婴儿的啼哭，给期待已久的柳氏全家人带来了喜悦，一个宁馨儿诞生了，他就是后来成为柳氏家族骄傲的国学大师柳诒徵。

柳诒徵，字翼谋，号劬堂，又号龙山髯。他 6 岁丧父，靠母亲抚养教诲成人。镇江柳氏是诗礼之族，书香世家，先祖是宋代大词人柳永，清末先辈柳兴恩、柳荣宗湛深经学，尤以专门研究《春秋谷梁传》闻名于世。柳诒徵有志继承前辈的事业，从小便发愤读书，10 岁诵完《四书》、《尔雅》及《诗》、《书》、《易》三经。12 岁读《左传》和古诗、古文。他曾经潜入外祖父家楼上阅读所藏书籍，手抄鲍皋、余京等乡贤的诗作。16 岁时赴金坛应科举考试，用篆字在试卷上写《焦山瘗鹤铭》、《田横岛》等诗篇，得到了学台的欣赏，批语为“未冠能此，可称妙才”，因此进为秀才。

柳诒徵在乡里，颇得陈庆年、赵申甫、李恩绶等先辈的熏陶和挈引，学识大进。23 岁时，经陈庆年介绍，到南京江楚编译局担任编辑教科书的工作。他编写的《历代史略》，从唐虞三代至明末，共 6 卷，每卷各分篇章，打破了纲鉴体的旧形式，成为中国第一部最新式的历史教科书。1903年，随缪荃孙、徐乃昌赴日本考察学务，记其见闻，写成《日游汇编》一书。这年9月，他完成了中国历史教材编写史上具有重要意义的《历代史略》，被称为“现代历史教科书的模板”。为了振兴中国教育，1903年柳诒徵先后与友人创办了南京思益小学、江南中等商业学堂及镇江市大港小学。思益小学是南京最早的一所新式小学。江南中等商业学堂以培养社会应用型人才为宗旨，聘任的教师都是文化精英，学堂监督是清光绪朝状元、洋务派代表人物之一的张謇。

从1915年开始，柳诒徵在南京高师、东南大学文史地部先后任教10多年，主讲国文、历史、地理等课程，并编撰了《中国文化史》、《东南亚各国史》、《中国财政史》、《印度史》等。他把清代学者研究经学的全部成果都归纳为史料考证的一部分，扩大了史学的研究范围，这是他以前的学者没有认识到的，对后人有很大的启示。胡适曾说:《中国文化史》是“开山之作”。柳诒徵由博返约，凭其对中国历史的深刻认识，转而以主要精力研讨中国史学，总结中国史学理论。1942年，他冒着抗战的烽烟跋涉到重庆，接受中央大学柏溪分校的邀请，开始为研究生专门讲授中国史学原理。以后，这部分成史原、史权、史位、史联、史德、史识、史义、史例、史书、史化等十个题目的讲稿，汇成了《国史要义》一书。他的论史专著《国史要义》，条别源流，厘析义例，无证不言，语多通核。在史评书籍方面，对旧史义例的综合概括，另辟了新的门径。他还著有《中国商业史》、《中国教育史》、《首都志》、《满清年表》等。

1927年以后，柳诒徵主持江苏省国学图书馆。他任职后，聘请的职员，大多数是他在南京高师、东南大学时的学生，都精通文史，尤其熟悉目录学，辨章学术，考镜源流，分别部居，条分缕析，力求严谨。他主持国学图书馆10年间印行了100余种珍本秘籍，为海内外所推崇。他以积学之士主持图书业务，既能为国家保存历史文化遗产，又能开展学术研究，把图书馆办成学术研究的中心、培养人才的摇篮。

抗战初期，他首先率领馆员，将馆藏的宋元善本、稿本、抄本及确为海内无二的刻本，迅速装箱造册，运至安全地存放，又将普本书中资料性强的地方志及一些丛书共3万余册，陆续运送江苏兴化，分藏中圩罗汉寺、观音阁等地。

1951年，新中国的建设进入高潮。上海着手筹建图书馆，柳诒徵被聘为上海图书馆筹建委员会委员。他与著名史学家顾颉刚、版本目录学家顾廷龙等共同着手筹建，仅花一年时间，就使上海图书馆正式对外开放。

柳诒徵退休后，应上海市长陈毅之聘，担任上海市文物保管委员会委员。他与同事徐森玉、沈尹默、顾颉刚诸先生相互研讨，每得一珍本，即究勘考订，在接收附近各县古籍时，获见不少好书，写有《检书小识》，鉴别版本，著录内容提要。

柳诒徵对乡邦文化事业也极为重视，抗战前并与尹石公、吴庠、丁传靖、赵宗忭、吴兆曾、冷御秋几位同乡，大力襄助吴寄尘等邑人征集图书，募款筹建绍宗藏书楼。后又与冷御秋、尹石公等召开绍宗藏书楼董事会筹备会，接管楼务，以继承文宗阁事业。建国后，他再次回乡关怀绍宗楼重建工作，捐赠自己在镇江的旧藏图书，劝说他人捐书，并推荐专人整理编目，以期发挥藏书作用。

1956年1月下旬，他突患脑溢血症，医治无效逝世，终年76岁。

吕氏兄弟三大家

名城丹阳，物华天宝，人杰地灵。画家、教育家吕凤子、佛学大师吕徵和语言学家吕叔湘这三兄弟都出生在这里。

吕凤子(1885—1959)，原名浚，字凤痴，后改凤子并行世，别署凤先生。他出生在一个钱业世家，自幼聪慧好学，15岁考中秀才。后考入苏州武备学堂。不久，改攻美术，考入南京两江优级师范图画手工科学习，深得校长、著名书画家李瑞清的赏识，有“江南才子”之称。1927年秋，任南京国立中央大学艺术系国画组教授。次年被聘为大学研究院国画研究员。1940年，创办正则艺术专科学校。同年被教育部聘任为国立艺术专科学校校长。建国后，历任苏南文化教育学院艺术系教授、江苏师范学院(今苏州大学)图画制画系教授。

他是一位享有盛誉的美术家,被美术界称为“东方的米开朗其罗”。他于1931年创作的《庐山云》,在法国巴黎世界博览会中展出,获中国画一等奖,姓名和生平被编入大英百科全书,从而步入世界艺坛;1939年创作的《流亡图》送前苏联展出,获“人民艺术家”光荣称号;1942年创作的《四阿罗汉》,在重庆举行的第三届全国美术展中获一等奖。他出版的绘画集有《凤先生人物画册》、《凤先生仕女画册》、《华山速写稿》等。他一生发表著作多部,最负盛名的当数他在辞世前写成的《中国画法研究》,这是新中国成立后第一部中国画理论典籍,在我国现代绘画史上占有重要地位。

他创作的中国画意境高超,笔法传神,风格独特,其妙无穷,堪称画界“一代宗师”。他对诗词、金石、书法都有很高的造诣,被称为“四绝”大家。

他献身教育事业,为祖国培养了数千名美术专门人才,其中有许多人后来成为美术界的精英而驰名海内外。吕凤子作为一名教育家,还集中体现在他的“三办正则”上。1912年,他变卖所有田产在家乡办起了“正则女校”。抗战爆发后,学校毁于日军炮火。他举家西迁,辗转来到四川璧山,在一无所有的情况下,白手起家,办起私立江苏省正则职业学校蜀校。抗战胜利后东归时,将此校无偿地交给了璧山县政府。1946年8月返回丹阳后,他在一片废墟上第三次创建正则学校。建国后,他又将该校交给了政府。

吕凤子还是一位追求真理、与时俱进的爱国者。“五四”运动中,当局迫害进步学生,他毅然辞去北京女师大教授的职务,返回故里办校。抗战爆发后,他积极支持学生的抗日爱国运动,保护过一批爱国志士、共产党人。他才华横溢,但淡泊名利,在祖国的艺术教育事业上,默默耕耘几十载,可谓“一代良师”。

吕徵(1896—1989),字秋逸、秋一,是吕凤子先生的堂弟。他早年于镇江中学毕业后,考入常州高等实业学校农科,后进入民国大学经济系学习。他早年也研究美学,曾发表过多本美学专著,其成就早为世人所推崇。1914 年，他到南京金陵刻经处跟随欧阳竞无学佛学。1915 年，留学日本，翌年归国，应刘海粟先生之聘任上海美术专科学校教务长。1918 年，吕徵放弃美学而研究佛学，协助欧阳竞无在南京筹办支那内学院。1922 年，支那内学院成立，他先后任教务长、院长等职。从此，他在佛学园地里辛勤耕耘了 70 多个春秋，撰写了大量的佛学论文及 10 余部佛学专著，被欧阳竞无大师比作世尊高足中智慧第一的舍利弗，以“鹙子”相呼。70 年来，他在佛学义理的研究和佛教典籍的校勘方面，有许多新的发现和独创的见解。他充分论证了印度佛学与中国佛学的根本区别，找到了一把打开佛学之门的钥匙，从而解决了许多佛学中的难题，同时也有助于正确地阐明宋明理学的实质和渊源。在佛典整理方面，他费时 10 年校勘编印了一部《藏要》，这部丛书共收书 70 种、400 余卷。《藏要》是佛学文库中的一颗明珠，国际佛学界的宝贵财富。他在校勘中发现了连玄奘本人也未曾知晓的问题，在佛学史上的价值极其重大。

1955 年，斯里兰卡佛教界为纪念释迦牟尼涅槃 2 500 周年，发起编纂英文佛家百科全书，要求各国佛教学者给予合作。周恩来总理接受斯里兰卡总理的请托，把编写中国佛教条目的任务交给了中国佛教协会，遂成立中国佛教百科全书编纂委员会。吕徵任副主编，对全部汉文条目 400 余篇、200 余万字详加审阅，还亲自撰稿近 20 篇。稿子寄到斯里兰卡后，各国佛教界公认中国佛教水平最高，赢得了国际声誉。20 世纪 60 年代初，他年近古稀，仍壮志不已，准备编印一部超过中外历代《大藏经》水平的《中华汉文大藏经》，后因“文革”而停止。“文革”后，他将以前编出的目录经补充修订为《新编汉文大藏经目录》，刊行于世，为后人编辑《大藏经》提供了方便。

20 世纪 60 年代初，他欣然接受中国科学院哲学社会科学学部委托，开办了一个为期 5 年的佛学班，为此倾注了全部精力，培育了一批又一批佛学人才。

吕徵先生曾历任第三、第七届全国政协委员，中国科学院哲学社会科学学部委员。他是中国佛教协会发起人之一，历任该协会常务理事、名誉理事。他精通多种文字，对印度佛经、中国汉地佛学和西藏佛学都有深刻研究，著作等身，除了早期的《美学概论》、《美学浅说》、《现代美学思潮》、《西洋美术史》等美学著作外，主要佛学著作有《声明略》、《佛典泛论》、《印度佛教史略》、《西藏佛学原论》、《因明纲要》、《佛教研究法》、《中国佛学源流略讲》、《印度佛学源流略讲》、《新编汉文大藏经目录》、《因明人正理论讲解》等。他在全世界，尤其是在东南亚国家声名卓著，是公认的当代佛学大师。

吕湘(1904—1998)，字叔湘，也是吕凤子先生的堂弟。他1926年毕业于东南大学外语系，先后在丹阳县中、安徽五中、苏州中学任教。1936年留学英国牛津大学和伦敦大学。1938年回国后，先后任云南大学、华西大学、金陵大学、中央大学(今南京大学)副教授、教授、研究员。1952年调中国科学院(今中国社会科学院)，先后任研究员、副所长、所长、名誉所长。1940年后，吕叔湘专门研究汉语语法，成就尤为突出。吕叔湘最早的成果是撰写了一本《中国文法要略》，还撰写了《文言虚字》、《中国人学英语》等书。1951年，他在《人民日报》上与朱德熙合作发表了《语法修辞讲话》，继而主编了《现代汉语词典》初稿。1979年后，他把多年来研究汉语语法所遇到的问题进行总结归纳，写成长篇论文《汉语语法分析问题》，并写成《现代汉语八百词》，出版后在国内外引起很大反响。此外，他还写了《〈资治通鉴〉标点斠例》、《〈马氏文通〉译述》、《汉语句法的灵活性》等学术论文和普及性文章多篇，翻译外国小说多部。如果说《马氏文通》开创了我国汉语语法研究的先河，吕叔湘先生则对汉语语法的研究奠定了基础，对我们更好地学习和掌握祖国的语言文字并使之规范化，起到了极大的推动作用。由于他在这方面的杰出贡献，1979年，美国语言学会聘请他为名誉会员。1987年，香港中文大学授予他名誉文学博士学位，同年他获得了吴玉章奖金语文学科特等奖。

1954年，他被任命为中国文字改革委员会委员，后任副主任。1980年，当选为中学语文教学研究会第一任理事长和中国语言学会第一任会长。他还被选为第二、第四届全国政协委员，连续五届当选为全国人大代表，并被选为第五届全国人大常务委员会委员。

他曾担任《汉语大词典》首席学术顾问，并任《中国大百科全书》总编辑委员会委员，兼《语言文字》总主编。他于1983年捐献积蓄设立"中国科学院青年语言学家奖金"。1986年，在他的赞助下，丹阳市中学兴建了图书馆。1987年，他又在该校和市实验小学分别设立了"吕叔湘奖学金"基金会。

吕氏三兄弟在文化艺术的田地里创造了辉煌的业绩，为人类文明增添了丰富的精神食粮，为社会进步作出了巨大贡献，人们尊称他们为"吕氏兄弟三大家"。

张君秋京剧开派

我国著名的京剧艺术大师张君秋自幼热爱京剧艺术，13岁开始学习京剧青衣，15岁首次登台，不到20岁就红遍大江南北，名列"四小名旦"。他以自己的天赋条件，加上孜孜不倦地刻苦学习和探索，博采众长，发挥优势，创造了风格独特的张派艺术，成为风行海内外的一大京剧流派。

张君秋在他的自述《我的少年时代》中说："我的父亲叫滕联芳，是江苏丹徒人，由南方到了北京。"张君秋，1920年10月14日出生于北京，原名滕家鸿，后从母姓，名张君秋，字玉隐。张君秋6岁时父亲失业，到南方谋生。其母张秀琴，是河北梆子演员，年幼的张君秋一直跟随母亲过着颠沛流离的艺人生活，也受到了戏剧艺术的熏陶。

为了和母亲维持生活，12岁的张君秋向母亲表达了"我要学戏"的心曲。饱尝"吃戏饭"艰辛的张秀琴，希望小君秋能够上学读书，将来干别的事业。在家庭生活极度困难的情况下，她仍然撑持着让张君秋上了几年私塾和小学，但听到儿子从留声机里学来的青衣唱段，挺有味儿，觉得他有演戏的优越条件，张秀琴终于答应让儿子学戏。13岁，张君秋经人介绍，拜李凌枫学戏。从此以后，张君秋开始了刻苦的学戏生活。每天天色未明，他就起床跑到陶然亭一带练功喊嗓，结束以后，天才大亮。他回家吃完早饭，又赶忙到师傅家去练戏，直到吃午饭。午饭饭碗一丢，又开始学戏。晚饭以后，他仍然不肯休息，坚持复习一天的功课。他整天沉浸在戏里，有时甚至梦中还哼着唱腔。不到两年时间，他就学会了《苏三起解》、《二进宫》等八出折子戏。到 15 岁，师傅便让他以《苏三起解》在北京首次登台。他首次登台就以甜润的嗓音、俊美的扮相受到行家和观众的一致赞赏。此后，在师傅的安排下，他一边学习，一边演出，在观众中也渐有名声。张君秋并没有自我满足，依然保持虚心谨慎的态度和精益求精、锲而不舍的艺术精神。

王瑶卿是著名的京剧教育家、旦行艺术的革新家，张君秋经师傅李凌枫的引见，拜识了这位京剧界的"通天教主"。王瑶卿对张君秋又脆又甜的嗓音格外看重，在青衣唱工戏上给他下功夫，并要张君秋"全面发展"。王瑶卿还向他传授了许多刀马旦的戏，在教唱功的同时，又教京白。

1942 年初，张君秋挑梁主演，挂牌成立了"谦和社"，除在北平演出以外，还到天津、上海等地演出，受到各地观众的热烈欢迎。除了上演传统老戏之外，还有梅、程、尚各家的代表剧目，然而他无论上演的是哪位名家的剧目，从不打出某某名家的旗号来标榜自己。张君秋在演戏中常常心里有一股冲动——能不能把自己唱的皮黄腔变一变，创出点新腔来？他反复琢磨王瑶卿"不是改新了就好，而是应该往好里改"，"认认人儿，找找事儿，琢磨琢磨心里劲儿，安腔找俏头"的话，依据戏中的人和事，创作"俏头"，力求把新腔编好，编得好听，编得合乎戏情戏理。1943 年 9 月，"谦和社"在天津中国大戏院首演，戏院爆满，群情沸腾，大获成功。

1948 年，张君秋和马连良等著名演员应邀赴香港演出，响应李济深等爱国民主人士的倡议，为共产党领导的东江游击队义演 3 天。除舞台演出外，还拍了 3 部戏曲影片。这时，张君秋等面临着严峻的考验，国民党通过各种渠道，重金礼聘，要他们到台湾演出。但张君秋心系北京，毅然拒绝。1951 年，在周恩来总理的直接关怀下，张君秋等从香港回到内地。1952 年,周恩来多次接见了张君秋,鼓励他“多作贡献”。从此,他的艺术生涯进入了一个崭新的阶段。他放弃高额“包银”,率先组建北京京剧三团,深入厂矿农村,参加赴朝慰问,热情为工农兵演出。1956 年,他与马连良等名角组建了阵容强大的北京京剧团即现在的北京京剧院,汇聚名家,好戏迭出,使京剧的繁荣达到了新的高峰。

张君秋不仅是著名的京剧艺术大师,也是一名优秀的中国共产党党员,对党怀有深厚的感情。他说:“我走过的 60 年生活道路,前 30 年是在旧社会苦难艺海中漂泊过来的,后 30 年是在党的亲切关怀下成长起来的。”“我的一切都是党和人民辛勤培育的结果,没有党的领导,就没有我的艺术。”“文革”十年,尽管他的身心受到严重摧残,但他对党的信念始终不渝。粉碎“四人帮”后,他恢复了舞台生活。他在出任中国戏曲学院副院长后做的第一件事,就是向党组织庄重地交上入党申请书。1981 年 6 月,他光荣地加入了中国共产党。

张君秋的晚年,怀着对振兴京剧的高度责任感,毅然把主要精力放在培养青年京剧演员的戏曲教育事业上。他的弟子遍及海内外,桃李满天下,有“十旦九张”之誉。1990 年底,张君秋应邀赴美讲学,被授予“人文学”荣誉博士学位,并获得“终身艺术成就奖”。张君秋接受中央领导同志的委托,担任“中国京剧音配像精萃”的艺术总顾问。他不顾年迈体弱,夜以继日,呕心沥血,忘我工作,不幸在 1997 年 5 月 27 日赶赴音配像工作室时倒下了。从此,他告别了自己视为生命并为之奋斗一生的京剧艺术。

张君秋逝世一年以后,天津市张君秋艺术基金会成立,李瑞环同志出席成立大会并讲话,称赞张君秋:“做人是好人,演戏戏德高,做党员党性强,是位德艺双馨的艺术家。”

闻捷诗声遍天下

镇江丹徒区石马镇,是著名诗人闻捷的故乡。闻捷,原姓巫,名之禄，笔名赵文节、闻捷。闻捷生于1923年6月12日，因为父亲过早去世，他14岁家贫辍学，进南京鑫记煤店当学徒。

抗日战争爆发以后，闻捷参加抗日救亡演剧活动。1940年6月，他到西安八路军办事处，9月去延安陕北公学学习。自此，他在中国革命圣地延安学习、工作、战斗了近十个春秋。

陕甘宁边区留下了他的足迹。他担任过编辑、记者，以"赵文节"、"闻捷"的名字发表过许多新闻报道、短篇小说、特写、散文、诗歌，还创作了大型历史歌剧《翻天覆地的人》。

他随王震参加了解放大西北的战斗，先担任新华社西北总社采访主任，又到新疆分社任社长。

"记载下各民族生活的变迁，岂不就是讴歌人民的诗篇?"他从那些似乎平淡的生活中汲取题材，在《天山牧歌》的《序诗》中这样说，也这样做。在天山脚下，他呼吸着天山牧场的新鲜空气，结识了能歌善舞的少数民族兄弟姐妹；他以满腔热情歌颂勤劳勇敢的新疆各族人民，以清新、轻快、柔和、明丽的笔调写下了脍炙人口的诗篇。一支《吐鲁番情歌》，唱出了美丽的边疆风情；一首《天山牧歌》，使我们仿佛看到了嫩绿的草原和肥壮的牛羊。

建国后，他到朝鲜参加过板门店谈判的新闻报道工作，在河西走廊参与甘肃人民伟大的社会主义建设。他驰骋河西走廊甘南草原，赞叹玉门油田林立的井架，领略敦煌石窟的灿烂文化……于是，他写下《河西走廊行》，用诗记录了甘肃人民高歌奋进的伟大步伐。

两次入疆，他都遇上了新疆东部的叛乱，亲眼看到哈萨克族人民经历的磨难和战斗。为了反映民族团结和祖国统一的伟大斗争，为了歌颂光明，唾弃黑暗，他写作了长篇叙事诗《复仇的火焰》。第一部发表后，就震动了诗坛文苑，引起了党和政府的重视。当时，何其芳先生评论说："这样广阔的背景，这样复杂的斗争，这样有色彩的人民生活的描绘，好像是新诗的历史上还不曾出现过的作品。"1960年，闻捷同志光荣地出席了全国群英大会、全国第三次文代会，当选为中国作家协会理事。

“我是长江的儿子”，闻捷深情地回忆，“我家门前有条小路，一直通到江边，可以在晚上点着灯抓鱼……” 1962 年，组织上安排他回故乡体验生活，并任中共丹徒县委常委。高资街上有座老祠堂，他伫立在祠堂前眼里噙着泪花，久久不愿离去：“父亲死后，我跟母亲来过，为还债的事，我还小，只记得是流着眼泪回家的。”他登上高资的香山，是那样熟悉；他漫步在临江大堤，是那么怡然；他吃上香醋酱菜，是那样可口；他躺在家中的板床上，睡得是那样酣甜。当他看到敬老院里的老人们过着幸福的晚年生活时，父亲艰苦生活的情景不断浮现在脑海。

在故乡体验生活的日子里，他看到 3 000 名共青团员放弃城市舒适的生活，踏上荒芜的沙洲，围堤建场，垦荒播种，使 3 万亩荒滩变成 3 万亩良田，喜获丰收。这种壮举、这种精神深深叩动了诗人的心扉。于是，他带着无比钦佩和激动的心情踏上了这片绿洲，在芦棚里，在芦柴边的油灯下，他访问了解放前逃难来到这里的难民，了解当年“难民洲”到“新民洲”的演变。在那里，他召开青年座谈会，倾听拓荒者的苦恼和喜悦、理想和抱负，不禁浮想联翩，诗思如泉。在中共丹徒县第三次代表大会上，他朗诵了他的激情诗作《我的发言》：

我双手捧着这乌金般湿润的泥土，
喜悦的泪珠滚出了胸膛……

他挚爱故乡的名山胜水。他在开往江心、高桥、大港的船上说过：“在国外，我也看到过一些河流，我总是拿长江跟它们比。大江东去的雄放气势、曲折跌宕而又永不疲倦的航程，一泻万里，日夜奔涌，流向太阳升起的地方，这就是我们多灾多难而又战斗不息的民族精神。长江，既有我们民族的特色，又是我们民族的骄傲。我想用五年或者十年时间，写一部《长江万里》。”他说了以后，便立即行动起来，首先记下家乡这一片片绿洲，家乡这一朵朵浪花。阳光下，金风里，涛声中，他在沙洲跑遍村庄田舍。接着，他又溯江而上，去采集民族风情，去收集长江的祖先和儿女们创造的一个个催人泪下的故事。

自此,大概一个多月时间,他挑灯夜战,开始写作波澜壮阔的《长江万里》诗。此后不久,《长江万里》的片断相继在《人民日报》、《诗刊》、《延河》、《雨花》等报刊上发表了。他描绘了家乡古庙里的古柏银杏,记下了圌山抗敌的战场,讴歌了在芦苇丛生、葛藤蔓延的土地上劳作的劳动大军。……1963 年夏,闻捷作为中华人民共和国的文化使者,出访过阿尔及利亚、巴基斯坦。在国外,他依然不忘自己的使命,到山区看望获得独立和自由的普通人民;参观边境哨卡,与当地乡亲们一同吃腥腻的杂粮"库斯库斯"。他记下了英勇的村民和勇士们的名字,拥抱过伊特拉山区的儿童,看到了巴基斯坦农民种植的黄麻,也了解了孟加拉湾头的乞丐和船工……

闻捷的诗,题材丰富多样。在天山脚下,在河西走廊,在东海岸边,在闽西老区,在国际交往的场合里,诗人足迹所至,诗情洋溢,处处有他精彩的吟唱,时时留下动人的歌声。

他的诗,艺术上丰采照人。其中不少诗,精心选取洗炼诗的情节,通过对具体形象的描绘,寄寓自己的诗情。他在学习民歌的艺术手法方面,也是独树一帜的。他反映少数民族生活的诗篇和许多情歌,鲜明体现出汲取新疆民歌艺术营养所取得的丰硕成果。

然而,这样一个杰出的诗人,在"文革"中却饱受了非人的摧残。他被责令扛起铁锹开垦荒漠海滩,提起食桶走进猪棚,家庭被查抄,妻子被逼死,孩子去边疆、赴农村,在卑鄙手段的迫害下,诗人难以忍受侮辱,于 1971 年 1 月 13 日含恨负冤离开了人间。

当春风吹拂神州大地的时候,诗人得到了平反昭雪。"我漫步在沙滩上,拾取彩色的贝壳,连同我心底的歌,献给敬爱的读者。"他生前写下的大量诗篇,恰如色彩绚丽的贝壳,将永远在广大读者眼前闪光。

爱国志士

爱国志士

“江山也要伟人扶”，每当中华民族危急存亡之秋，总有无数中华儿女挺身而出，不屈不挠，前仆后继，力挽狂澜。镇江地处中国南北战争前沿，是鸦片战争抗击英国侵略者的主战场之一，涌现了一大批反对民族压迫、抵抗外国侵略者的爱国志士。既有以“收复失地，还我山河”为己任，为保卫祖国请缨杀敌的将帅，又有“富贵不能淫，威武不能屈，贫贱不能移”的仁人志士，还有“杀身成仁，舍生取义”的民族英雄。“苟利国家生死以，岂因祸福避趋之”，林则徐这一著名诗句，就是他们忠肝义胆的写照。他们在外敌入侵，国土破碎，家园遭劫之时，不顾敌人的威逼利诱，不怕敌人的炮利船坚，凭着一颗赤诚的爱国之心，以血肉之躯与敌人殊死搏斗，慷慨赴死，血溅沙场。他们那种为国家和民族而不惜献身的精神，那种不畏强暴，与敌人血战到底的英勇气概，为民族培养了正气，为后人树立了榜样。

宗泽长眠京岘山

“大宋濒危撑一柱，英雄垂死尚三呼。”这是文坛名士易君左在民国年间为宋代民族英雄宗泽墓前牌坊写的一副对联。

宗泽，字汝霖，嘉祐四年(1059)出生于婺州义乌(今浙江省义乌县)。他幼年“豪爽有大志”。他元祐六年(1091)中进士，廷对时，他“极陈时弊”，考官厌恶其直率，在“末甲”录用。靖康元年(1126)，朝廷准备擢用他为正少卿充和议使。宗泽说：“是行不生还矣！”朝廷大臣们问他为什么这样说，他说：“敌能悔过退师固善，否则安所屈节北庭以辱君命乎!”大臣们认为宗泽刚方不屈,恐害和议。皇帝便没有任命他为和议官,而另派他去守卫河北磁州。

宗泽像

“八年闭户尺蠖屈,一旦度关匹马驰。”这时候,金兵已陷太原,正在围攻真定。奉命前往河北、山西任官的人多托故不行。而宗泽却说:“食禄而避难,不可也。”他当天便“单骑就道”。他到了磁州后,“缮城壁,浚隍池,治器械,募义勇,始为固守不移之计”。其时徽、钦二帝还没有被金人所俘,幻想与金议和。金兵围住汴京不退,想诱骗康王赵构到金都谈判,以便扣留不放。宗泽看穿了金人的诡计,康王赵构至磁州时,他加以劝阻,保护了赵构。不久,宗泽被任命为副元帅,领兵南下救援京城开封。他志吞逆虏,披甲乘马,与士卒同甘共苦,屡战屡胜,获得开德、卫南大捷。金人逼徽、钦二帝北行,宗泽率军拒金归路,邀还二帝,可其他各路勤王兵马都逗留不前,以致金人得以掳徽、钦父子,饱掠而去。靖康二年(1127),赵构在南京(今河南省商丘市)即位,改元建炎,这便是南宋朝的开始。

金人北返后,留下一座残破的汴京城。宗泽由李纲推荐任开封府尹、东京留守。他召募“拥众七十万,车万乘”的被统治者诬称为“河东巨寇”的王善和号称“没角牛”、兵三十万的杨进,集义军百万人协助防守,使东京重又安定巩固。他又联络宋军旧部,提拔岳飞为统制,屡败金兵。他声威日著,金人惧怕地称之“宗爷爷”。

早在宣和元年(1119),他主管南京鸿庆宫时,因为改建皇帝提倡的神宵宫(道观),受到当权派道士官林灵素的攻击而得罪落职,编置镇江府。他接到罢官羁置的旨命后说:“罪大责轻,丹徒善地。”于是“即日就道”,举家迁到镇江,闲居了四年之久。当时,宗泽的家住在镇江城内石哒桥南织锦坊西。他为官一向清廉,没有财产积蓄,曾写信给其表妹夫,希望自己多活几年,能对家属及亲友有些帮助。他的发妻陈氏病故后,就选择了镇江东郊京岘山葬地。他结草庐在山下龙目湖畔,并写诗一首,题为《葬妻京岘山,结庐龙目湖上》:

一对龙湖青眼开,乾坤倚剑独徘徊。
白云是处堪埋骨,京岘山头梦未回。

他被朝廷起用之后,曾上疏宋高宗赵构要求增派兵力,截击敌人归路,夺回二帝。无奈24次上疏,都被投降派大臣黄潜善等“忌公成功,从中阻之”。宗泽长叹说:“吾志不克伸矣。”因此他积愤成疾,疽发于背。将领杨进到卧室探望,他从病榻上坐起来鼓励众将道:“我本来没有什么病,只因二圣蒙尘之久,忧愤成疾。你们如果能歼敌,我死而无恨。”说罢便吟诵杜甫感咏诸葛亮的“出师未捷身先死,长使英雄泪满襟”的诗句。第二天,风雨昼晦,他临断气时,连续三声高呼“渡河!渡河!渡河!”而无一语涉及家事,逝世时69岁。宗泽对祖国的热爱,何等深沉!东京人听到他去世的消息,号哭不绝,太学生1 000余人写了祭文哭他。广大百姓沉痛悼念这位“国而忘家”、“忠义贯日月”的老英雄。宗泽死后,宋朝廷追赠他为观文殿学士、通议大夫,谥“忠简”。岳飞为报知遇之恩,陪同宗泽之子宗颖扶其灵柩至京口,将宗泽与其夫人合葬在京岘山。清人张九徵有一首吊宗忠简公的诗:

宋代园林秋草边,夕阳遗址尚依然。
松杉剥落精灵在,父老悲吟谏疏传。
弹招已成千古事,伤心莫话靖康年!
陆公居地还相望,两地忠魂泣杜鹃。

镇江京岘山北麓一带丘陵起伏的山岩中，躺着英风凛凛、昭灼今古的民族英雄宗泽的遗骸，墓碑上刻着“宋忠简公讳泽之墓”。

陈东忠义抛头颅

“爱国而忘其家，爱君而忘其身，爱道而忘其位，爱义而忘其死。”这是北宋末年爱国学生领袖陈东墓碑上的一段碑文，也是对其短暂一生的真实写照和高度评价。

陈东，字少阳，镇江丹阳陵口留墅人，生于北宋元祐元年（1086）。他青少年时便十分聪颖，17岁中秀才，先后入县立儒学堂、润州州学读书；27岁以贡生考入太学（北宋最高学府）。第二年，在徽宗皇帝巡视抽考中，因成绩优异由外舍直接升入上舍读书（宋时分太学为外舍、内舍和上舍三个级次）。为铲除奸臣，捍卫正义，劝谏朝廷抗击金兵入侵，他先后八次冒死上书皇帝，并率领太学生伏阙请愿，引发了我国宋代历史上最大的一次爱国学生运动，但是不幸于南宋建炎元年（1127）八月二十八日晚被奸佞汪伯彦杀害，年仅42岁。

陈东像

陈东连续在汴京（今河南省开封市）读书生活了14年。宋徽宗执政的最后一年（1125），江、淮、荆、浙等路发生特大水灾，流离失所者达几百万，鱼米之乡的江浙两路百姓只好以观音土、桦树皮充饥。在这国难当头之际，宋徽宗仍然过着醉生梦死，花天酒地的生活，还大兴道学，寻找成仙之术，妄想长生不老，自称“道君皇帝”。宋徽宗在金兵南侵时，贪生怕死，交待使臣可多多给些金银财宝，只求其退兵。这时，北宋政权摇摇欲坠，金兵南侵，给汉族人民带来了更加深重的苦难，激起了中原人民的强烈不满和反抗。

目睹金兵入侵，中原哀鸿遍野，人民饥寒交迫，满怀救国热忱的陈东义愤填膺。他详细收集了以蔡京为首的王黼、童贯、梁师成、李彦、朱勔“六贼”相互勾结、为虎作伥、欺诈百姓、残害忠良的滔天罪状，奋笔疾书，痛斥他们“相继误我上皇，离我民心，天下困弊”、“危我社稷”，提醒皇帝吸取唐明皇没有及时除奸，导致“安史之乱”的历史教训，比喻“去恶如农夫之务除草”，提请皇帝“擒此六贼”，“传首四方，以谢天下”。同时，他还提出抵抗金兵入侵的良策，于宣和七年(1126)完成了《上钦宗第一书》。

同学潘琪看了陈东连夜写就的文章，拍案叫绝：“出了举国上下一口气。”同学们竞相争读，并建议：国家危难，钦宗渴求良言，应“登闻检院”。在当时，揭露大臣隐私的奏折如果按正常途径呈递，常常被中途扣下，轻则遭排挤报复，重则要被杀头。只有“闻检院”、“闻鼓院”可越级呈奏。陈东毫不胆怯，立即率领众多太学生，直奔“闻检院”，途中内舍、外舍学生听说后纷纷主动参加。

陈东上书几天后，宋徽宗和蔡京等以“烧香”为名向南方逃去。陈东及时识破了这个阴谋，在第一次上书后的第九天再次赴“闻检院”上书，揭露“烧香”的实质是另建小朝廷，应当立即追回“六贼”，绳之以法。宋钦宗在强大的舆论压力下被迫下诏将“朱勔放归田里；王黼责授崇信军节度使，永州安置；李彦赐死”。当时，金兵抓住宋王朝的软弱，已经攻到了汴京的外城，国家危在旦夕，而宋钦宗仍然坚持主和，弃用主战派官员。陈东2月24日又一次上书，要求皇帝启用主战派良臣，并陈言“必须除恶务尽”。宋钦宗无奈，只得将“六贼”及蔡攸、蔡絛处斩。

宋钦宗被迫启用主战大臣李纲任兵部侍郎。李纲等主战派积极组织民团保卫京都。这时，金兵不敢轻举妄动，战事暂时缓解，但金兵扣留了宋王朝的两个大臣作人质，以要挟宋王朝兑付金帛。李纲又派兵抢救人质，因金兵防备，劫营失败，宋钦宗又一次罢免李纲官职。陈东十分气愤，认为怎能以一事成败而否定其功绩，于2月28日凌晨，冒着纷纷大雪，领着三舍万余太学生，第四次上书钦宗，并采取了“伏阙请愿”的形式，跪在宣德门外，要求宋钦宗复用李纲、钟师道等良臣。京城百姓积极响应，陪同请愿的人达到了10余万。统治者们却置之不理，认为天寒地冻，学生们又没饭吃，肯定坚持不了。谁知大家热情高涨，毫无退意，从早上一直坚持到晚上。其间，开封尹王时雍及几个部下来威胁学生不要自找苦吃，并挑拨离间说陈东是为了要官做，学生们被激怒，狠狠痛打朝廷走狗。宋钦宗在强大的压力下，只得下令复用李纲、钟师道，学生方才离去。

为了收买陈东，宋钦宗下诏赐陈东官位，说其“诚出忠义，敕迪功郎同进士出身，补太学正禄”。陈东于5月8日上书钦宗“辞诰命”：“臣之官与不官，何预国之缓急。”寥寥数语，表明了陈东一片爱国之心。不久，陈东出京南下，沿途宣传抗金，说服动员握有重兵的朝臣、大将，坚定他们抗金的决心。7月，陈东回到了故乡丹阳。

靖康二年(1127)三月，徽宗和钦宗被金兵所掳，北宋王朝灭亡。6月5日，宋高宗在南京(今河南省商丘市)重建南宋王朝，同时启用李纲为宰相。宋高宗于6月25日下诏见陈东：“愿听天下正直之言中兴。”陈东信心十足地准备北上向宋高宗进言。谁知他在路过镇江时从赵子崧口中得知宋高宗并不想抗金，而是准备南迁国都。陈东听后悲痛欲绝。此时，他已将生死置之度外，知道此去凶多吉少，带着一口棺材，怀着对宋高宗仅存的一丝侥幸继续向京都出发，用死谏以表一片丹心。他赶到京都的第二天，就听说李纲又被罢相了，立即于次日向宋高宗上书，乞求复用李纲为相，痛斥奸相汪伯彦的投降卖国行径，力劝宋高宗定都中原，抗击金兵，收复失地，振兴大宋。随后在八天中又两次上书宋高宗，再次力陈“乞坚留李纲，勿许去位；力论黄潜善、汪伯彦若在朝廷，必害中兴之业”，指出只要用兵得当，鼓舞士气，抗金必定会取得胜利。

然而，陈东的一番苦心终于未能改变宋高宗的初衷，宋高宗仍然一门心思在积极准备南迁事宜，不仅对李纲等也不再复用，而且不久又将坚持抗金的大将宗泽调往外地，对陈东的三次上书更是置之不理。

陈东至此算是看透宋王朝几任皇帝的软弱无能，知道再次上书也无济于事。他看到奸臣当道，皇帝昏庸，估计自己随时都有被杀的危险，但仍无所畏惧。在最后一次上书中，他写道："臣深虑黄潜善、汪伯彦等怒臣议已，必欲见害。""臣死无忧，但未见中原收复而长恨。"至此，他仍为皇帝未采纳忠言，使国家支离破碎而忧虑，随即写了一首诗："男儿自有四方志，离别岂能动刚肠。功名未遂身未死，血眼青青频举觞。"

果然，在最后一次上书的当天晚上(1127 年 10 月 5 日)，奸相汪伯彦派人来到陈东的住处，请他去相见。陈东推辞说："我是受皇帝诏令来待命的，不能和你私自去见丞相。"来人立即放下脸："你好大的架子，丞相请你还不去?"陈东不理他们，转身要走，但有几个人围了上来，陈东料想不能逃脱，慷慨长叹："大丈夫不能战死疆场，不能面谏君主而赐死，却死于小人之手，悲啊！盘古开天地，多少昏君奸臣坑害了一代将才。昔屈原，今陈东……"随后，他被带到汪伯彦府上。汪伯彦问陈东："你为什么要向高宗上书说我的坏话?"陈东反唇相讥："丞相为什么要做坏事呢?"汪伯彦恼羞成怒："你知罪吗?""罪？只有你对百姓犯下了滔天大罪!"陈东借机怒斥汪伯彦的投降卖国罪行。当天晚上，刚正不阿的陈东为了国家的利益、民族的存亡，惨死在一小撮奸人之手。第二天，他和另一位爱国太学生欧阳澈的头被悬挂在城门之上。

陈东一死，无论认识与不认识的人，闻讯后都纷纷到悬首处痛哭哀悼，怀念这位爱国忧民、视死如归的忠义之士。陈东之死，更加激发了人们对昏庸的宋王朝统治者的失望和愤懑，朝中许多正直的官员都辞官归田。陈东的尸体也被人具棺入殓，由乡士胡焘等运回故乡丹阳胡桥大贡村大坟山安葬。

陆秀夫负帝投海

黑风吹海浪崩腾，独抱龙髯气拂膺。
臣子但知全大节，国家那得再中兴？
眼前儿女谁能顾，身后功名足有称。
犹忆城南秋雨夜，一窗曾共读书灯。

元人郭景星这首诗是为追悼同窗好友、宋末宰相陆秀夫负帝蹈海而作的。

陆秀夫，字君实，生于南宋嘉熙二年(1238)楚州盐城(今盐城市)。他3岁时就随父迁居镇江，故宅在镇江东郊汝山下，与民族英雄宗泽的墓园相距不远。“陆相门前新海涨，宗丞墓上古松声”，他自幼即秉受了爱国烈士志概节操的教育感染。

陆秀夫的启蒙塾师是当时镇江一位著名的孟先生。孟先生的生徒在百名以上，陆秀夫是学生中的佼佼者。孟先生常常指着他向客人夸赞道：“此非凡儿也！”他读书非常勤奋刻苦，常常至夜不辍，苦读的结果终于获得了成功。宋景定元年(1260)，陆秀夫进士及第，时年25岁。一说宝祐四年(1256)与文天祥同榜进士。他才思清

陆秀夫像

丽，被淮南李庭芝聘为幕僚。元兵东下，扬州臣僚大多逃散，他被调至临安，任礼部侍郎。他与苏刘义等随益、广二王走温州，后与陈宜中、张世杰等在福州拥立赵昰为帝，继续抗元。当时，君臣僻处海滨，一切朝议，俱从简略，而陆秀夫俨然正笏，立如治朝。他有时感于疮痍满目，山河破碎，凄然泪下，甚至泪湿朝衣，左右无不悲恸。赵昰死，他又与张世杰等立益王赵昺为帝，徙居崖山（今广东省新会市南），为左丞相，与张世杰共秉国政，抵抗元兵。祥兴二年（1279）二月初六，元将张弘范率水军分四路直扑张世杰驻崖山的水军大营，元、宋两军的最后一场决战突然爆发。张世杰率宋军舟师奋力抵抗，正在两军酣战难解难分之际，忽然潮水大涨，而元军方面却大奏起音乐来，张世杰不知是计，以为元军收兵休息，防备稍懈，不料元军突然南北夹击，宋军猝不及防，纷纷溃散。张世杰冲出重围，准备再战，但是大势已经不可挽回。这时，陆秀夫见海道为元军所阻，已不能脱身，便下定了牺牲报国的决心。他先仗剑将自己的妻儿家小驱入海中，然后登上小皇帝赵昺的御舟说："国事至此，陛下当为国死，德佑皇帝受辱已甚，陛下不可再辱。"于是，背赵昺纵身跳下了滔滔南海，他死时44岁。

宋濂曾赞颂陆秀夫："玉雪皦如兮肯污泥滓？赤日出海兮尔心不死。"镇江人民为怀念陆秀夫，曾于金山建陆公祠。乾隆九年（1744），陆公祠移建于南郊鹤林寺侧，后来又迁到城内青云门街。现在，盐城市已重新修葺了陆忠烈公祠。镇江人民当然也不会忘记这位在京口哺育成长的爱国志士。

海龄抗英殉国难

1842年7月21日凌晨，7 000多名英国侵略军乘船舰从北固山至金山南岸登陆，穷凶极恶地向镇江城发动进攻。京口副都统海龄等率领爱国官兵，为保卫镇江，与兵力和装备占绝对优势的英国侵略军进行了7昼夜的殊死战斗，沉重打击了来犯的敌人。

恩格斯在《英人对华的新远征》一文中，高度赞扬了镇江守军抵抗侵略的英雄气概:英国人“逼近镇江城的时候,才充分认识到:驻防旗兵虽然不通兵法,可是决不缺乏勇气和锐气。这些驻防旗兵总共只有1 500人,但却殊死奋战,直到最后一人。……如果这些侵略者到处都遭到同样的抵抗,他们绝对到不了南京。”鸦片战争镇江保卫战的指挥者就是京口副都统海龄。

海龄,字蓬山,郭洛罗氏,满州镶白旗人。原驻防山海关,后历任宣化镇中营游击,大名、正定两镇总兵,西安、江宁副都统。1841年初,清廷将海龄由江宁副都统调任京口副都统。时值鸦片战争,英军进犯长江流域。他在调任后,就到镇江查看沿江要隘。据史籍记载:“江岸之防,惟在京口,而江中置防,则圌山为最要。”海龄深知圌山是“京口要隘”,就命令瓜洲水师副将李澄等在圌山安设炮位,委派官兵巡防,并加强了焦山、象山等处的守备。他奉旨赴任后,又亲至圌山,察形势,观演炮,添兵设防;令水师在沿江稽查汉奸;在象山东码头隘口增设4门大炮,逐日演练;同时从驻防旗兵中挑选800名,严格训练,“逐一指授临阵机宜”。他发现在英军从广东开赴浙江途中,广东镇守大员竟让入侵英军领取“照验”,沿途购买食物,“不胜骇异”,就奏请朝廷:“将沿海通商各码头港口严密稽查,暂为一律封闭,一船一人,不准出入”,断绝英军供给,捕捉汉奸,乘机歼除英军。但是,道光帝却认为这样做断然不通,“降旨驳斥”,令“毋庸封港”。1841年8月,英军攻击镇海、定海时,海龄分析,英军很可能闯入江苏境内,必须及早预备船只,拦江堵截。他认真检查了京口水师的战备情况,发现额设海哨船22只,均未按期开工修理;常镇道张琴久住扬州,对镇江备战事宜没有筹划。他又发现圌山要隘兵单炮少,镇江府城垣年久失修,绅民捐资修整已三年,但是不但倒塌之处未经修竣,即使已修之处,也已被雨水冲塌两段。驻军要求地方官员抓紧修复,但却迟迟没有动静。他深深感到城廓不完,难资防守,奏请朝廷令江苏督抚“预为筹备船只,拦江堵截,并催令赶紧修整镇郡城垣,庶不致临时缓不济急”。后常镇道但明伦等劝谕镇江绅民捐资修复了城池。海龄“督饬官兵昼夜防守”,并添拨官兵防守圌山、象山要隘。海龄听到镇海失守的消息后，昼夜焦灼，寝食难安。他总结了鸦片战争历次战役失败的教训，上奏道光帝认为："用兵之道，全在统领大员调度有方，出其不意，攻其不备，让士卒有恃无恐，然后加以激励，鼓其勇敢之气，才可能取得实效。"他建议调集吉林等省以技勇闻名的精兵强将会同水师，对英军分兵兜击，奋力痛剿，将其聚而歼之。道光帝令两江总督牛鉴、江苏巡抚梁章钜对京口防务妥密部署，不得因为英船尚未入侵长江而稍存大意。然而，牛、梁二人却上奏道光帝说："镇江府距离海口很远，长江之中处处有隐蔽的沙滩，如果不是江潮盛涨之时，英舰断然不能驶入。江阴的鹅鼻峰斜插长江中泓，下有暗礁，行船往来十分艰险。焦山一带，江面渐收，中泓更窄，英军断然不敢轻易离开大船，乘驾小舟越过数百里长江，入侵镇江。统计长江各要隘口岸，派驻官兵都已足够，加上陆续招募的乡勇协同防御，似乎无须再行添兵。"1842 年 2 月，海龄上奏朝廷："镇江旗营官兵备战日久，请借旗库银两，补发半年欠饷。"在得到朝廷同意后，就动用了"旗库正款"。但牛鉴等则上奏朝廷："京口旗营官兵，防守本境汛地，例不准借支俸饷。"道光帝认为，海龄"动用旗库正款，未经奏明，辄行动借，著交部议处"，给予海龄降二级留用的处分。1842 年初，海龄上奏道光帝：两江总督牛鉴、江苏巡抚程矞采"于长江险扼处所，未能身临查勘"，并揭穿了牛鉴声称不准商船进入长江，但对吴淞、狼山、福山诸海口却并未巡查拦阻之实。他担心英军和汉奸会乘机潜入内地，仰恳朝廷"责成常镇道招募水勇，雇觅船只，备办木筏等，会同水师副将，督率弁兵，于鹅鼻嘴、圌山要隘，相度形势，拦江堵截，可期水陆交严，使逆夷汉奸闻其声势，不敢窥伺京口江面。"道光帝令牛鉴、程矞采"酌量情形，会议具奏"。牛鉴等则始终认为英军"断不敢飞越数百里重兵驻守之地，冒险入江，阻我漕运"，"京口官兵，足资防守，毋庸添拨"。1842 年 6 月，英军侵入长江后，几乎沿江所有清朝镇守大员，都被笼罩在妥协投降的气氛中。"贼至官逃，舟临兵溃，或以贵帅而奉承恐后，或以宿将而畏葸先奔，或以重臣而一败涂地"。海龄在镇江的防务上则采取了断然措施，立即实行军事戒严，关闭城门，禁止运河通航，并从乡村收集军粮。1842年7月15日，英舰进抵镇江城外时，耆英、伊里布、牛鉴闻风丧胆，立即奏请朝廷恩准设法“暂对英军羁縻”。道光帝惊恐不安，随即降旨密谕耆英、伊里布，驰往镇江“专办此事”。牛鉴也从苏州窜逃到镇江，命令常道周顼逼迫镇江绅民凑足12万两银子，送给英军作赎城费，准备大批牛、羊等慰劳英军。因为海龄“不与一议和事”，“独谓宜力战”，加上镇江有钱的豪绅早已逃走，凑不足银两，牛鉴惊恐万状，星夜奔向南京。在“一片降幡出石头”的情况下，镇江知府祥麟、常镇道周顼、知县钱燕桂等相继弃城而走。

7月15日，英船弗莱吉森号和军舰布郎底号驶进焦山口探航。这天约9时许，海龄接到象山炮台守兵禀报：镇江城北江面上，有白布帆篷的英船数十只，和火轮船两只，蜂拥而来，扑攻南岸。佐领果星阿、恒明当即命令炮台守军开炮轰击。英军也开炮还击，打碎了象山炮台的炮房，并打伤三名旗兵。旗兵埋伏在炮墩下，瞄准英船，开炮40余发，击毙英兵数十人。海龄得报，亲往北门城楼指挥。他命令协领武忠阿带领青州旗兵火速来援。英军攻入镇江城内，冲进旗营，闯入了都统署（今镇江市市政路内）。供差于署内的镶白旗步甲兆福首先迎敌，刺杀数名英军，身负重伤，死于大堂檐下。骁骑校祥云保护副都统海龄，指挥众旗兵拼死抗御。都统署内火光冲天，杀声震地，旗兵个个奋战到死，没有一个缴械投降的。海龄在英军攻城时，在北门指挥战斗，与英军奋战3小时之久。城破后，他返回旗营内，大声疾呼，鼓励部下再作一次努力去挽回危局，做一个英勇的战士战死疆场，不要在可憎的野蛮的侵略者面前苟延残喘。最后，他向全体愿意保持军旗光荣的旗兵战士号召说：“宁可自杀，决不投降！”海龄在旗营作了鼓动性演说之后，就骑上马，率领士兵来到与英军第十八团和第四十九团进行殊死战斗的战场。这些旗兵经过海龄的鼓动更加英勇奋战。海龄督率旗兵堵击英军，当他看到镇江主要的城防都已被英军占领，大局已经无可挽回时，就又策马回到都统署，将堂印交给骁骑校祥云。他走进上房东间，与其妻商量尽节，用带在床档上做成两套，将门关闭。这时，海龄之子宜琛泰及其女，还有次孙长安均在西间自缢。海龄自缢前，把幕僚喊来，要他把所有的公文拿到后面天井旁边的一间小屋里去，自己亲手点燃。他看到公文烧完，屋子着火后，便与妻子自缢而死。海龄在镇江之役中坚持抗战，不屈从权贵，不苟全身家，镇江城破后，举家殉难，以身许国，连英国侵略者也赞叹不已："像他这样为国牺牲，可以称为英雄，还可当作神来祭祀。"清人谭宗浚写了一篇骈文《览海赋》，歌颂海龄：

岩岩润州，古称重镇。俯银涛而下瞰混茫，凭铁瓮而上干险峻。壮矣海侯，冲锋冒刃，如范蠡之援鼓直前，如王罴之孤忠誓殉。蚰寅穿壕，狻猊结阵。凶锋未殄于葛荣，反间俄来呼赵信。张超之毒雾潜嘘，祖逖之大星已陨。山疑晋介之焚，水积吴胥之愤。老兮少兮，并相随于灰烬。

目睹这一幕幕悲壮的场景，连英国侵略军也个个心惊胆战。参加这次战斗的侵略军回忆说："满军已尽到最大的努力，然而终究归于失败，此后他们就开始自杀殉难……他们难以忍受失败，不能容许这班来历不明而且可恶透顶的野蛮人，来亵渎他们的家园，来践踏他们的土地，因而每一家房子里，都有它的殉难者。"

镇江陷落后，牛鉴与其心腹周项散布谣言，攻击海龄，说他因搜查汉奸，妄杀无辜，被民众包围，因炮击民众，被民众杀死，英人乘内变入城。有人说海龄开城逸去，"不知下落"。有人说海龄已逃至丹阳一带，"剃发为僧"。山东御史黄宗汉据此向道光帝奏称："海龄诬杀良民，报死不实。"一时谣言四起，道路腾谤。后经海龄家人康禄、仆婢吴陈氏证实，协领武忠阿切实证明，并据领崔德明等 14 人潜入镇江，在灰烬中寻得海龄尸骨，捡获海龄殉难时所穿葛纱袍襟烧枯一片为据，又据多绅保等 109 名青州满营官兵签供，后又经严密确访认定：海龄确实是在镇江失守后，在内署自缢身死，并非被民众杀害。后来，英国侵略军也曾说：马礼逊"在灰堆里和没有烧尽的木柴里看到了这位壮烈牺牲者的尸体……都统的头骨还未完全烧掉，四肢虽已烧去一部分，但原来的样子还可以看得出”。镇江人民痛恨周项诬陷海龄，株累无辜，于是写了“不杀此人，民心不服”的揭贴张贴于道旁。道光帝于是下诏褒扬海龄“为国捐躯，忠义可嘉”，“见危授命，大节无亏”，建专祠，并“以其妻，次孙附祠”。清朝诗人贝青乔很为海龄殉国后蒙冤抱不平。他在《军中杂诔诗》中写道：

海门惨淡结冤云，故垒何堪问战勋？
认取征袍余烬在，终能勉死谢三军！

赵伯先以身许国

“伯先君是吾宗秀，丹心炯炯向宇宙。”这是镇江著名诗人、学者赵醉侯赞颂中国民主革命先驱赵声的两句诗。

赵声，字伯先，以字行，1881 年 3 月 16 日生于丹徒县大港镇。自幼聪敏过人，8 岁能文。他体貌魁伟，龙行虎步，精拳术，擅武事，慕义若渴，嫉恶如仇，有“义侠少年”之称。14 岁时，竟赤手空拳打进监狱，救出蒙受冤屈的邻居。他 17 岁考中秀才，但志向不在科考，却跑到南京去投考军校，1902 年在江南水陆师范学堂毕业。次年，赴日本考询军政，结识黄兴，革命之志益坚。归国以后，他在家乡大港创办阅书报社，宣传救国主张，唤醒民众觉悟。不久，他应聘去南京两江师范学堂任教，创作七字唱本《歌保国》秘密散发，宣传革命。1905 年，他任新军三十三标标统，后与黄兴等酝酿广州起义。在他的影响下，镇江的阮德山、冷御秋、李竟成、马贡芳、赵念伯、赵光、冷晓山、江月清、江谦吾等都先后参加了孙中山领导的同盟会。1910 年，广州新军起义，清政府获悉赵伯先是这次起义的主谋，悬赏缉捕，他与黄兴等化名匿于香港。1910 年 6 月，孙中山到日本，赵伯先应召会见。孙中山对他“亲如手足”，“甚为器重”，认为“运动广州辫军以来，成绩卓越，虽经正月失败，但新军大部分力量仍存”。孙中山请他仍回香港主持革命，并要他酝酿仍于广州再度起义。此后，赵伯先曾去南洋等地筹募革命经费，并任香港同盟会会长。

赵伯先革命业绩的光辉顶点，就是组织并指挥了1911年3月29日的广州起义，也称黄花岗之役。1910年10月，赵伯先参加孙中山召集的槟榔屿会议之后，首先回到香港主持起义的各项准备工作，征召“先锋”队员，收容被清政府遣散的新军革命战士，密谋举义。1911年1月，黄兴、胡汉民相继来到香港，成立领导机关统筹部，黄兴任部长，赵伯先任副部长，后来又成立起义指挥部。赵伯先以其统军的资历、在广东军界的声望和卓越的军事才能，被大家一致推举为总指挥，黄兴为前敌总指挥。由于香港到广州的小轮船由原来日夜穿梭往来开航，临时改变为早晚两班，赵伯先率领的“二百先锋”不能及时从香港赶到广州参加举义。黄兴只有率“先锋”百余人在3月29日举义，孤军攻打清政府两广衙门，血战一昼夜，牺牲72人，其中镇江人死难者5名，他们是阮德山、石经武、华逐电、徐胜西和封冠卿。次日早晨，赵伯先与胡汉民率“二百先锋”抵达广州时，起义已经失败。赵伯先痛不欲生，在同志们的护送下返抵香港。他因为大志未遂，感愤成疾，5月18日，口吐鲜血，发呓语，口口声声叫“黄帝！岳飞！”次日竟病逝于香港。他死前长吟杜甫“出师未捷身先死”的诗句，泪随声下，临终复呼：“吾负死难诸友矣，雪耻唯君等！”赵伯先病逝后，暂葬香港茄菲公园附近山巅，墓碑曰“天香阁主人之墓”。

“尊攘大义复公仇，从戎原不为封侯”。赵伯先的一生是革命的一生。他赍志以殁，精神不死。1910年5月，黄兴致孙中山先生的信中就推崇“赵声非常积极要求行动”。1910年12月3日，赵伯先写给孙中山先生的亲笔信中说：“成败之关头，不在巧掘，而在迟速，弟以身许国，断不能偷此无味之生，此别不知能否再见……”其积极行动，以身许国之志跃然纸上。赵伯先去世后，柳亚子写有《哭赵伯先》诗：“千秋北府兵无敌，一水南徐夜有波。何日黄龙奠杯酒，髑髅饮器发横拖。”1912年，孙中山先生任临时大总统，追赠赵伯先为“上将军”。同年5月，其灵柩归葬镇江南郊竹林寺，并开追悼大会于琴园。他的墓前置石牌坊，横额有“浩气长存”四字，石柱上镌刻“巨手劈成新世界，雄心恢复旧山河”、“绿竹径回环劲节雅做君子德，黄花岗飘缈忠魂是有故人游”等对联。陵前正碑曰“大烈士丹徒赵伯先之墓”。为了纪念这位近代民主革命的先行者，1926 年经赵伯先的战友、著名爱国民主人士冷御秋先生倡导和镇江各界人士的赞助，人们在云台山东南麓修建了一座纪念性的公园——伯先公园。1979 年，中华人民共和国名誉主席宋庆龄亲题“伯先公园”四字，镌刻镶嵌在园门右侧。曾任孙中山先生秘书的田桓先生，于 1980 年手书了《赵伯先简介》。如今一进伯先公园大门，新铸的赵伯先铜像，手持望远镜，腰佩指挥刀，眺望着远方，栩栩如生，英姿勃勃，瞻之令人肃然起敬。

马相伯反帝救国

1939 年 4 月 6 日，爱国老人马相伯百龄大庆时，中共中央致电祝贺，称他为“国家之光，人类之瑞”。党和人民给予他这一崇高的荣誉，表明老人家对祖国和人民作出了杰出贡献。

马相伯，丹阳人，谱名建常，后改名良，以字相伯行世。他于 1840 年出生于丹徒城内一位世奉天主教的家庭，12 岁入上海天主教圣依纳爵公学读书。后入耶稣会大修院学神学和哲学，1870 年获神学博士学位。但他不能忍受外国教会的束缚，毅然走上救国道路。

1882 年，他奉李鸿章之命赴朝鲜做国王李熙的顾问，向李熙提出省刑爵、定刑典、广取才、恤奴婢、求富庶、慎疾疹、兴工业、兴学校、正经界等 9 项改革内政的条陈，但是朝鲜政府封建积习太深，没有能实行这些革新措施。

1885 年 7 月，李鸿章派他南下调查招商局事宜。他建议两广总督张之洞辟九龙为商埠，开筑直达广州的铁路，以收贸易之利。但张之洞未采纳。他又向李鸿章提出了开辟九龙商埠的建议，李鸿章以非其所辖，难以上报而罢。数年之后，九龙便为英国强占。

1886 年，他向李鸿章建议向渴望资本输出的美国商人借款兴办海军。李鸿章派他赴美洽谈，在美商允诺给予优惠贷款后，李鸿章迫于清廷顽固派的压力，只好复电马相伯："办法适当，朝议大哗，舆论沸腾，群矢集我，万难照准。"马相伯在兴办洋务碰壁后，决心以教育救国，毅然毁家兴学，表现出罕见的奉献精神。他先后捐出祖产良田3 000亩、现金40 000元和上海租界内8处价值10余万元的地产，于1903年创建震旦学院。这是中国人兴办的第一所私立大学。当时，各地有志之士趋之若鹜，入学者中竟有8名翰林和24名举人。他"冒天下之大不韪"，收纳革命青年入学。于右任作诗讽刺慈禧误国被通缉逃亡上海，窘迫困顿，几乎无以生存。马相伯却让其化名"刘学裕"（留学于的谐音）免费入学以避祸，并对于右任说："我以国民一分子的义务，为你作东道主！"邵力子、马君武、黄炎培等学生在院内进行反清革命活动，也都得到他的默许和保护。后来，他借吴淞镇台行辕为址，另办了复旦学院，这就是后来的复旦大学。

他竭产办学，晚年生活拮据。门生故旧筹集了10 000元，给他作赡养费。可当他听到启明女中办学缺资时，竟把这些钱全部转赠该校。

1913年，他应教育总长蔡元培之邀，担任北京大学学长。袁世凯为博取优贤的声誉，先后礼聘他任总统府高级顾问、参政院参政、约法会议议员等职。袁氏称帝前，叫长子袁克定设宴试探马相伯的意见。马相伯坚决抵制，断言："项城果称帝，一定会遭全民声讨。"当袁世凯加号洪宪登基，文武百官齐叩首时，独马相伯昂然挺立，袁世凯只好连称"先生坐，先生坐"。他的这一举动，充分表现了威武不能屈和坚持民主共和的可贵品质。

"九·一八"事变后，他九上电台，呼吁"立息内争，共御外侮"。他十分不满当局"攘外必先安内"的政策，99岁那年，亲自撰写《停止党争，一致对外》一文在各大报纸发表。他还大义凛然地公开发表谈话说："……孟子云：'君有大过，则谏；反复之而不听，则易位'……终身委员长就是皇帝，委员长做了许多年，失地失得不少了，难道委他的人民不应该有所表示么？"

1934年，国民政府敦请马相伯为首的61位知名人士，到洛阳共商国策。《申报》负责人史量才告诉他，汪精卫在洛阳会议上宣称仍以“剿共”为首要任务。他回答说，国策不改的调子已定，还要我们去商量什么？因而和史量才都不赴会。上海其他人士也以“马首为瞻”。汪精卫大惊，特派人来沪解释自己的演说。但他终不为国贼的花言巧语所动摇。

1935 年 12 月，上海文化界人士组织救国会。马相伯被推为救国会领袖。次年，他与宋庆龄、何香凝等在上海成立全国各界救国联合会，以极高的热情投入轰轰烈烈的抗日救亡运动，引起海内外的强烈反响。人民尊称他为“爱国老人”。

他百龄寿辰时，全国各大城市同时举行祝贺典礼，他把各界赠送的寿仪全部捐充伤兵、难民的救护经费，作了一生中最后一次无私奉献。同年 11 月 4 日凌晨，这位为中华民族的解放奋斗了近一个世纪的无畏战士，溘然长逝。弥留之时，还念念不忘收复失地，争取抗日胜利，连呼“消息、消息”不已。

马相伯生前对家乡十分关心。1936 年，他将乐善堂全部藏书 8 700 卷，捐赠于丹阳县图书馆。民国初年，他赞助家乡组织商会，发展本地工商业，被聘为名誉会长。在丹阳同乡会成立时，被聘为会董，后又以 90 岁高龄担任会长。凡是地方公益，同乡福利和救灾恤患等工作，他总是登高一呼，倡导办理。丹阳同乡会对援助东北义勇军和十九路军也做了不少捐助工作。“一二・八”淞沪抗战时，他带领同乡会办理救济战区遭难同乡，共救济 3 000 多人。后来“八・一三”抗战爆发，同乡会本着马相伯《国难人民自救建议》的精神，又抢救同乡 21 000 多人，救护伤兵 1 000 多人。

陈怀民撞机殉国

在武汉市江岸区有一条陈怀民路，这是 1946 年武汉人民为纪念镇江籍抗日勇士陈怀民，将原南小街以英雄名字重新命名的。

陈怀民，原名天民，1916 年 3 月出生于镇江市白莲巷。他在八叉巷省立实验小学毕业后考入镇中，后就读于常州工业专科学校。

其父陈子祥曾东渡日本入陆军士官学校学军事，后参加孙中山先生领导的同盟会。陈怀民受其教育和影响，自幼酷爱武术，喜欢听祖辈讲民族英雄的故事。一次，当他听到风波亭岳飞父子遇害时，破口大骂秦桧卖国贼，并说："岳飞太呆，如果我是岳飞，管它什么十二道金牌、十三道金牌，先直捣黄龙再说。"当听到中日甲午海战故事时，他极为钦佩邓世昌临危不惧，用自己的战舰撞击日舰而不惜同归于尽的爱国捐躯精神。他从小立志学好本领，报效祖国。

陈怀民在常州工专学习时，正值"一二·八"淞沪抗战爆发，英勇的十九路军在蔡廷锴将军指挥下，同日军浴血奋战，极大地鼓舞了全国人民的抗战斗志，年仅16岁的陈怀民与其兄陈天和立即投笔从戎，和上海一批学生参加十九路军抗日队伍，战斗在抵抗侵略的第一线。其间，他看到敌机对上海狂轰滥炸，建筑成片倒坍，群众死伤无数，切齿痛恨日军灭绝人性的野蛮行径，同时又深深悲痛于我国防空力量薄弱，以至任人宰割的悲惨命运。当他听到美国志士肖特自愿驾机助我空战，壮烈捐躯的消息后，更激发了将来驾机严惩侵略者的志向。

淞沪停战后，陈怀民随部队调防驻扎到福建。后来其父获悉十九路军将调江西剿共的消息后，立即打电话把陈怀民叫了回来，于是他又回到常州工专学习。人虽在读书，但立志报效祖国的决心未变，特别是前一时期的军旅生活，更加坚定了他参加空军的愿望。

1933年，他终于如愿以偿考取了杭州笕桥航空学校。1936年毕业后，被分配到南昌空军教导大队任少尉飞行员，后调入空军4大队23中队，任战斗机少尉主机驾驶员。

1937年，伟大的抗日战争爆发了，他同战友一道驾驶着战斗机担当起保卫祖国领空的神圣使命。同年9月19日，敌机空袭南京，陈怀民首次参战，但他沉着冷静，与战友们奋起升机，英勇迎敌，在击落两架日机后，自己驾驶的飞机不幸中弹，脸部也受了伤。他忍痛跳伞，降落在浦口高旺镇的田里时已昏迷，后被护送到芜湖野鸡山医院治疗，受到各界人士的慰问和称赞。

养伤期间,陈怀民回镇江探亲,母亲对他说:“怀民,杀敌报国,无尚光荣,妈不扯后腿,可我有个心愿,为了咱陈家不断香火,你先同女友结婚吧。”“我正在作战,如果结了婚,会增加心理负担,这件事以后再说吧。”他违拗了母亲的心愿,驾机重返蓝天。

1938年1月,伤愈归队后的陈怀民,立即投入了战斗,在河南归德上空,为保卫机场,再次与日机激战,共击伤敌机3架,但他驾驶的飞机机翼受损。他临危不惧,迅速下降滑翔,不幸右腿受伤,但飞机却保存了下来。他被送到武汉疗养后就留在了武汉空军部队。2月18日,日机偷袭武汉,他随队长吕基淳由孝感飞武汉应战,与战友们一起协力击败了日机的进攻。4月10日,他驾机为台儿庄战役低空侦察敌情,在返航途经山东枣庄上空时,与敌机遭遇,他孤军奋战,以座机撞毁一架日机,自己又一次跳伞成功。

1938年4月29日是日本天皇裕仁的生日,也是日本的国庆日,被称为天长节。为此,侵华日军竟然以残杀中国人民为裕仁天皇祝寿,日本海军航空队出动54架飞机空袭武汉,中国空军和苏联志愿航空队升空60架战斗机与日机搏斗,最后以击落日机21架,我方损失12架结束战斗。

陈怀民在这次空战中英勇无比,当天该他轮休,因值班的战友结婚,与他调班,他一接到命令,立即升机迎战。开战不到5分钟,他首先咬住1架日机,“哒哒哒……”一条无情的火舌舔向敌机,刹那间,敌机中弹起火,旋转着坠落地面,空中留下一团浓烟。这是陈怀民击落和重创的第三架日机。接着,怀民一拨机头,又盯住了另一架敌机。然而,他那出色的战斗动作引起了敌人的注意。5架日机发疯似地扑了上来,猛烈地向他射击。陈怀民的战机多处中弹,已难以操纵,在这千钧一发之际,本可再次跳伞求生,但他看到敌机逞凶一时,不禁怒火中烧,毅然放弃了求生的机会。他用通话器向战友们发出气壮山河的铿锵誓言:“誓死保卫武汉!哪怕只剩下一人一机,也不让敌机入侵!”随即视死如归地开足马力,驾着已多处受伤的战机向猖狂的、被日军吹嘘为“红武士”的高桥宪一的飞机撞去,只听

"轰"的一声巨响,两条火龙翻滚着先后坠落于滚滚的江涛之中。

6月的一天,在汉口总商会大礼堂,各界隆重举行陈怀民追悼大会。国民党军政负责人宣布追认他为空军中尉。陈怀民的姐姐陈去疾介绍其生平,讲至激动处,台上台下群情激奋,激发了与会者同仇敌忾、共赴国难的决心。各界送了大量的花圈挽联。周恩来代表八路军驻武汉办事处,送了花圈和写着"义薄云天"四字的一帧横幅,陈绍禹、秦邦宪、李克农等也送了花圈。当时《中国空军》第10期,重点报道了4月29日空战的详情,封面后一页就是陈怀民烈士的遗像。冷御秋先生在汉口主办的《复苏》月刊第1期也专门报道了此事。

陈怀民烈士牺牲时年仅22虚岁。他的忠骨初葬于武昌青山,后迁到武昌濯刀泉阵亡将士公墓。

释道宗师

释道宗师

京口江山灵秀，代有异人。释道二氏之教，法脉承传，攘竞之风，往往有之。招提精蓝，梵宇琳宫，神仙府第，星罗棋布，绰有可观。其间名道高僧，层出不穷。他们学行双修，开宗立派，名德素重。释氏高僧大德，撰述精博，微渺汪洋；道教开宗祖师，集结道藏，蔚为大观。

“三茅君”修道句曲山

唐代诗人杜荀鹤在游览句容茅山时，饶有兴致地写了一首《游茅山》的诗：

步步入山门，仙家鸟径分。
渔樵不到处，麋鹿自成群。
石面迸出水，松头穿破云。
道人星月下，相次礼茅君。

诗中所说道人相次膜拜的“茅君”，就是汉代修道成仙的茅盈。至今茅山九霄万福宫的太元宝殿内，还供奉着茅盈和两个弟弟的神像。“三茅真君”的金身紫缎披肩，金光闪烁，显得十分肃穆、安详而慈悲。九霄万福宫，千古以来，香火兴盛，游人不绝。

“三茅君”是西汉时期云中咸阳南关（今陕西省咸阳市）茅盈、茅固和茅衷三兄弟的合称。茅盈，字叔申，据道教经籍记载：茅盈生于汉景帝中元五年（前145）十月初三。传说他出生时，红霞满天，三日不散。他年少时，天资聪颖，独味清虚，饱学不仕，很喜爱采药炼丹，研究修身养性的学问，慕道之心十分迫切。18 岁时，他独自走出家门，入北岳恒山修道，遇到西城王君，就拜其为师，得受至真上道，行服食调神养生的法术。他后来又参访各地名山洞府，传说在龟山遇到了西王母，受玉佩金铛之道、太极玄真之经。他年 49 岁时，才辞别老师回到恒山，又在山中习读《道德经》与《周易》，采药服饵，悟道数年。他道业修成，返回乡里，不料父母大为光火，埋怨他长期远游，实为不孝之子，举棍就打。可是拐棍打在茅盈身上，不但没有伤着茅盈，拐棍反而断为数截，而且穿墙破壁，飞出很远。父亲大惊失色，对他说："你既以得道，应该多做善事扶病济贫。你能否让死去的人再回转过来?"茅盈回答："有罪的人理当说死不能复活，但身遭不幸，暴病而亡的人另当别论。""邻居家有个孩子才几岁，几天前身患伤寒后不治而死，你可速去救他性命。"茅盈去后，果然使其复活，由此声名大震，人称"茅神仙"。传说茅盈成仙后，西王母封他为东岳上卿太元真人。再后来，经过他的师傅王君撮合，茅盈娶东岳大帝之女为妻，并于八月十五之夜在泰山太平顶完婚。后来，他便来到了江左句曲山(茅山)隐居修真。茅固，字季伟，景帝时举孝廉，官至威武太守，转执金吾。茅衷，字思和，宣帝地节二年(前 68)升任洛阳令，后授为五官大夫，河西太守。茅盈得道以后，用仙术劝说他的两个弟弟和自己一起学道。二弟茅固和三弟茅衷，就都弃官回家，决心跟随茅盈学道。茅盈授以延年不死之法。两兄弟修道三年，服用九转还丹后，也飞升成仙。茅氏三真人得道后便一起来到句曲山中。茅氏兄弟三人分别于句曲三峰之上，潜心修炼。人称茅盈所住的山为大茅君山(大茅峰)，茅固所住的山为中茅君山(中茅峰)，茅衷所住的山为小茅君山(小茅峰、三茅峰)。传说太上老君见他们修道十分虔诚用功，特授茅盈为"司命真君"，茅固为"定箓真君"，茅衷为"保生真君"。

为了济世救人，茅盈、茅固和茅衷穷究医书，不辞辛苦地上山采药并炼制丹药，广为附近的黎民百姓施药治病。茅氏兄弟逝世之后，周围群众为了感谢他们的恩泽，特地建宫塑像供奉，并赠送了"有求必应”的匾额。为了表达对他们的怀念之情，还将句曲山更名为茅山。自古以来，吴越一带建有许多三茅真君庙，岁时奉祀。后来，陶弘景创立道教茅山派（又称道教茅山宗），尊“三茅君”为茅山派祖师。宋代，他们三兄弟都得到了皇帝的封号。宋徽宗崇宁元年（1102），封茅盈为“太元妙道真人东岳上卿司命神君”、茅固为“定箓右禁冲静真人”、茅衷为“三官保生冲衷真人”。宋理宗淳祐九年（1249），加封茅盈为“太元妙道冲虚至祐真君东岳上卿司命真君”、茅固为“定箓右禁至道冲静德祐真君”、茅衷为“三官保生微妙冲衷仁祐真君”，总称“三茅真君”。

葛玄炼丹救苍生

江西省铅山县东南有一座葛仙山，高 1 096 米，九条支脉，从四面八方由山顶逶迤而下，形成九龙窜顶之势，气势磅礴，蔚为壮观。山上怪石嶙峋，飞瀑如练，林木蓊郁，云雾缭绕。山南有一座北宋时期重建的葛仙祠，内有葛仙殿。殿门有一副楹联：“三清古道千秋业，四要玄机万世师。”大殿前后三进，雕梁画栋，金碧辉煌。殿内坛上为葛仙翁坐像，身着蟒袍玉带，头戴宰相帽子。为何葛仙翁是这副打扮？相传明代宰相夏言年轻的时候，曾慕名上山朝拜葛仙翁，抽得一支签云：“巍巍独步白云间，玉殿千官第一班。”签上还解释说：“人间独步，名登甲第。”葛仙殿的签还果真灵验。嘉靖十五年（1536），夏言果然登上了相位。这一年，夏言特地上山还愿，晚间梦与葛仙翁论道而不敌。葛仙翁还对他戏言说：“你的宰相应该让给我。”次日，夏言沐浴焚香，亲手将自己身上的衣冠脱下，穿戴在葛仙翁雕像身上。这个故事一直传至今日。葛玄在葛仙山（云岗山）修道登仙，留下了多处神秘的足迹。有一矗立的巨石上，因葛玄“打坐”而坐成一凹形的座位，为炼丹台遗址；有炼丹用的排列成北斗星座式的七个泉穴的“七星泉”；有为试剑而一劈两半的巨大石壁“试剑石”；有一块岩石上留下一尺余长足印的“仙公足迹”；明成化五年（1469），按察使赵吾登山谒葛玄羽化之处，写有“飞升亭”题字；还有葛玄默默在山中修炼、结发成髻、圆领宽袖、飘逸飞升的"神仙石像"等，形成了葛仙山众多的神仙胜景。因此，这里千年庙会，延续不绝。在庙会期间，闽浙赣诸省方圆数百里的游人、香客从四面八方络绎上山，顶礼膜拜、游览观光。人们朝拜的这位葛仙翁，就是三国时的东吴道人葛玄。

葛玄，字孝先，生于汉桓帝延熹七年(164)，丹阳句容人。葛玄是当时著名方士，人称"葛仙公"、"葛仙翁"，又称"太极左仙翁"。他出身宦族名门，生而秀颖，聪明好学。祖父葛矩仕汉为黄门侍郎，父亲葛德儒历官大鸿胪登尚书，表奉道法。据葛洪《抱朴子》记述，葛玄入天台赤城山修炼，于桐柏山造法轮院，少年时期，曾以真人左慈为师，修习医道丹术，受《太清丹经》、《九鼎丹经》、《金液丹经》等炼丹经书，并博览经史，酷爱《老子》、《庄子》，安闲淡泊，喜好抚琴。东汉光和二年(179)，葛玄年方15岁时便学有所成，名震江东。但他不羡官位，徜徉山麓，为了选择布道炼丹的地方，遨游名山大川，共23年。经历包括苍、南岳、罗浮、金精、长山、盖竹、天台、兰风诸山22处。他到江西云游，登上云岗山修道，"集百灵草服饵术修道，采日月气练九转金丹"，弘扬道法常"以草药治病禳灾，以符箓伏魔驱邪"，"斋醮法事，禘告太平，济函度亡"，行道于民间，并相传仙升于该山。据明代万历《铅书》记载："铅山邑小，而道集至大。"到明代已有道观17座，名胜仙迹荟萃，文人高道云集，无不与葛玄有关。今天，铅山县仍有道观9座。东汉建安七年(202)，葛玄38岁时到江西阁皂山，看到清江碧嶂，"形阁皂色，土良水清"，灵芝百草，信手可得，便择定于此修道，升炼九转金丹，广收门徒，采制草药丹丸，设摊施诊，医治疾病，造福人民，积42年，开清江医药活动先河，被药界尊为鼻祖。这里唐代形成"药墟"，宋代形成"药市"，明代药店"百里环至，肩摩于途"，清代"药码头"千帆林立。千百年的药业相继，繁衍昌盛，赢得"药都"美誉。《三国志·吴书》记载："孙权好道术，葛玄尝与之游，得权器重，特于方山立洞玄观。"《舆地志》也有赤乌二年(239)，葛玄建立方山观的记载。北宋崇宁三年(1104)，封葛玄为

"冲应真人";南宋淳祐六年(1246),封他为"冲应孚佑真君"。赤乌七年(244),他卒于清河卧云庵。人们感其恩泽,专门建宫塑像供祀。

葛玄在阁皂山炼丹行医、潜心修道期间,还删节《灵宝经诰》,撰成《祭炼大法》、《灵符秘箓》及灵宝派音乐《步虚经》,宣扬教义,成为道教灵宝派的创始人。句容人民为追念葛玄,特地在句容县城西门外建葛仙庵。庵前还有他的衣冠冢,前面立着"葛仙翁之墓"的碑刻。

葛玄著有《周易杂占》10卷、《老子次序》1卷、《孤刚子万金诀》1卷、《龟诀》2卷、《神仙服食经》10卷、《葛氏杂方》9卷、《葛仙翁肘后救猝方》6卷、《广陵吴谱杂方》等,但十分可惜的是,这些著作大都已经失传。据说,他在炼丹时发现了冶金制箔的技术,并传于后世,所以自古以来金箔业者都尊奉葛玄为始祖。

宝志齐梁为帝师

济公,这位故作疯癫,云游天下,济世救民的和尚,千百年来一直活跃在中国百姓的心中。杭州灵隐寺等庙宇的罗汉堂内,还专门塑有他手摇破扇、嬉笑而立的形象。其实,这位杭州的济公和尚不过是文人妙笔生花的产物。清末学者蒋瑞藻在《小说考证》中说:"济公,实则南宋初无是人,乃因六朝宋释宝志而伪传者也。"

宝志在中国的佛教史上声名卓著,有着重要地位。据《宝华山志》和《花朝生笔记》等书记载,宝志,俗姓朱,南朝宋句容北乡东阳镇人(东阳自古隶属句容,建国后始改为隶属南京市栖霞区),约生于东晋义熙十四年(418),卒于南朝梁天监十四年(515)。传说他出生时,"面方,莹澈如镜,手足皆鸟爪"。父母大约怕他日后难像正常人一样地生活,在他7岁时,就送他到南京道林寺随法俭和尚出家。在他有了"灵异"之后,又回到了家乡句容的华山结庐为庵,开设道场,惹得梁武帝都从建业(南京)专程前来拜会他,还为他置办斋饭,招待四方前来膜拜的僧侣。华山因此沾了宝志的光,一举驰名天下,于是后人在华山的山名前面加了一个宝志的“宝”字，称宝华山，沿用至今。后人为了增添宝志“神僧”的光环，就在他畸形的四肢上大做文章，说他不是父母精血育成的肉眼凡胎，而是朱氏妇人从古树“鹰巢”里抱下来的。

宝志剃发为僧后，循规蹈矩地敲了四五十年的木鱼儿，始终默默无闻，壮志难酬。在年近花甲之时，不知何种原因，行动举止忽然怪异起来，常常披发赤足，手执挂翦、尺佛之类玩意儿的锡杖，招摇过市。据说他这是故意用谐音来暗示未来的三个朝代：刀切削整齐，预言齐朝；尺用于丈量，预言梁朝；拂可掸尘，预言陈朝。他说出来的话也多用讖语，高深莫测。而且，“先言后验，异迹种种”，能“一刻之中，分身三处”，“祷雨雨沛，唾鱼鱼活”。当时，齐梁朝野都被佛教思想笼罩着，不但不以为怪诞，反而真的认为他有了“灵迹”。

宝志学问博洽，目空一切。在他的眼里，即使是最高的封建统治者也不足畏惧。齐武帝萧赜爱对犯人施行酷刑，朝中无人敢进谏劝阻。宝志则“现六神通力”，使萧赜“见到”了父亲高帝萧道成在阴间饱受锥刀之苦的种种惨状。这种“以其人之道还治其父之身”的“六神通力”，使萧赜吓得要死，不得不立即下令“永废锥刀”之刑。宝志利用统治者佞佛的特点，不仅敢于头戴着三重布帽摇摇晃晃地去谒见萧赜，还胆敢在宫廷中大呼小叫，声称殿门之上有“污血”，玷污了自己的衲衣。在农民起义的打击和宗室内战的破坏下，齐政权已经十分衰颓，宝志的这些异常举止被普遍认为是君主易位、江山更主的先兆。

萧衍笃信佛教，在灭齐建梁称帝后，南朝尊奉佛教进入全盛时期。为了笼络日益增多的僧侣，萧衍与昭明太子萧统一起拜宝志为师，今句容宝华山之西还有“拜经台”与“太子石”两处遗址，相传就是萧衍父子拜会宝志之处。梁武帝萧衍在诏书中称：“志公迹钩尘垢，神游冥漠，水火不能焦濡，蛇虎不能侵惧……岂可以俗法常情空相疑忌，自今中外任便宣化。”因此，宝志不但享有任意进入宫禁的特权，还能与萧衍对席吃喝，随意谈天，连昭明太子萧统也只能恭恭敬敬地"侍侧"而立。明太祖在《宝志公像赞》中写有"梁武有为多惑错,公能对病施良药"之句,说明宝志真不愧为"帝师"。

宝志虽居无上高位,却始终不忘诱导萧衍净心修习,向善归仁。萧衍曾请教宝志除去"烦惑"的方法,宝志就让他每天用12个时辰静心修习。萧衍又问宝志,怎样才能静心修习?宝志则劝他"安乐禁",停止一切寻欢作乐的活动。为了形象地说明这一问题,宝志让萧衍找来几名死囚,并要死囚们各持一满杯水转圈子,还请乐工为死囚们演奏最优美的音乐,以打动他们的心。可是,死囚们生怕水泼了出来会被处死,全都极其小心翼翼,根本没有谁听到乐工为他们演奏的音乐。宝志就此指着死囚们教育萧衍说:"他们时刻担心的是水泼出来要掉脑袋,怎么能听到乐工的音乐呢?陛下也是如此,要是心中常怀着畏死之心,那么,寻求安逸享乐的念头自然就不会萌生了!"《宝华山志》曾说:"所谓格君之非者,虽古之大臣莫之过也。"也就是说,宝志曾经在历史上发挥了一个诤臣所不能发挥的重要作用,这在中国的佛教史上也是极为罕见的。唐代诗人李白还写有《宝公赞》:

水中之月,了不可取。
虚空之心,寥廓无主。
锦幪鸟爪,独行绝侣。
刀齐尺梁,扇迷陈语。
丹青圣容,何往何从?

清朝时期,人们在南京的大报恩寺里发现了一只铁匣子,匣内藏有梁时画家所绘的《宝志说戒图》。在这之前,史书上一直认为唐高宗时期的终南山宣祖是我国第一位开设戒坛的高僧,其实,宝志要比宣祖早开戒130多年。

宝华山隆昌寺在清代所以成为律宗为僧侣授戒的庙宇,相传就是因为宝志曾在山中说戒的缘故。当时的石砌戒坛,就是和尚们摹仿《宝志说戒图》中的戒坛而建筑的。

宝志圆寂后，萧衍的女儿永定公主将他厚葬在南京紫金山的独龙阜，并建开善寺，造五级琉璃宝塔——志公塔来纪念他的功德。如今南京市中山陵风景名胜区内的宝公塔，塔前碑上有唐代吴道子所绘的志公肖像、大诗人李白所作的诗赞、大书法家颜真卿的楷书。这三者合一的墓碑，人称“三绝碑”。

道宣开创南山宗

隋、唐两朝是我国佛教的鼎盛时期，宗派纷起，形成了众芳竞秀的局面。其中以研究传持戒律为主，奉阐《四分律》为本，在终南山创立戒坛，制定仪规的南山律宗也于此时形成。南山律宗又称南山宗，简称律宗，创始人便是镇江市丹徒籍的高僧，一代宗师道宣。

据宋释赞宁所撰《宋高僧传·明律篇》记载：道宣，丹徒人，出生于隋开皇十六年(596)的佛诞日即四月初八日，俗姓钱，是广陵太守钱让的后裔，其父钱申任陈朝的吏部尚书。由于道宣出身于官宦大家庭，所以自幼便接受了良好的家庭教育。另据《开元释教录》记载，这位“外博九流，内精三学，戒香芬洁，定水澄奇、存护法城，著书不辍”的一代宗师，“天资聪颖，九岁能赋，十五厌俗，诵习诸经”。

道宣厌俗离家后，到长安日严寺向慧颥受业学法，习诵诸经，翌年落发为小沙弥。年满 20 岁时，由大禅定寺的律学大师智首为他举办了“具足戒”的仪式。从此以后，道宣依从智首听受律学知识，学习“四分律”多年，奠定了坚实的律学基础。后来，他在学习中遇到疑难问题，便经常外出虚心向有知识的高僧大德请教。有时为了弄明白学习中遇到的难题，往往是“居无定所，追千里如咫尺”，“跨关河如一苇”。

唐武德七年(624)，因日严寺倾毁，他便前往终南山访掌谷幽居习禅，志在定慧，并在此建戒坛多处，为大众授戒。他的修行是“三衣皆纻、一食唯菽，行则杖策，坐不倚床”，可见是多么的辛苦。道宣还与隐居在这里的药王孙思邈结有林下之交，“每一往来，议论终夕”。

道宣从30岁开始著述撰书，凡40年，计著有35种、220多卷。他改革了原有的“四分律”，著有《四分律比丘含注戒本注》、《四分律删补随机羯磨疏》、《四分律删繁补阙行事钞》、《四分律拾毗尼义钞》、《四分律比尼钞》，使其更适合我国的国情。时至今日，这五部书仍为我国律宗的基础理论书籍。他在这些著作中收集了许多历史资料，为我们研究佛教及唐代以前的思想史发挥了重要作用。

道宣除了著有他改革的“四分律”专著外，还编写和著成《广弘明集》、《续高僧传》、《大唐内典录》等。

《广弘明集》是继南朝梁释僧佑编写《弘明集》后又一部宗教文献的汇集。因为僧佑生活的时代，是佛教东传中国的弘扬之初，在这一过程中，遭受儒学和道教的压力、阻力都很大，所以僧佑从佛教要立足与发展的角度，侧重收集了佛教自我宣传的文章。道宣生活在佛教鼎盛时的唐代，所以《广弘明集》中的文章，则从开始时的自我宣传、自我辩护而转向反驳儒、道的文章了。该书收集了中唐以前及唐代僧、俗130多人的作品，包括传记、书简、诏敕、碑铭、诗赋、忏文等273篇。该书对研究儒、释、道的势力，尤其是佛、道两教的消长斗争有着重要的史料价值。该书除了是佛教的优秀作品汇集外，还收集了昭明太子、谢灵运、沈约等一批文学大家的作品，对研究中古时期的文学也有重要意义。《广弘明集》改变了《弘明集》不分篇章、不便阅读的缺点，围绕一个个的主题分成十篇，即归正、辩惑、佛德、法义、僧行、慈济、戒功、启福、悔罪、编归，每篇篇首都有序文。此书很为明、清以后的学者所重视。明朝冯惟纳编《古诗记》、梅鼎祚编《古文记》、张溥编《汉魏六朝百三家集》以及清朝严可均编《全上古三代秦汉三国六朝文》均利用此书。此书还被收进历代的《大藏经》，并且被编入《四库全书》和以后的《四部丛刊》、《四库备要》等。

《续高僧传》计30卷，成书于唐贞观十九年(645)，其后20年又增补后集10卷。该书续的是南朝梁释慧皎所编的《高僧传》。道宣的《续高僧传》，旨在继承慧皎未尽的事业。该书著录了北魏、南齐、北周、陈、隋至唐高宗麟德年间的高僧488人，其中附见有229人。

这本书收录的高僧遍及我国的南北地域，弥补了《高僧传》中偏重南朝的缺憾。

道宣圆寂于唐乾封二年（667），俗寿72岁，僧腊51岁，门人为其建塔三座，名曰“净光”。唐高宗李治诏令天下寺院供奉他的真容画像，以供朝野崇祀。建于唐总章二年（669）的南通广教寺正逢诏令之时，故该寺中现有十八高僧纪念馆，其中第一位高僧便是道宣。唐大历十一年（776）十月，唐代宗李豫勅每年由内中赐文香至西明寺道宣堂为国祷祝。唐懿宗李漼于咸通十年（882）勅谥道宣曰“澄照”。

道宣弟子有千余人，日本律宗的创始人、从我国东渡日本的鉴真便是其再传弟子。

我国的律宗至今传承不绝。凡是出家的僧侣，至今大多仍以道宣的“四分律”为行持的楷模。

茗山六返定慧寺

弹指山居数十年，六番来往有前缘。
兴衰成败浑闲梦，离合悲欢付逝川。
利乐有情应无我，庄严东土作西天。
迎来佛像晨昏礼，祝愿千秋万古传。

这是镇江焦山定慧寺茗山法师1979年春到北京迎请佛像到定慧寺，有感于自己六返焦山，所作的一首七律。

茗山，俗姓钱，法名大鑫，名延龄，1914年出生于江苏盐城。他幼年时随父亲学习古诗文和书法，并常随母亲到寺庙烧香拜佛。19岁时，在盐城罗汉院依宏台和尚披剃出家。20岁时，到镇江焦山定慧寺受具足戒，并入焦山佛学院学习。1935年秋，太虚大师到镇江讲经，茗山得以拜见太虚，当了侍者。此后，他4次跟随太虚大师，亲聆教诲。他决心要学习太虚大师“注重切实行持”，“振兴佛教，利益众生”。茗山刻苦学习，聪慧精进，备受太虚大师器重。太虚大师亲自介绍他到自己创办的武昌佛学院深造。1946年，又任命茗山为湖南省佛教整顿委员会主任。1946 年夏，茗山从湖南回焦山受训。1951 年从上海学习后回焦山任住持。1957 年冬从南京学习后回焦山复职。1962 年冬，从北京学习后回焦山复职。1979 年夏，经历过"文革"的冲击，又一次回焦山复职。他先后计 6 返焦山，山居 60 多年。他生前以焦山定慧寺为家，每到一地都自豪地说："我是镇江人。"

茗山法师一生爱国爱教，知识渊博，佛学造诣精深，通晓经、律、论三藏，所著佛教论文和教义诠释，在海内外佛教界备受推崇。1962 年，他受赵朴初居士之邀赴北京任教于中国佛教学院，并参加编写《中国佛教史》。他先后应邀赴美国三藩市参加传戒法会，并访问洛杉矶名寺院；以中国佛教代表团副团长身份赴韩国参加"中、韩、日第二次三国会议"，访问印度尼西亚和斯里兰卡，并与印尼宗教部长、斯里兰卡总统会晤交谈；赴日本参加中、韩、日三国佛教交流会；1993 年，当选为中国佛教协会副会长；1994 年，当选为江苏省佛教协会会长。

茗山法师在对外交往中表现了博大精深的佛学造诣。1980 年 4 月 24 日上午，日本招提寺住持、鉴真大师第八十一代继承人森本孝顺长老一行 11 人，为了鉴真大师真身法像归国探亲盛事来华，顺道到焦山参观访问。森本孝顺长老走进方丈室抬头看到"海云堂"三字横匾，坐下问道："何故名海云堂？"茗山答道："华严经中有一位海云比丘，就住此焦山（古称"海门国"），焦山就是海云比丘的古道场，故而我寺自古以来就建有海云堂。"森本孝顺长老说："我在海云经中，也曾见到海云比丘故事。"茗山介绍寺庙历史说："焦山定慧寺创始于东汉兴平元年，至今已有 1 786 年。那时是一座小茅庵，到唐代，玄奘法师弟子法宝禅师、鉴真大师弟子神邕法师，先后来山兴建了大雄宝殿及各处殿堂，遂成为十方丛林。"森本孝顺长老说："我招提寺也是十方丛林，也是佛学院。"他们谈到过去日僧来访的历史，茗山说："唐代有日本高僧空海大师，明代有日本画圣雪舟大师，近代有日本佛教名流友松园谛、藤赶井草萱、岸文贞、大谷莹等，都来过镇江金山和焦山。他们或是参观访问,或是讲学取经。”森本孝顺长老说:“空海即是弘法大师,为日本密宗初祖,雪舟不仅画好,对佛理也很精通。近代几位名流,我都认识,可惜多已去世了。”茗山对长老说:“请长老留点墨宝在焦山作纪念,好么?”长老很高兴地连连点头,提笔写了“山川异域,风月同天”八字,下署“招提长老孝顺”。这时,翻译对茗山说:“日本德田先生也要你写一幅字!”茗山随即提笔写了“寄诸佛子、共结来缘”八字,下署“定慧寺茗山”。原来在公元8世纪20年代,日本长屋王子委托遣唐使送中国僧1 000件袈裟,每件袈裟上都绣有森本孝顺长老和茗山法师合写的这四句话的成语。他们二位题写的成语,表达了中日两国人民要求世世代代友好下去的深情厚谊。森本孝顺长老走出方丈室时,还曾到丹墀树下,亲自摘下一片枇杷新叶,放在包中带走。这时,茗山想起日本诗人松尾芭蕉题在鉴真大师像前的诗碑俳句:“愿将一片新叶,擦掉你的泪痕!”又想到赵朴初先生在迎鉴真大师像归国词中的最后两句:“故乡无数新新叶,待与离人拭泪痕。”因此,感觉到森本孝顺长老摘下一片枇杷新叶,是有其新意境的。也许认为,鉴真大师现在回故乡,看到祖国欣欣向荣,看到寺庙处处复兴,已经开颜含笑,可以用这片新叶,擦掉他多年来目中望乡之泪了。临别,茗山还送给森本孝顺长老七绝三首。

茗山“七步成诗”的卓荦诗才和自成一家的独到书艺,蜚声海内外。1998年10月18日,新加坡书画家、文物收藏家王翰之来到镇江,带来一件罕见之宝——苏曼殊的《高僧松荫鼓琴图》,请茗山题字。苏曼殊初名戬,字子谷,小字三郎,后更名元瑛,亦作玄瑛。出家后法号曼殊。他才情并茂,不仅是杰出的小说家、翻译家,还以诗名和画艺驰名于世。可惜“人间花草太匆匆,春未残时花已空”。他英年早逝,35岁便与世长辞,遗作约有创作、译作30余种,而其画作却极为罕见。

茗山法师见王翰之远道而来说:“欢迎,欢迎! 不过为曼殊上人的妙墨题诗,我也不知道是否能题好。”王翰之见茗老答应题诗,立即将画卷打开,送到茗老面前。这画尺幅不大,却光彩照人。画面海天相接,空旷浩渺,水滨乔松挺拔,虬枝如盖。树下一位僧人面对万顷碧波,一抹远山,情志雅逸地在鼓琴。这以心造境,淡雅明洁,神韵悠长,意境绵邈的画风与《曼殊遗墨》影印本如出一炉。令人注目的是:新加坡"国宝"潘受先生,在画卷左侧挥翰题写了苏曼殊的一首诗:"海天空阔九皋深,飞下松阴听鼓琴,明日飘然又何处,白云与尔共无心。"潘受先生还在诗后特意说明:"偶忆曼殊绝句一首,可与此画互相印证,画先耶?诗先耶?尝得起曼殊而重叩之。从笔墨看,当是曼殊真迹无疑。"茗老细细看了画作,连连称赞:"妙作,妙作!"他转过脸对王翰之说:"你喝茶,我到书房里去题写!"茗老拿着画上了楼,大约二十分钟左右,茗老捧着画,从楼梯上走下来了。王翰之抢步上前,扶茗老坐下,刚接过画,一股墨香扑鼻而来。仔细一看,见茗老已将诗题好:"远眺山高水又深,闲来松下且弹琴。阳春白雪无人识,那有知音慰我心?"诗后题款道:"翰之先生嘱题,因和前韵,就教方家。一九九八年秋茗山。"王翰之欣赏着茗老端庄秀丽,圆深神化的墨宝,吟诵着诗句,不禁鼓掌叫绝:"好!好!"。

2001年6月1日,茗山法师圆寂,享年88岁。他著有《茗山文集》、《茗山日记》、《茗山书法作品选》、《华严经普贤行愿品讲义》、《弥勒上生经讲义》、《佛遗教经讲录》、《楞严经四种清明诲讲记》等。

银企大亨

银企大亨

近代中国,无数仁人志士,为了民族的振兴,国家的富强,进行了艰难的探索。他们抛弃妄自尊大的态度,研究西方列强富裕强盛、中国积贫积弱的原因,认为救国以富强为本,求强以致富为先。他们博采西学,针砭时弊,提出了一个又一个救亡图存的计划,描绘出一幅又一幅振兴民族的蓝图。他们以"实业救国"相标榜,身体力行,披荆斩棘,筚路蓝缕,兴办实业,挽回权利,与外国人竞利争雄,进行"商战",成为我国近代金融和民族工商业的巨子,为国家、民族的振兴作出了不可磨灭的贡献。

金融巨擘陈光甫

在旧中国金融界,他是一位极富个性的人物,也是最具影响力的银行家之一。短短廿余年,他便把一家全国最小的银行发展成为国内数一数二的私营大银行。他创造了中国金融史上无数个"第一"和"之最",被时人公认为国内银钱业"四大名旦"之一。他被后人誉为"旧中国最成功的银行家",被外国人尊称为"中国的摩根"。他就是上海商业储蓄银行总经理陈光甫。

陈光甫,原名辉祖,后改辉德,又名陈秉缓,字光甫,以字行,1881年12月17日出生于江苏镇江。他12岁即在汉口报关行当学徒,刻苦学习英文,18岁时考入汉口海关,得官费津贴,留美求学,1910年取得美国宾夕法尼亚大学商学院学士学位后回国。

陈光甫是个有志气、有理想的人,他决心用在美国学到的知识,报效祖国。回国伊始,他就建议江苏巡抚程德全举办物产博览会,并受命负责筹备工作。1910 年,轰动一时的南洋劝业会在南京正式开幕,分设农产、医药、工艺、武备、美术及其他各馆,内容丰富,前所未有,历时 6 个月,受到各方重视。陈光甫初露才华,获程德全器重,被任命为江苏省银行总经理。

在陈光甫的建议下,江苏银行迁址上海,主要业务是把各地的税收集中起来,除供政府开支外,还要把清朝遗留下来的“庚子赔款”中摊派给江苏的部分按时解交给受赔国指定的外商银行。而当时外商银行除现银外,拒不受理华商银钱业的票据,陈光甫对这种公然歧视华商银行的做法极为不满,便暂停解付赔款,迫使外商银行就范。江苏银行成为第一个参与外商银行票据交换的华商银行,陈光甫因此深受同行钦佩。他还对江苏银行进行重大改革,用美国银行业的经营理念进行尝试,希望办成有部分独立经营权的新式商业银行,给江苏银行带来了崭新的风气。但袁世凯上台后,派亲信控制江苏银行,把银行变成他的“财政部”,陈光甫感到难以施展才华,更无法实现用金融扶持民族实业的理想,愤而辞职。

后来,他又谢绝了中国银行的邀请,决心自创基业,这是陈光甫事业的转折点。

创办银行决非易事,陈光甫个人又无多少资本,但他敢想、敢干,依靠中国银行上海分行副经理张公权和浙江银行上海分行副经理李馥荪展开筹资工作,又因李馥荪的推荐,结识了庄得之,获得至关重要的合作伙伴,使得上海商业储蓄银行(简称上海银行)得以开张。

1915 年 6 月 2 日,上海银行在上海宁波路 9 号开业,号称资本 10 万,实则才 7 万多,银行职员只有 7 人,被人称为“小小银行”。股东 7 人,庄得之投资 2.5 万元,是最大股东,任董事长,陈光甫的股份最少,只有 0.5 万元,但由于他是首倡者和发起人,且精明能干,被任命为总经理。他踌躇满志,艰苦创业,身为总经理,亲自跑街,拉存款、搞放贷,到年底,上海银行开业仅半年,资本便翻了一番。孙中山先生、宋子文之母都成了上海银行的股东,存款量达到 57 万元。第二年，资本增至 30 万元，而到 1937 年，仅仅经过 20 多年，资本即达 500 万元，公积金 750 余万元，存款总额逾 3 亿元，全国分支行 110 多处，行员 2000 余人，成为首屈一指的私营大银行，陈光甫也长期被推举为上海银行公会会长，成为上海金融界的领袖。

陈光甫在经营上有他独到之处：他有胆略，但在作风上则力求稳健；他恪守行训，但经营上则灵活多样；他高瞻远瞩，但在做法上则不忘从小处着眼；他有崇洋思想，但在具体实践中则反对照抄照搬。他走出了一条中国式的发展金融业的道路。他首倡“1 元开户”，开办零存整取、整存零取、存本付息、定活两便等新型储蓄业务，为上海银行长期赢得了中下层存户；他把服务延伸到学校，为银行的长远发展奠定基础；他以诚信为本，牢牢抓住一些长期储户；他敢于与外商大银行抗争，在世界许多地方设立汇兑点；他知人善任，注重智力投资，把选择和培养人才作为第一要务，上海银行人才多，素质高，是业内人士公认的。

陈光甫对自己要求严格，处处以身作则，率先垂范。为了增进上下级的感情，他每个星期四与十几名普通职员共进午餐，历久不废，普通职员有好的建议随时可以向他提出；银行职工享受较好福利待遇，并拥有银行股份，“大家都是老板，银行兴衰，人人有份”，激发了银行职工的工作积极性和爱行如家的热情，把“银行是我，我是银行”变成每一个职工的行为准则。

陈光甫办银行有强烈的使命感。他认为“欲得工商业的发展，更要先进健全之金融机关不可”。上海银行把扶持民族实业作为义不容辞的责任，并把这一点订为行训。张謇在南通办实业得到上海银行的大力支持；荣氏集团的申新纱厂和福新面粉厂，也是上海银行投放的贷款最多。抗战前，上海银行的工业放款占贷款总额的三分之一，最高时曾达 40%，远远高于其他银行。

在扶持工商业的同时，陈光甫又把眼光转向农村。为了活跃农业经济，避免农民受高利贷盘剥，他特地延请著名农业专家邹秉文教授任银行副总经理，主管农贷，指导农民组织生产运销合作社，范围遍及豫、陕、冀、鲁、鄂、苏、皖等省。上海银行曾为合作社发放贷款达300万元,还联合交通、浙兴、金城等银行组织农业贷款银团,扩大贷款范围。陈光甫把办理农业贷款列为他所做的值得纪念的第三件大事,也填补了我国银行史上的一项空白。

陈光甫提出“抵制国际经济侵略”,并把它列入行训之中。他极力扶持那些与洋人争长斗短的中国产业资本家,设立国外汇兑部,与外国大银行争生意,并逐步把外汇业务发展到有海关的各地分行,以后又扩展到英、法、德、美、日、荷、比等国。陈光甫曾这样指示行员:“我们经营外汇,决不投机,我行多做一笔外汇生意,外汇银行就少做一笔外汇生意,我行前进一步,就迫使外商银行后退一步。”以此与外商银行展开竞争。

陈光甫一生最大成就在于金融,但在其他方面也取得不小成就。1923年,陈光甫创立了中国首家旅行社——中国旅行社。在八年时间内,旅行社一直处于亏损之中,但他力排众议,坚持办下去,用他自己的话说:“旅行社之目的,在于挽回中国之权利,并不在于牟利。”“重点在于服务。”当时,英国的“通济隆”和美国的“运通”银行相继在中国经营国内外旅行事业,陈光甫认为这是中国人的耻辱。他要用自己的努力来回击帝国主义的“经济侵略”。中国旅行社从创办之初的代买火车票、轮船客票,进而办理行李托运,接送旅客、开办宾馆和大小招待所,组织各地名胜古迹的导游,出版旅行杂志,并由上海银行配合发行旅行支票,这在中国都是开天辟地的。从1933年开始,中国旅行社更插足国际联运业务,在国际上也有较大影响。据说当时宋子文在美国的声望不及陈光甫,其中一个原因就是陈光甫办有旅行社,平时、战时,美国人来华,都对旅行社的竭诚招待留下深刻印象。在为一般旅客服务上,陈光甫也是殚精竭虑,他说:旅行社不仅要接待上等客人,对一般旅客也要帮助解决吃饭、睡觉、等车等困难,让他们感到舒适方便。这种服务民众的思想,在那个时代应该是非常难能可贵的。在服务与开拓精神指引下,中国旅行社的业务获得巨大发展,成为旧中国最大的旅行服务企业。

陈光甫还创办保险公司，承保水火险业务。他还创办了中国第一信用保险公司，专门办理商业信贷及其他信用担保的保险，这是中国的第一家，也是当时唯一一家信用保险公司。

抗战之初，他独资成立了大业贸易公司、新记工程公司；1940 年前后创办上川实业公司；抗战胜利后，又联合美商在美创建中美信托投资公司；还有世界贸易公司，也是他有极大支配权的公司，公司设在纽约，公司高级职员多数由上海银行选派。1946 年至 1947 年，他还与美国公司合资成立了中国投资公司、纽约通讯处、华懋保险公司、中国工厂拓展公司。至此，陈光甫实际上已将上海银行发展成为一个含金融、保险、贸易、实业的跨国大财团，他也成为名副其实的"中国的摩根"。

作为一个银行家，陈光甫只想干一番事业，他厌恶政治，向往自由资本主义的社会环境。上海银行一成立，他便把"敬远官僚，亲交商人"作为自己的信条和座右铭。但是，当大革命的洪流激荡整个中国时，他又无法与政治绝缘。1927 年，陈光甫成为专门为蒋介石筹集军费的"江苏兼上海财政委员会"的主任委员，积极筹款，希望蒋介石能结束军阀割据的局面，同时平息工人运动。1929 年，他受国民党的委托，以资方代表的身份出席国际劳工大会，后又出席万国商会。1933 年，他出任全国经济委员会棉业统制委员会主任委员；1940 年，他成为中美英平准基金委员会主席；1945 年日本投降后，他主持外汇平准基金委员会的工作；1947 年，他被选为国民党立法委员。他有一条原则，即决不从政。他的以上官职都是虚衔，当蒋介石要他担任财政部长时，他却拒不接受。在国事多变之际，他仍把上海银行看成命根子，并牢牢控制在手里。

1949 年上海解放前夕，陈光甫赴曼谷参加联合国远东经济会议，出国未归，后移居香港。到香港后，他预料美国政府会冻结中国内地企业在美的存款，于是将美国的存款全部转到上海银行香港分行户内，同时把上海银行香港分行改名为上海商业银行。1954 年，他在台北设立上海银行总管理处，其本人未任任何职务，因为这一缘故，引起蒋介石的不满，到1965年才准许其在台北营业。

建国初，毛泽东曾把亲笔题名的《毛泽东选集》托人送给陈光甫，周恩来也曾寄信给他，但只崇尚自由资本主义的陈光甫未能听从召唤。

晚年，陈光甫经家人劝告，迁居台北，1976年7月1日在台北谢世，享年96岁。

束云章志创实业

束云章平生信守孙中山“要立志做大事，不要立志做大官”的训导，“货殖风云60年”，被称之谓“工业巨子”，“一个在中国实业界颇有影响的人物”。

束云章，名士方，字云章，以字行，生于1887年，丹阳市人。他的父亲束允泰曾任浙江余杭、桐乡、钱塘等知县。束云章为其第八子。

清末，束云章入上海南洋公学读书。1905年考入京师大学堂，1911年毕业。1912年，任陕西西安三秦大学留学预备科教习，历时两年后归乡。1915年，他由姐夫金还推荐，考入中国银行。由于勤勉供职，办事干练，深得上司器重。1925年，升任汉口中国银行副总经理兼郑州支行经理。当时，河南、湖北在军阀控制之下，兵荒马乱。他调任天津中国银行副经理，坚持投资于农村，贷款与工厂，进而又创办合作社，举办水利合作贷款，推广改良棉种等，开创了银行与农村社会直接接触之先河，受到总经理卞白眉的赏识和支持。1930年前后，他利用在天津中国银行的地位和信誉，实施“吸收存款必须先放贷”的主张，在华北各省大量发放贷款，扶植天津宝成纱厂，河南卫辉华新纱厂，山西晋华、晋生、雍裕等纱厂，使晋豫冀等省一大批实业起死回生。从此，“束八爷”之名大著。北伐战争以后，由穆藕初私人创办的郑州豫丰纱厂因经营不善，连年亏损，行将倒闭，该厂亏欠中国银行债务很多。束云章认为，如果任其破产，则贷款只能收回二三成，只有让中国银行投资接办，才是上策。于是，他拟订了接管办法和继续投资银两50万的建议，得到上海中国银行总经理宋汉章的赞同,并委托束云章负责接管主办,兼任该厂总经理。束云章接管后,以合理价格收购各地新品种棉花,防止棉商杀价,抵制英、日纱厂指使棉商抢购垄断,这既促进了优良棉花的种植,又保护了民族工业。至1936年,全国改良种棉花已能够自给供应500万纱锭。豫丰沙厂也扭亏为盈。

1937年,抗日战争爆发,束云章奉命驻郑州,代表总行主持华北各支行的撤退事宜。他将豫丰纱厂迁至重庆后,又在合川设立分厂。1940年,他任西安中国银行经理,并在宝鸡创办了雍兴公司,下设机械、纺织、面粉、毛织、化工、制革、印刷、打包等10余家厂。为解决能源,就自行发电;为解决运输,就自办汽车公司;并自制酒精,以代替当时奇缺昂贵的汽油。他为当时抗日提供了大量物资,同时,也为发展西北工业培育了许多人才。

1945年抗战胜利后,国民党行政院长宋子文聘请束云章为中国纺织事业管理委员会主任委员和中国纺织建设公司总经理,负责接收日本在华的纺织工厂100多个。他克服重重困难,罗致人才,积极经营,打开了局面。他在上海设总公司,在青岛、天津、沈阳等地设分公司,迅速展开修复及整顿调配工作,时经年余,各地纱厂均正常运转。这时,中纺公司拥有大规模工厂86所,各地营业机构30余处,职员6000余人,工人80000余人。中纺公司下设工务、业务、财务、总务4个处,还组织一个常年巡回检查团到各地检查,束云章以"公诚勤勉"四字与同事共勉。

束云章对公益事业非常热心,经常动员工商界救灾、劳军、奖学、济贫等等。他十分关心家乡建设,是丹阳棉纺织厂和丹阳练湖农场的创始人。1942年,他在重庆受乡人之请,到丹阳家乡办工业。他在就任中纺公司总经理时,经国民党财政部长和中国银行总经理孔祥熙的同意,拟在丹阳办纱厂。由中国银行上海、南京、天津、西安4个分行和雍兴公司各出资1000万元,暂定集股资本。1946年春,束云章趁回乡扫墓之便,勘察纱厂地点,决定在丹阳北门外,征地300亩,建3万纱锭的丹阳纱厂,名为"丹阳纱厂股份有限公司",束云章任董事长兼常务董事。4 月始建，第一批从美国进口的 1 万枚纱锭于 1947 年 5 月安装完毕，进行试车，生产“丹凤”牌 20 支棉纱，全厂职工 542 人。

束云章在筹建丹阳纱厂的同时，又筹集资金，设立丹阳农村经济建设协会，从事优良种子、化学肥料的无息贷款，指导种植技术，进行水利灌溉设计等。1947 年 5 月，他在乡人恳请下，主持练湖浚垦委员会，筹募黄金 1000 两，作为建设练湖的经费。1948 年，练湖农场、渔场、水站、苗圃先后建成，灌溉农田 6 万余亩。乡民为感激束云章，特将湖中新建之桥，命名为“云章桥。”

1949 年初，束云章去台湾，被聘为中纺公司董事长。他相继筹建了中纺台湾纺织厂、益民织布厂、嘉新水泥厂、嘉新公司、驾和面粉公司和淀粉公司；出任台湾中纺公司、雍兴公司、棉纶麻纺织公司、中国纺织印染工业贸易公司、景美制衣公司等诸多大公司董事长，对台湾工业经济的发展贡献良多。1973 年 12 月 15 日，束云章病故于台北寓所，终年 88 岁。

后　记

镇江这座历史文化名城，江山雄伟，名人辈出。生于斯、长于斯的先贤，为镇江的发展立功、立德、立言，各有建树，其中不少杰出人物对镇江、中国乃至于世界文明创造了永不磨灭的光辉业绩。为了介绍、宣传镇江名人，激发人们热爱桑梓，促进镇江的经济和社会发展，我们编纂了这部书，不足之处，在所难免，敬请读者批评指正。

我们所介绍的镇江古代名人多为二十五史人物传记中的人物，近现代名人都是在全国乃至世界上有影响的人物。成书过程中，采用了仲伯、虞霖、虞锁林、朱学文、朱志成、贾兆林等先生有关文章中的资料，镇江图书馆的殷爱玲、彭荷成、郑勇诸同志在资料方面给予了大力支持，彭荷成、郑勇、曹志诚、贾婧参与了部分书稿的写作，在此表示衷心的感谢！

范　然

图书在版编目(CIP)数据

镇江名人/范然著.—苏州：苏州大学出版社,2007.9
(镇江文化丛书/张甫雄主编)
ISBN 978-7-81090-943-3

Ⅰ.镇… Ⅱ.范… Ⅲ.名人—列传—镇江市 Ⅳ.K820.853.3

中国版本图书馆 CIP 数据核字(2007)第 136529 号

镇江名人	范然著
责任编辑	张凝
出版发行	苏州大学出版社 (苏州市干将东路 200 号 215021)
经销	江苏省新华书店
排版	镇江文苑制版印刷有限责任公司
印刷	丹阳市教育印刷厂
开本	880mm×1 230mm 1/32
印张	7.375 插页 4
字数	204 千字
版次	2007 年 9 月第 1 版 2007 年 9 月第 1 次印刷
印数	1—4 000册
标准书号	ISBN 978-7-81090-943-3
定价	13.00 元